Hotel Housekeeping

호텔객실 하우스키핑

이승연 지음

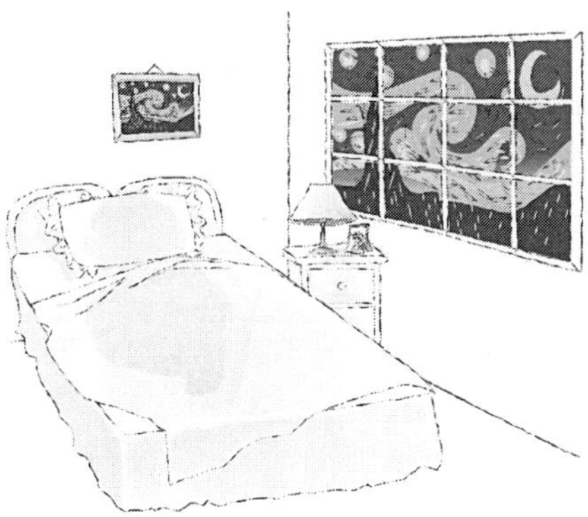

백산출판사

preface

머리말

호텔은 어원에서도 내포하고 있듯이 숙박이 중심이 되는 산업이다. 호텔의 순이익 측면과 객실고객의 타 부대업장 이용률, 그리고 그에 따른 공헌이익을 고려해 볼 때 호텔기업에 있어 객실부문은 핵심이라고 할 수 있다. 호텔의 객실부문은 객실영업(front office)과 객실관리(housekeeping)로 구분을 할 수 있는데, 이익의 극대화를 위해서는 판매를 담당하는 객실영업의 역할도 중요하지만 그만큼 생산을 담당하는 객실관리부서의 역할도 중요한 것이다. 하지만 현 대학의 교과과정을 보면, 객실부분은 '객실관리' 또는 '객실실무' 등과 같이 단순하게 구성되어 있는 실정이다.

전문성이 중요한 호텔에서 사원에 대한 교육이 각 부문별로 이루어지지 않는다면 호텔기업의 발전은 어렵다고 볼 수 있다. 특히 호텔수익의 근원이 되는 객실상품을 생산하고 관리하는 호텔객실 관리부문에 대한 교육이 미흡함은 매우 안타까운 일이 아닐 수 없다.

따라서 호텔객실을 두 부문으로 나눌 때, 본 서는 객실관리(housekeeping)를 중점적으로 다루었다. 객실관리에 관한 기초적인 이론과 연구자 본인의 현업 경험을 바탕으로 실무적 접근방법에 의거하여 저술하였다.

한 권의 책을 완성하는데 있어서 사명감과 책임감을 가지고 만들기 위해 최선을 다하였으나, 다시 한 번 부족한 점이 많음을 인정하지 않을 수 없다. 앞으로 학자로서의 겸손함과 열정을 잃지 말아야겠다는 각오를 하게 된 것에 조금이나마 위안을 두고자 한다.

본서의 출판에 아낌없는 협조를 해 주신 백산출판사의 진욱상 사장님을 비롯하여 전직원 여러분들께 감사드리며 마지막으로 사랑하는 가족들에게 본서를 바치고자 한다.

저 자

contents

차 례

제 8 장 호텔안전관리와 화재관리 / 201

제 1 장 Hotel Housekeeping의 개요

Flow Chart

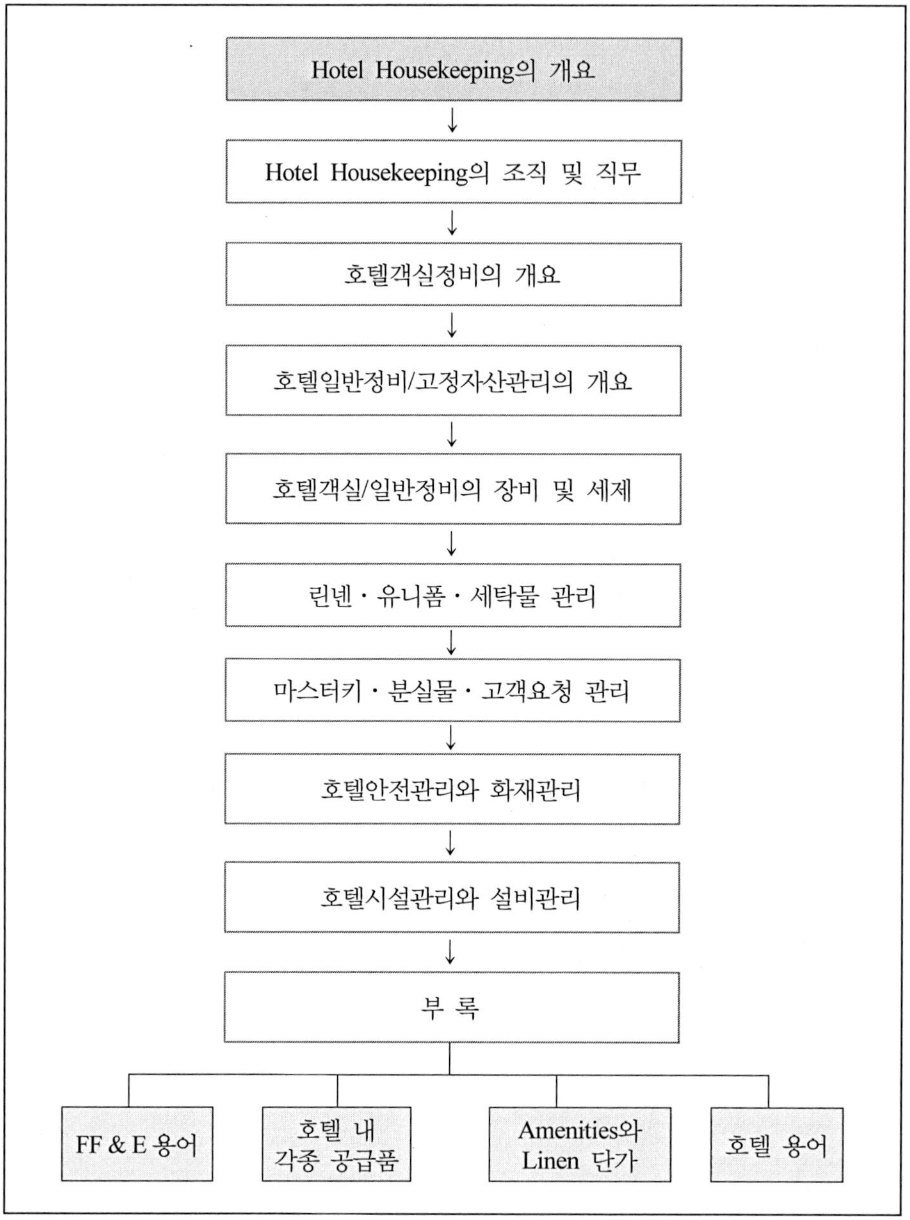
Hotel Housekeeping의 개요
Hotel Housekeeping의 조직 및 직무
호텔객실정비의 개요
호텔일반정비/고정자산관리의 개요
호텔객실/일반정비의 장비 및 세제
린넨 · 유니폼 · 세탁물 관리
마스터키 · 분실물 · 고객요청 관리
호텔안전관리와 화재관리
호텔시설관리와 설비관리
부 록
FF & E 용어
호텔 내 각종 공급품
Amenities와 Linen 단가
호텔 용어

제 1 장 Hotel Housekeeping의 개요

1. 호텔객실관리의 정의

호텔객실관리(housekeeping)의 어원은 『웹스터사전(Webster Dictionary)』에서 “The keeping of the house”(집을 수리하고 관리하는 것)라고 정의하고 있다. 즉 가정을 관리하는 것으로 정의될 수 있다.

객실관리란 가사, 가정, 가계 등의 뜻으로 집을 수리하고 관리하는 일이라고 정의할 수 있으며, 오늘날에는 호텔, 병원, 학교, 아파트 등과 같이 많은 인원이 유치되는 대규모 빌딩 등에 있어서의 시설유지 및 관리, 안전과 청결 등의 각종 분야에서 생산적인 시설을 유지한다는 의미로 쓰이고 있다. 즉 호텔 건물의 주된 시설인 객실뿐만 아니라 식음료업장 · 연회장 · 기타 부대시설 · 공공장소와 같은 호텔의 내부와 정원 · 주차장 · 외벽 · 조경 등 호텔의 외부까지를 포함하여 최상의 상태로 관리하는 것을 말한다. 이외에도 고객 및 호텔 내부의 모든 종류의 린넨류를 관리하고, 세탁 업무를 이행하여야 한다. 이러한 점에서 본다면, 가정에서 어머니가 가정을 관리하기 위하여 실천하는 여러 가지의 업무 중 식사부분을 제외한 모든 업무와 비슷하나고 볼 수 있다.

여행자들은 오랜 여행 끝에 피곤하여 호텔에 들어오기 때문에 안락하고 쾌적한 분위기가 마치 자기 집처럼 아늑하게 느껴져야 한다(serving people "a home away from home" or "second home"). 객실정비는 최상의 객실상태를 유지 관리하여 고객만족을 이루며, 고급호텔의 이미지를 높이는 역할을 담당하는 중요한 부서이다.

일반적으로 프런트 오피스(front office) 부문이 호텔상품을 '판매'하는 곳이라면, 하우스키핑(housekeeping)은 호텔상품을 '생산'하는 곳이라고 할 수 있다. 왜냐하면 상품이라는 것은 판매를 전제로 생산이 가능하기 때문에 호텔기업도 역시 룸 클럭(room clerk)이 아무리 객실을 판매하려 해도 하우스키핑 부서에서 객실을 정비하거나 정돈하지 않으면 객실의 재판매가 불가능하다. 따라서 객실을 고객이 편히 쉴 수 있도록 청소는 물론 침구의 정리와 가구 · 소모품의 조달과 배치가 있어야 하고, 고객이 안전하게 머물 수 있도록 안전관리와 재산의 보호까지 책임을 지어야 한다. 따라서 호텔에서 호텔객실관리부서가 차지하는 위치는 매우 중요하다고 할 수 있다. 이와 같이 호텔에서 중요한 역할을 하는 객실관리 부서는 모든 부서와 업무상 밀접한 관계를 맺고 있으므로 내부 커뮤니케이션을 활성화 하여 업무의 효율을 높이는 것도 중요하다. 또한 많은 인원과 장비를 운영하므로 비용관리에도 세심한 계획이 필요하다. 특히 고객의 쾌적하고 청결한 숙박을 위해 시설 · 안전을 위한 설비관리와 안전관리도 실행해야 한다. 따라서 광범위한 측면에서 본다면 호텔객실관리업무는 고객이 호텔에 머무는 동안 발생할 수 있는 모든 경우를 대비하여 보다 쾌적하고 청결하며 안락하고 안전한 환경을 위해 준비하고 해결하는 업무를 이행하는 것이라고 볼 수 있다.

호텔객실관리부서는 호텔의 영업이 원활히 진행될 수 있도록 하기 위해 첫째, 고객의 편의와 만족을 위해 노력해야 한다. 이를 위해 고객서비스의 가장 중요부분이라 할 수 있는 숙박환경의 청결과 편안함을 위해 고객의 동선을 배려한 가구 · 기물의 배치와 청결상태 유지에 많은 관심을 가져야 한다.

둘째, 호텔의 수익을 위해 매출뿐만 아니라 비용측면에서의 관리가 무엇보다 중요하다. 호텔은 자본 중심적인 산업의 특징을 갖고 있기 때문에 고정자산(건물 · 시설 등)에 대한 막대한 투자를 하고 있다. 따라서 매출증대를 위한 노력과 더불어 고정비용에 대한 효율적인 관리개념이 강조된다.

셋째, 호텔의 상품에 대한 생산관리를 위한 인력·시간 등을 효율적으로 관리하여야 한다. 호텔객실관리업무는 대부분을 기계화하기보다는 인적자원에 의존해야 하며, 많은 종사원이 필요하기 때문에 효율적인 인적자원의 관리가 필요하다.

넷째, 각종 장비운영을 기능적으로 관리하여야 한다. 청소와 세탁이 중심이 되어 그에 필요한 다양한 장비 중에는 일 년에 많은 횟수가 사용되지는 않지만, 반드시 필요한 장비들이 많이 있다. 따라서 모든 장비를 보유할 것인지의 여부와 보유하지 않을 경우 효율적·효과적으로 운영하는 방안을 반드시 사전에 준비하여 운영하여야 한다.

다섯째, 고객의 안전을 위해 화재·위생·도난 등에 대한 각별한 주의와 노력이 필요하다. 고객은 호텔에 도착하여 출발하기까지 호텔에 머무는 동안 최대한 집과 같은 편안함과 안락감을 얻고자 한다. 따라서 고객이 집을 떠났지만 집과 같은 편안함을 느낄 수 있도록(home away from home) 배려하고 준비하여야 한다.

2. 호텔객실관리의 기능

고객이 호텔에 도착하게 되면, 긴 여행으로 인한 피곤함을 풀고자 하며 이를 위해 호텔에서는 고객이 편히 쉴 수 있는 휴식의 공간을 제공해야 한다. 고객이 객실에 도착했을 때 청결함과 편안함 그리고 안락감을 느낄 수 있도록 세심한 주의가 필요하다. 따라서 호텔객실관리는 호텔의 성공적인 영업활동을 지원하는 적극적인 업무이기도 하다. 즉 고객을 위한 객실상품의 창조자이자 생산자라고 할 수 있다. 이러한 호텔객실관리의 기능을 살펴보면 다음과 같다.

1) 호텔객실상품의 생산자 기능

호텔객실 부서에서는 고객에게 가장 편리하고 편안하며 청결하고 안전한 휴식의 공간,

둘째, 청결한 위생 공간, 그리고 셋째, 취침을 위해 가장 안락한 공간을 제공한다. 이는 고객에게 최상의 객실서비스 상품을 생산해내는 생산자의 기능을 의미한다. 이렇게 창조되고 생산된 객실상품은 고객에게 그 호텔에 대한 이미지를 창조하며, 고정고객과 재방문을 유도할 수 있는 기능을 갖게 되는 것이다.

2) 호텔의 자산관리 기능

호텔의 사산은 크게 두 가지, 유동자산(current assets)과 고정자산(fixed assets)로 나눠진다. 유동자산은 현금 · 당좌예금을 말하고, 고정자산은 토지 · 건물 · 시설 · 기계 등을 말한다.

호텔의 자산에서 많은 비중을 차지하는 부분이 바로 고정자산이다. 이는 호텔기업에 있어서 고정자산이 전체자산 중에서 차지하고 있는 구성 비율이 약 80~90%를 차지하고 있기 때문이다. 호텔기업은 그 상품으로서 건물 자체를 비롯하여 기계 · 설비 · 비품 · 집기 등 어느 하나 이에 해당되지 않는 것이 없을 정도로 방대한 모습을 보여 주고 있다.

따라서 호텔은 이와 같이 중요한 고정자산을 관리하는 담당자를 두고 있다. 이는 호텔에 있어서 고정자산인 건물과 비품의 중요성이 그만큼 크기 때문이다. 이미 생산된 건물의 유지관리에 따라 건물의 생명력은 달라질 수 있으며, 그에 따라 고정자산의 규모가 달라질 수 있기 때문이다. 또한 호텔 내에서 사용하는 장비와 비품은 호텔상품의 생산에 있어서도 많은 기여를 하지만, 호텔의 이미지에도 영향을 미치게 된다. 따라서 호텔기업의 고정자산을 유지하고 관리하는 책임을 지는 업무부서로 호텔객실관리의 중요성이 새로이 인식된다. 호텔의 기계시설에 관한 관리책임을 통상적으로 기계부서에서 담당하고 있으나, 시설 · 비품 등에 관해서는 호텔객실관리부서에서 책임을 맡고 있는 것이다.

예를 들어, 고급가구와 인테리어 · 소모품 등은 호텔의 이미지를 상승시켜 상품의 가격상승을 유도할 수 있다. 또한 장비들을 보다 효율적으로 유지 · 관리하여 사용한다면 비용절감을 유도할 수도 있다. 따라서 이러한 업무를 담당하는 호텔객실관리 부문은 호텔의 자산관리의 기능도 동시에 수행하게 된다.

3) 호텔의 수익증대 기능

호텔객실관리는 호텔의 수익에 영향을 미친다는 것은 호텔객실관리 부문의 기본이 호텔의 청결(cleanliness)과 정결(neatness) 및 질서정연(orderliness)의 유지라는 것과 관련하여 이해될 수 있다.

고객은 지불하는 대가에 관해 지극히 민감한 반응을 보인다. 특히 로비 · 복도 등의 청소 및 청결유지에 관해서는 다소 관용을 보이나, 객실 · 욕실 등의 청소 및 청결의 유지에 관해서는 즉각적인 불평으로 쉽사리 잊지 않는 관습이 있다.

이러한 점을 감안하여 볼 때 객실의 청결유지는 무엇보다 중요하다는 사실을 상기하고, 이의 잘잘못은 결과적으로 객실판매와 객실점유율에 영향을 가져와 호텔수익의 증감에 지대한 영향을 가져온다는 것을 알아야 한다. 그러므로 호텔객실관리의 주임무의 하나가 객실의 청결 · 유지관리에 있다는 점을 생각한다면 호텔수익과 어떠한 상관관계가 있는 것인가를 쉽게 알 수 있다.

높은 객실이용률을 유지하고 고객을 단골로 만들어 호텔수익을 증대하자면 호텔상품 가운데 가장 중요한 수입원인 객실의 청소 · 청결을 유지하여야 한다. 청결하지 못한 객실을 고가의 요금을 지불하면서 이용할 고객은 없다. 만약 고객이 객실을 이용했을 시 불결하다고 느꼈다면 차후 그 호텔을 재방문하고자 하지 않을 것이다. 따라서 호텔객실관리는 호텔상품의 질에 중요한 영향을 차지하고 있기 때문에 호텔수익과도 직결된다고 할 수 있다.

이외에도 호텔의 객실관리부문은 여타의 부문에 비해 처음 투자비용의 비중은 높지만, 운영하는 동안의 비용은 낮다. 따라서 판매율에 따라 호텔의 수익에 더욱 많은 영향을 미치는 부문이다. 호텔객실관리 담당자의 효율적인 호텔객실상품의 생산과 운영은 그만큼 호텔수익의 증대를 가져다준다. 따라서 호텔객실 점유율을 높이기 위해서는 고객들에게 호텔객실이용에 대한 양질의 서비스가 마련되어 있어야 한다. 고객들은 호텔상품의 구입에 있어서 절대적인 가격보다는 가격가치측면에 더욱 민감하다. 즉 고객은 자신이 지불한 가격에 대한 기대가 높으며, 그 기대에 대한 보상에 대해 매우 민감하다. 기대에 대한 보상의 차이가 적을수록 고객의 만족도는 높다고 할 수 있다. 만약 기대 이상의 보상을 얻게 된다면 고객은 타 고객에게 구전을 통해 적극적인 홍보를 수행하게 된다. 또한 호텔객실을 이용하는 고객은 단순히 객실만을 이용하는 것뿐만 아니라 식음료업장 및 기타 부대시설을 이용하게 되기 때문에 타 부문의 수익의 증대를 가져와 결과적으로 호텔 전체의 수익증대를 유도하게 된다.

4) 호텔의 운영경비 절감 기능

호텔의 운영경비는 크게 두 가지로 나누어 볼 수 있다. 하나는 고객의 증감과 관계없이 일정한 비용이 꾸준히 지출되는 고정경비(fixed expenses)와 다른 하나는 고객의 증감에 따라 그 지출이 증감되는 변동경비(variable expenses)이다.

호텔의 기업운영은 이익의 극대화라는 목표를 달성하고자 하는 것이며, 이를 위한 방법으로 두 가지가 있다. 그 하나가 판매를 극대화하는 것이며, 다른 한 가지가 비용을 극소화하는 것이다. 이 두 가지 방법이 유기적이며 효율적으로 이루어질 때 기업의 이익은 극대화될 수 있는 것이다. 이러한 이유에서 오늘날 호텔기업의 경영은 판매활동의 강화와 더불어 비용절감을 위해 모든 방법을 동원하고 있는 것이다.

호텔객실은 고객의 객실사용 여부와 상관없이 고정적으로 비용이 발생하게 된다. 이는 항공기의 좌석과도 같은 의미를 갖는다. 이는 항공사의 좌석과 호텔의 객실상품은 비저장성이란 특성을 갖기 때문이다.

따라서 이러한 문제를 해결하기 위한 방안으로 코넬대학교에서는 수익률관리시스템(yield management system)을 창안하였으며, 현재는 대부분의 세계적인 체인호텔에서 수익률관리 시스템을 활용하고 있다. 이는 매출과 이익을 동시에 관리하지 않으면 안 되기 때문이다. 즉 객실점유율과 관계없이 발생되는 인건비 · 감가상각비 · 수도광열비 · 제세공과금 등의 고정비와 고객의 객실사용에 따라 발생하게 되는 재료비 · 단기인건비 · 소모품비 등의 효율적인 관리가 필요하며, 그에 따른 결과는 호텔 이익공헌도를 높여 주기 때문이다.

일반적으로 호텔의 매출은 마케팅과 영업부서의 몫이고, 비용에 대한 관리는 재무부서의 몫이라 생각하지만, 비용을 극소화하는 것은 담당실무부서의 노력이 절대적으로 필요하다. 따라서 객실의 모든 FF & E(fixed furniture & equipment)와 소모품(amenities)의 효율적 관리는 비용절감과 효과를 가져오게 된다.

호텔객실을 비롯하여 호텔 내의 모든 비품과 설비의 관리를 책임지고 있는 호텔객실관리부서는 세심한 관찰과 주의 및 유지 · 보수로 비용절감이라는 목표를 실현할 수 있다. 즉 객실의 비품이나 설비가 고장이 났다면 즉시 수리하여 호텔 시설 및 장비의 수명을 연장시켜 호텔비용의 절감효과를 얻을 수 있으며, 또 다른 방법은 효과적이며 표준화된 작업추진으로 인건비의 절감을 가져 올 수 있다.

이와는 반대로 무책임하고 무성실한 종사원이 청소의 부주의로 고가의 욕조를 훼손시킨다든지, 또는 물이 새는 수도꼭지의 불성실한 조치로 막대한 수도요금의 비용지출을 가져올 수도 있다. 이러한 점을 고려한다면 호텔객실관리의 상품관리업무는 호텔비용의 절감이라는 기본이념과 일치하며, 아울러 이 부서직무의 중요성을 강조하게 되는 요소이기도 하다.

5) 호텔의 내부 커뮤니케이션의 중심 기능

호텔객실관리를 수행하기 위해서는 타부서와의 긴밀한 협조가 없이는 이루어질 수 없다. 예를 들어, 고객이 객실에 머무는 동안 객실 내의 시설이 고장이 났다면 바로 호텔객실관리부서로 연락을 하게 된다. 이러한 고객의 요청을 접수하는 역할이 바로 고객요청접수(order take) 업무이다. 고객의 요청을 받으면 그 문제를 해결하기 위해 관리부서로 바로 연결하여 서비스를 제공하게 된다. 이를 위해서는 각 해당부서와의 긴밀한 업무협조 없이는 이루어질 수 없다. 따라서 호텔객실관리부서의 담당자는 여타의 호텔부서와 호의적인 커뮤니케이션을 수행하여야 한다. 만약 타부서와 협력이 약해 고객이 시설고장을 의뢰했음에도 불구하고 수리 또는 보수되지 않는다면 바로 고객의 불만을 만들어낼 수밖에 없다.

호텔객실관리부서와 여타의 부서와의 협력관계에 살펴보면 첫째, 호텔객실관리부서와 호텔객실영업(hotel front office)부서는 매우 밀접한 관계를 갖게 된다. 예를 들어, 호텔객실관리부서에서 고객을 위해 객실을 청소하고 완결한 것에 대해 호텔객실영업부서로 정보를 제공하지 않는다면, 호텔객실영업부서에서는 그 객실상품을 고객에게 판매할 수 없게 된다. 또한 체류 중인 고객의 행동을 파악하여 타부서와 그 정보를 교류하여 보다 양질의 서비스를 제공하도록 하기도 한다.

둘째, 식음료부서 및 부대시설 관리부서와는 시설에 대한 청결을 유지해 주며, 식음료업장 및 부대시설에서 사용하는 린넨을 세탁하고 보급해 주는 역할을 수행한다. 이외에도 각 업장의 유니폼을 구입관리하고, 각 업장에서 발생한 시설의 정비를 해당부서로 연결하여 문제를 해결해 주는 역할을 수행한다.

셋째, 가장 밀접한 관리를 맺고 있는 시설관리부서와는 수리・보수에 대한 작업요청서(maintenance order)를 전달하고, 수리・보수가 신속히 이루어질 수 있도록 협조한다. 그리고 모든 호텔 내의 시설을 수시로 점검하여 시설관리부서에서 예방・준비할 수 있도록 협조한다.

넷째, 안전관리부서와 긴밀한 협조 아래 로비에서의 안전관리 및 객실사용에 있어서 여타의 외부인의 출입에 대해 감시・통제에 협조하여 고객으로 하여금 호텔에 머무는 동안 신체적인 측면과 정신적인 측면, 그리고 물질적인 측면에서 모두 안전하게 머물 수 있도록 항상 커뮤니케이션을 통해 관리한다.

다섯째, 구매부서와는 객실 내의 다양한 소모품, 청소용품, 주요장비 등의 구입에 대한 협조를 구하게 된다.

여섯째, 종사원의 효율적인 관리를 위해 인사부서와 긴밀한 커뮤니케이션을 통해 인건비 절약과 효율적인 업무 스케줄을 작성・이행하게 된다.

이상과 같이 호텔객실관리부서는 호텔 내의 다양한 부서와 부서를 연결 짓는 내부 커뮤니케이션의 중심기능을 담당한다.

3. 호텔객실관리의 중요성

현대호텔의 객실관리기능 및 관리는 시스템적인 운영과 효율성이 강조되고 있으며, 하나의 부분적 기능보다는 총체적 범위와 관련되어 있기 때문에 경영에 중요한 의미를 시사하고 있다. 호텔객실관리의 기능은 비용면에서도 중요한 비중을 차지하기 때문에 비용을 잘 이용하는 객실관리부서는 타부서들의 제 기능을 발휘하도록 결정적인 역할을 하는 부서이다. 특히 호텔의 심장을 이루는 객실의 정비·관리는 호텔객실관리부서의 중요한 업무이기도 하며, 이외에도 식음료업장 및 주방의 청결관리, 호텔 내의 모든 커텐과 카펫 및 샨데리아·꽃장식·조작 등의 관리로 실행하여야 한다.

이상과 같이 호텔객실관리부서는 단지 객실만 관리하는 것이 아니라 광범위한 측면에서 본다면 호텔관리부서라고 할 수 있다. 특히 호텔의 청결유지를 주업무로 하며, 시설·가구의 보수 및 비수기를 이용한 적절한 작업계획을 수립하여 이를 하여야 한다.

이러한 호텔관리부서의 중요성과 업무를 수행하기 위해 갖추어야 할 몇 가지 요건을 요약한다면, 첫째, 호텔경영진의 지원과 지원을 받아야 하는 부서이며, 둘째, 올바르게 평가하는 업무수행을 위한 지침을 반드시 갖추고 있어야 한다. 셋째, 호텔관리부서의 담당자는 업무수행에 대해 유능하며 열정적인 사람이어야 한다. 넷째, 업무수행에 있어서 우선순위를 결정하여 조직적이며 적절한 작업계획을 수립하여 실행할 수 있어야 한다. 다섯째, 업무를 수행하기 위해서는 서비스마인드를 갖추고, 업무를 수행할 수 있는 기술을 갖춘 인원으로 구성되어야 한다.

호텔관리부서에 근무하는 종사원은 전문적인 자신의 업무를 수행하기 위해서 첫째, 객실청소는 완벽하게 하여야 하고, 둘째, 종업원끼리 잡담은 금하며, 셋째, 복도에서는 이유를 막론하고 조용하여야 한다. 넷째, 두발·용모·복장은 언제나 단정하게 하고 있어야 하며, 다섯째, 언제나 미소를 지으며 고객에게는 항상 정중한 인사를 실천해야 하고, 여섯째, 수상한 사람을 보면 즉시 당직지배인이나 담당부서장에게 연락하여 문제를 해결하여야 한다.

이외에도 주의하여야 할 사항으로 첫째, 장신구 및 강한 향수의 사용을 금하고, 둘째, 자신의 연락처가 변경되었을 시에는 사고 및 긴급시 연락을 신속하게 할 수 있도록 대비하여 즉시 보고하여야 한다. 셋째, 복도에서는 고객의 질문에 항상 상냥하게 답변하여야 하며, 복도에서는 기대고 서있어서는 안 된다. 넷째, 복도를 통행할 시에는 한쪽으로 다녀야 하며, 중앙통행으로 인하여 고객의 보행에 지장을 초래해서는 안 된다. 다섯째, 각 층의 린넨실 출입으로 인한 소음에 각별히 신경을 써서 조용히 하여야 하며, 여섯째, 객실청소 시에는 특수한 경우를 제외하고 두 사람이 함께 객실에 들어가서 청소하여서는 안 된다. 특히 중요한 사항은 일곱째, 호텔 내에서 일어나는 정보나 고객에 대해서는 그 비밀을 반드시 지켜야 한다. 여덟째, 키의 인수 · 인계는 상호 확인하여야 하고, 아홉째, 객실 키를 사용할 시에는 반드시 객실의 초인종을 누르고 고객의 부재 시이거나 고객의 허락을 얻은 후 사용한다. 열째, 비상시의 고객안전을 위해 화재에 대비하여 소화기 사용법을 알고 있어야 하며, 당직지배인의 허가 없이 외부고객을 객실에 출입시켜서는 안 된다.

제 2 장

Hotel Housekeeping의 조직 및 직무

Flow Chart

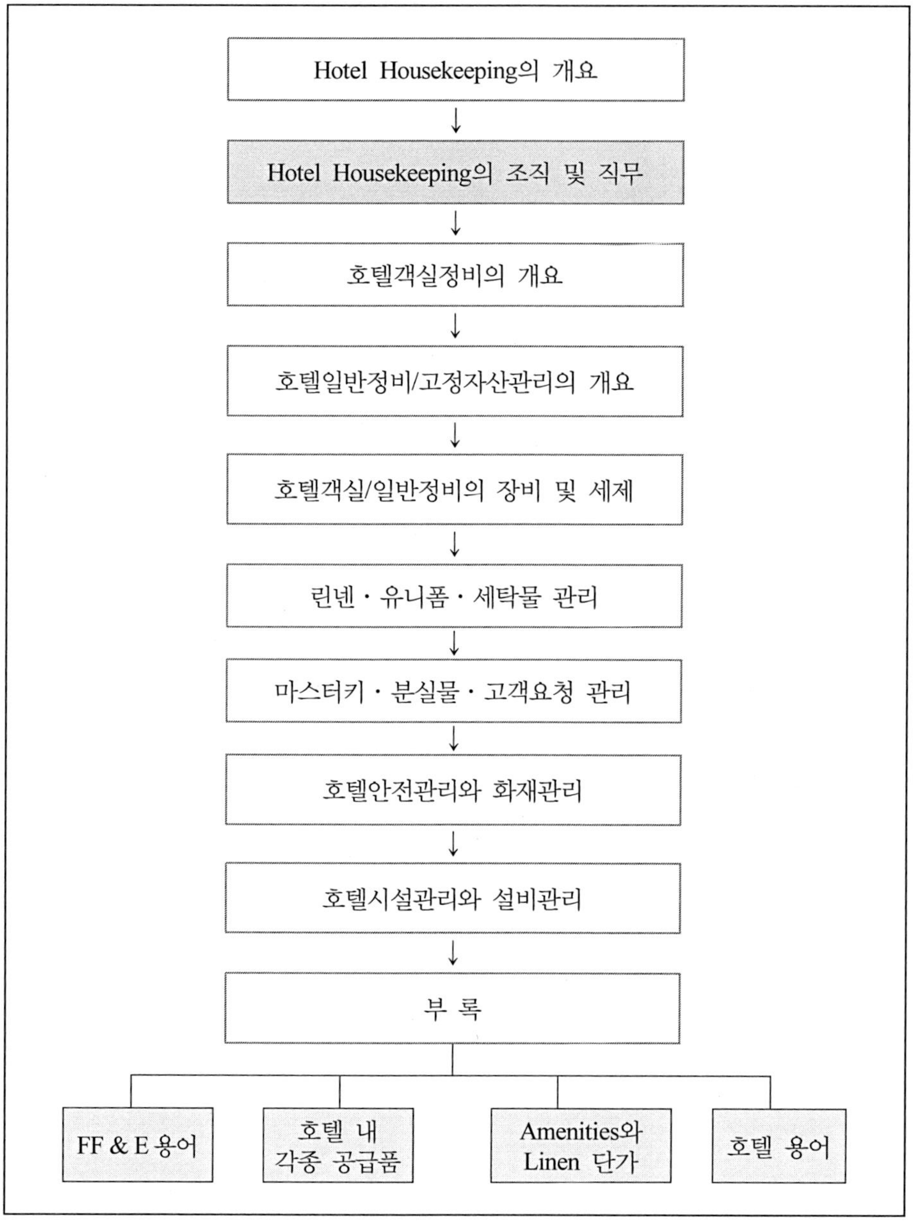
Hotel Housekeeping의 개요
Hotel Housekeeping의 조직 및 직무
호텔객실정비의 개요
호텔일반정비/고정자산관리의 개요
호텔객실/일반정비의 장비 및 세제
린넨 · 유니폼 · 세탁물 관리
마스터키 · 분실물 · 고객요청 관리
호텔안전관리와 화재관리
호텔시설관리와 설비관리
부 록
FF & E 용어
호텔 내 각종 공급품
Amenities와 Linen 단가
호텔 용어

제 2 장 Hotel Housekeeping의 조직 및 직무

1. 호텔객실관리의 조직구성

호텔객실관리의 조직은 직무를 조직적으로 수행하고 구성원의 능력을 극대화시켜 생산효과를 극대화시키기 위한 구조를 갖지 않으면 안 된다. 즉 호텔객실관리의 구성은 상위의 경영목표달성에 부합되는 효율적인 호텔객실관리의 운영목표를 설정할 수 있도록 하여야 하고, 설정된 목표를 달성하기 위한 관계부서와의 조화와 협조를 원활하게 할 수 있어야 한다. 호텔객실관리의 조직범위는 호텔의 규모나 경영방침에 따라 차이가 나기도 한다.

호텔의 특성에 따라 조직의 형태는 다소 차이가 있지만, 호텔객실관리에 대한 본연의 업무 자체가 달라지는 것은 아니다. 다만 업무를 분류함에 있어서 책임담당자의 업무분장에 약간의 차이가 있을 뿐이며, 호텔의 특성에 따라 강조되는 업무의 내용이 서로 다를 뿐이다.

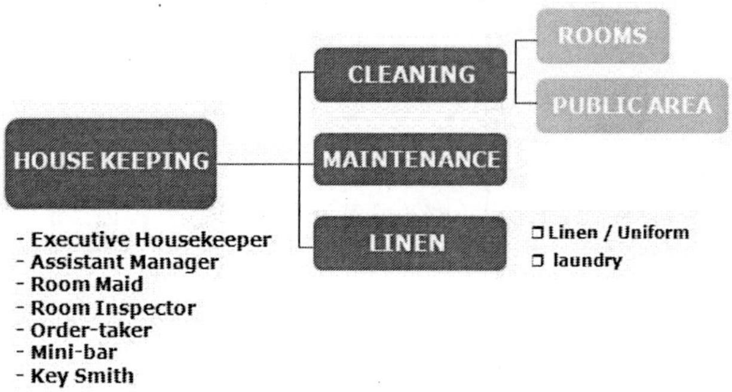

[그림 2-1] **하우스키핑의 업무 내용**

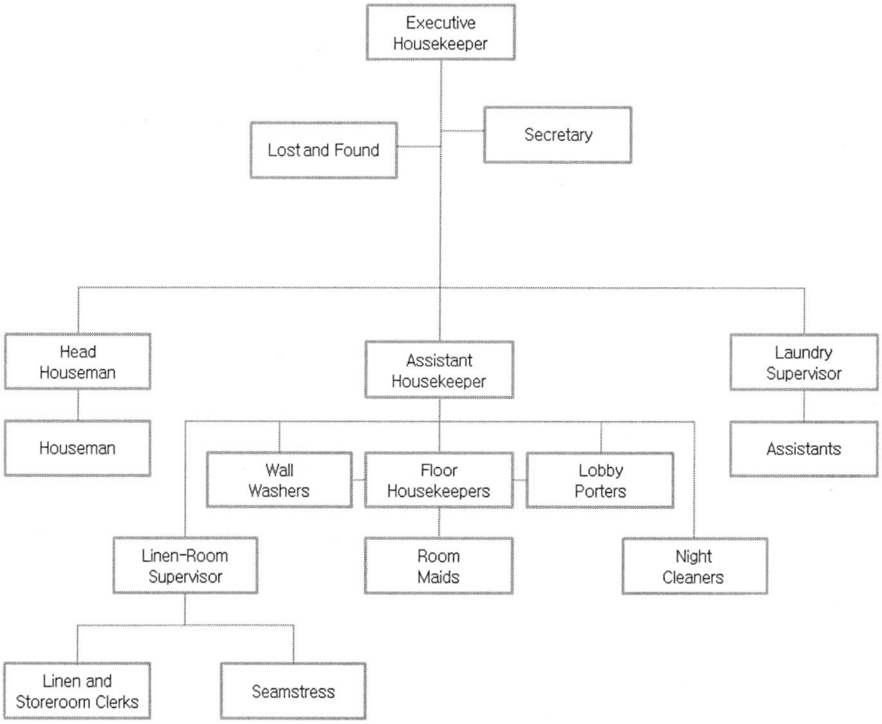

[그림 2-2] **조직도**

2. 호텔객실관리부서의 직무

1) Executive Housekeeper

하우스키핑 부서의 총괄책임자다. 이그제큐티브 하우스키퍼(Executive Housekeeper)는 기존업무인 객실정비, 유지관리 및 비품관리에 중점을 두고 하우스키핑 전 직원에게 작업을 지시하고 감독하고 작업 실시 결과를 확인하는 역할을 한다. 이그제큐티브 하우스키퍼는 하우스키핑 종업원들을 통솔하는 능력과 아울러 채용·교육·평가·능력개발 같이 인간관계가 원활하게 진행되도록 정직하고 성실하면서 설득력이 있어야 하며, 이를 운영할 수 있는 능력을 갖춘 전문가이어야 한다. 호텔의 제반 방침에 의거해 하우스키핑의 기본업무인 객

[표 2-1] Executive Housekeeper의 직무

구분	직무
업무관리	• 호텔 전역의 청결유지 • 보수를 요하는 사항의 신속처리 • 습득물 보관 및 처리감독 • 고객안전을 위한 방해물 제거 • 조명기구의 청결유지 및 적절한 광도 유지 • 열쇠의 취급 및 청결유지
인력관리	• 적정수의 직원유지관리 • 신입사원의 채용 및 교육관리 • 부하직원의 후생 및 복지관리 • 업무계획의 작성 및 할당
자재 및 원가관리	• 적정수량의 린넨 및 소모품 관리 • 물품관리 및 장비관리 • 호텔재산의 관리 • 예산 및 비용관리 • 적정소요물품의 계산 및 집행관리

실정비와 유지관리 및 비품 · 집기관리에 중점을 두어 하우스키핑 직원들의 직무를 감독하여 호텔의 재산을 보호하고, 특히 화재 · 사고 등 긴급사태에 대비하여야 하기 때문에 건물의 구조와 관리방법도 익히고 있어야 한다. 호텔조직 전반관리의 관련성에 대해 알고 있어야 하며, 원가관리에 대한 지식과 서비스기업의 마케팅에 대해서도 명확한 지식을 갖고 있어야 한다. 생산과 판매는 기업의 존속과 관계되는 기본적인 문제이며, 이에 대한 적극적인 역할수행을 필요로 하기 때문이다.

2) Assistant Manager

이그제큐티브 하우스키퍼를 보좌하고 부재 시 업무대행 및 의사결정을 하는 역할을 하며 인스펙터 및 기타부서의 책임자를 관리하고 이그제큐티브 하우스키퍼와 각 하우스 키핑의 담당자와의 중간적 입장에서 원활한 의사소통과 업무지시가 이루어지도록 중간자적인 입장에서 업무를 수행하는 역할을 한다. 구체적인 업무는 이그제큐티브 하우스키퍼의 업무를 보좌한다고 할 수 있다.

표 2-2 Assistant Manager의 직무

구분	내용
전일 업무일지 점검	• 고객불평사항 체크 • 미결사항 확인 후 해결 • 제공된 비품확인(E/B, 가습기, 다리미, 재떨이) • 손망실/ 분실물 확인
Daily Special Guest List 점검	• 고객정보란을 확인 후 Care • amenity 확인 후 투입
객실점검, 객실용품 & 비품교체 및 보수	• DNS 걸어논 후 1일 2~3의 객실을 점검 • TV/영화/온도센서/Fax/PC/BGM 등 확인 • 용품이 제 위치에 있는지 확인
직원 Schedule 관리	• 휴가일자, 비번을 확인 • 야근수당 확인 • 출퇴근 펀치 확인 • 근태통보서 비고란에 특이한 사항은 기입 • 근태 불량한 직원은 경고

투자예산 및 비용예산 계획	• 고정자산은 투자예산에 반영하고, 영업에 필요한 비용은 비용예산에 반영한다. • 예산을 확보하지 못하면 다음년도에 비용집행을 하기가 어려움으로 미리 필요한 사항이 빠지지 않도록 준비한다.
객실 개보수	• 디자이너, 시설팀, 구매팀 등 개보수와 관련된 팀과의 원활한 업무협조를 유지한다. • 개선사항이나 요구사항은 미리 정리하여 개보수시 반영되도록 최대한 노력한다. • 개보수 기간동안 안전사고 및 진행경과를 수시로 확인한다. • 개보수시 다른 고객에게 불편함을 드리지 않도록 노력한다. • 개보수 완료 후 하자사항이 있는지 점검하고 하자가 발생할 경우 업체에 조치하도록 한다.
하우스키핑과 타부서와의 업무협조	• Executive Housekeeper에게 고객, 직원, 업무지역에서 발생한 특이사항에 대하여 보고한다. • 각 desk와 업무가 효과적으로 이루어지도록 협력한다. • 시설상의 문제점 및 보수사항에 대하여 원활히 이루어지도록 조정한다. • 타부서로부터 오는 업무협조사항에 대하여 조정한다. • 직원들과 지속적인 미팅을 실시한다.

3) Order Taker

오더 테이커(order taker)의 업무는 고객으로부터 각종 주문을 접수 · 처리하는데 있지만, 그 중에는 호텔 전체의 정보도 포함되기 때문에 호텔 각 부서로부터 영업 전반에 걸쳐 정보를 수집하여 고객에게 제공하여야 한다.

또한 오더 테이커의 주요한 업무 중에 하나는 호텔객실뿐만 아니라 전 업장과 로비 및 호텔 외곽 등 호텔의 모든 부분의 시설까지 오더를 받고 각 시설부에 오더를 내리는 업무를 하기 때문에 신속하고 정확한 업무의 지식과 수행을 하여야 하기 때문에 호텔 각 부서로부터 영업 전반에 걸쳐 매일 같이 정보를 수집하여 새로운 것이 있을 때에는 검토하여 고객에게 항상 신속하게 대응하여야 한다. 또한 고객세탁물 관계, 영선관계, 일반요구관계, 객실 내에서 사용되는 각종 소모품관리, 각종 재고조사업무를 취급하는 호텔객실관리 사무실 내에서의 중요한 직책이다.

▌표 2-3▌ 호텔객실관리부서의 교육훈련 프로그램 스케줄

Hotel Housekeeping Management Trainee Program Development Training Schedule	
Dates Advisor Linen Room Attendant A.M. Room Attendant P.M. Room Attendant Floor Supervisor	For (Name) Project Tasks Time: 1 Month Concepts: Maintenance or ders Handling and processing telephone calls. including communication with guest and other hotel departments Handling of C/O, VIP rooms, pre-registration rooms and in- order as well as out-of-order rooms Time: 2 Weeks How to clean a guest room Time: 2 Weeks Daily procedure and night turndown service Time: 3 Months How to inspect a room Opening and closing and other daily procedures
Training Supervisor	Training of four new employees Follow-up procedure Orientation booklet
Head Supervisor Laundry Manager	Additional duties and responsibilities Time: 3 Months
Washer Linen Sorter Valet Presser Valet Runner Laundry Worker	Concepts: Products. equipment. costs. profit. maintenance. Products used. equipment breakdowns Poundage figures Priorities and procedures Duties Counting

표 2-4 오더테이커의 직무

Positon Title	Order Taker	Time	7 : 00~22 : 00
Position Summary	Housekeeping Headquarters로써 고객이 투숙하시기 전의 준비사항에서 투숙시 · 퇴실 후 상황에 이르기까지 관련 업무를 접수 · 처리하며, 기타 부서로부터의 청소관련 요청사항 접수처리 등 중추적인 역할을 수행한다.		

Duties & Responsibilities
• mini bar 체크 요청, posting, billing room status detail report 출력 • 각 층 key 분출 • assigned RM 출력 및 통보 • report 특이사항 기재 • 시설 오더 접수 · 처리, 공공지역 청소관련 오더처리, 객실점검, mini bar 체크, 분실물 접수 · 처리, 고객 오더사항 접수 · 처리, 관련부서로부터의 오더 접수 · 처리(공통된 사항) • 객실 상황층으로부터 보고받아 report 작성, 컴퓨터 실제 상황과 수기작성 상황의 점검 · 확인을 출력하여 관련부서에 전달 • 컴퓨터사의 dirty RM 확인통보 및 unexpected check-out 출력 재확인 • 관련부서로부터의 Room 점검을 통한 재확인 • 각 층으로부터의 key 회수 • 지시업무 및 고객관련사항 처리 • 고객 오더 접수 · 처리 및 당일 각 층 report를 통한 당일 미결작업, 완료작업, 습득물, 손망실, 1인 청소실 수의 계산, 기타사항 기재 및 보고서 작성 • 습득물 신고 · 접수 및 반환업무 • 객실정비 완료사항 확인(report) • Order Taker 로그북에 인계사항 기재 • 야근조에게 특이사항 보고 • 업무보고서 작성

표 2-5 오더테이커 데일리 스케줄 업무

7 : 00~9 : 00	• 미니바 체크, 고객으로부터 오더처리(세탁, 객식용품 위치, 사용법) • 관련부서로부터의 오더사항 접수 · 처리 • 층별 레포트 출력 및 전달 • 각 층의 키 분출
9 : 00~10 : 00	층별 특이사항 접수 레포트 기재(NBSO/SO/Early C/in 등)
10 : 00~11 : 00	각 층 assigned RM 관련 레포트 출력 · 통보
4 : 30~5 : 30	오후 레포트 층별 접수 및 레포트 기재
5 : 30~6 : 00	dirty RM 레포트 출력과 각 층 통보 unexpected report 출력 · 재확인
6 : 00~7 : 00	각 층으로부터 층별 report, key, 분실물 접수 · 처리
공통사항 9 : 00~18 : 00	• 미니바 체크 • 메이드 · 점검원을 통한 시설 · 용품 오더사항 접수 · 처리 • 관련부서로부터의 오더사항 접수 · 처리 • 고객으로부터의 오더사항 접수 · 처리(용품사용법, 위치, 분실물, 세탁, RM cleaning, 금고) • 기타 부서의 key 관련과 청소관련 오더사항 접수 · 처리 • 판매 불가능한 객실에 대해서 DNS(Do Not Sale) 및 해제
19 : 00~20 : 00	• 층별 report를 기준으로 시설 오더처리사항을 완료 · 미결, 기타사항, 손망실 나눠 기재 • 미결사항에 대해서는 다음날로 인계함. • 당일 메이드 업무실수의 계산 • 습득물 접수처리 및 장부 기재 • 고객 · 관련부서로부터의 오더접수 · 처리 • 당일 접수된 오더 테이커 메모의 처리사항에 대한 기재 • 1일보고서 작성

(1) 오더 테이킹(Order Taking)

고객으로부터의 각종 의뢰를 받아 각 담당자에게 지시한다. 고객의 의뢰사항이면 어떠한 사소한 것까지 기록을 하여야 한다. 고객의 주문이 객실의 업무가 아니고 타부서에 관련된 업무일 경우는 즉시 관련부서로의 연결을 주선하여 신속히 처리한다.

(2) 키관리 업무

각 층의 floor key, master key의 분출 및 보관을 해야 한다.

① master key box는 항상 잠그고, 필요시 열고 사용한다.

② master key를 분실하였을 경우 고객의 신변위협과 재산의 손실을 가져 올 수 있으므로 master key 관리의 중요성을 명심하여야 한다.

③ 다음 조와 업무 인수 · 인계시 필히 master key 수량을 확인한 후 인계한다.

④ master key를 분실하였을 경우 즉시 부서장에게 보고한다.

⑤ 분실 후 보고지연으로 발생한 고객의 재산손실은 본인이 변상하여야 한다.

(3) 습득물 및 분실물(Lost & Found) 관리

호텔 내에서 발생되는 모든 습득물은 호텔객실관리부서에서 관리 · 보관하고 반환한다. 호텔 각 업장이나 로비 등에서 습득물이 발견되면 호텔객실관리에서 신고를 받아 이를 관리해야 한다. 만약 객실에서 고객이 퇴실한 후 습득물 또는 분실물이 발견되면 이를 발견한 메이드(maid)가 신고한 후 접수 · 보관하도록 하여야 한다. 그리고 이에 대해 오더일지에 객실번호 · 신고자 · 품목 · 수량 등을 상세히 기록한다. 추후 고객의 요구시 이를 일정기간 보관하며, 우편발송 및 고객이 원하는 장소로 발송해 주어야 한다.

(4) 호텔 내의 손망실(Lost & Damage) 관리

호텔의 모든 자산에 관련된 것이 분실되거나 파손되었다면 이를 신속히 사무실에 보고하고, 만약 고객에 의해 분실 또는 파손되었을 시에는 보상을 받도록 한다.

호텔의 자신에 대해 손망실 된 부분에 대해서 객실담당지배인은 이를 확인하고, 파손된 것에 대해서는 damage charge 여부를 결정해야 하며, 보고서를 작성한다. 추후관리를 위해 항상 파손된 호텔자산에 대해서는 사진을 찍어 증거를 남겨 두어야 한다. 이때 객실번호 · 고객성함 · 고객주소 · 파손부위 · 금액의 순으로 보고서를 작성한다.

- 고객입장에서 생각하고 damage charge 여부를 결정한다.
- 카메라로 사진을 찍어서 증거를 남긴다.
- 객실번호 → 고객성함 → 주소 → 파손 부위 및 금액 순으로 report 작성 (카메라로 찍어 참고자료로 붙인다.)
- Executive Housekeeper가 부재중일 경우 당직지배인의 sign을 받아서 front로 전달한다.
- 변상 금액은 참고자료를 참고한다.
- 수입 처리는 잡수입으로 하고 report와 folio를 front로부터 받아 따로 보관한다.

(5) DNS(Do Not Sales) 현황에 대한 기록보유

판매 불가능한 객실(out of order)에 대한 사항에 관해서는 DNS 처리 및 각 층에 통보하며, 그에 대한 사항을 보고 · 처리한다.

- 커튼 세탁, 샴푸, 시설 보수 등 객실을 판매할 상황이 아닐 때 DNS를 잡는다.
- 당일 재실인 경우, C/IN 예정인 객실은 DNS가 안 걸린다.
- C/O 예정이거나 빈방인 경우에 DNS를 잡을 수 있다.
- DNS는 전날은 걸 수 없고 앞으로 날짜로 잡을 수 있다. 만약 전날로 입력하면 내년으로 넘어가서 DNS가 걸리기 때문에 주의해서 잡아야 한다.
- 객실 투숙율이 높은 경우에는 상황을 파악하여 DNS를 걸지 않도록 하고, 다음날로 정하여 order를 처리할 수 있도록 한다.
- DNS 상황은 수시로 상사에게 보고한다.

DNS기간

- 커튼세탁(3일 정도)
- 객실샴푸(1일 정도)
- 객실시설 보수 및 교체(2일 정도)
- 객실 안 칠 작업(3일 정도)
- 객실 작업이 끝나고 점검원이 점검한 후 DNS를 해지한다.

4) Room Attendant

객실정비부서의 핵심역량을 수행하는 중요한 구성원으로서 룸 어텐던트는 투숙객의 각종 인적서비스(personal service)를 제공하여 고객의 편의를 최대한 도모하는 역할을 수행한다. 호텔에서 룸 어텐던트는 객실의 출입을 가장 빈번하게 하는 종업원으로서 객실구조 및 비품에 대해 상세하게 파악하고 있어야 한다.

① 전열기구 수리 및 회수업무
② 고객 체크아웃(check-out) 후 잠겨진 금고를 열어 놓고, 고장난 금고가 있다면 수리한다.
③ 고객이 가습기를 요구하였다면 객실에 가습기를 설치하여 둔다.
④ 고객의 사전요구가 있을 시 VTR을 설치한다.
⑤ 전일 판매되었던 미니바(mini bar)의 품목을 객실 층별로 분리하여 확인하고 기록한다.
⑥ 턴다운(turn down report)을 각 층별 전달한다.
⑦ 호텔객실관리(housekeeping) 보고서와 실제 투숙상황을 비교・확인한다.
⑧ 룸 메이드(room maid)가 작성한 미니바의 보고서를 접수한다.
⑨ 미니바에 대한 층별 판매현황표를 출력한다.
⑩ 각 층에서 사용한 층별 마스터 키(master key)를 접수한다.
⑪ 프런트 오피스(front office)에서 요구한 객실을 점검한다.
⑫ 주중에 신고되었으나 비결로 인계된 시설상의 문제를 해결한다.

⑬ 고객의 요구가 있을 시 엑스트라 베드(extra bed) 및 아기침대를 설치한다.
⑭ 오더 테이커의 퇴근 후 오더 테이커의 업무를 대행한다(야근 근무).
⑮ 분실물장부를 기록한다.

▌표 2-6▐ 룸어텐던트의 직무

Position Title	Room Attendant Description	Time	24H
Position Summary	오더 테이커를 보조하여 모든 야간 서비스의 신속을 기하며, 서비스용품 제공 및 미결로 인계된 업무를 대행한다.		
• 수리할 전열기구를 전기과로 보내고 수선된 것을 회수한다. • 고객 check-out 후 close된 금고 open 및 고장난 금고를 수리한다. • 가습기 요구시 객실에 설치한다. • 고객요구시 VTR을 설치한다. • 전일의 판매된 mini bar 품목을 층별로 분리한다. • turn down report의 각 층별 전달 • housekeeping report의 실제 투숙상황과의 확인 • room maid가 작성한 mini bar report 접수 • mini bar 층별 판매현황표 출력 • 각 층에서 사용한 floor master key 접수 • front office에서 요구한 room check • 분실물장부를 기록한다.			

▌표 2-7▐ 룸어텐던트 데일리 스케줄 업무

오전조 (7 : 00~15 : 00)	• 고객 order처리 • front desk나 bell desk로 접수된 세탁물 인수한다. • 수리할 전열기구를 전기과로 보내고, 수선된 것을 회수함. • 고객 check-out 후 close된 금고 open 및 고장난 금고의 수리의뢰 • 가습기 요구시 room에 설치함. • 고객요구시 VTR 설치함. • 전일의 판매된 mini bar 품목을 층별로 분리한다. • lost 그리고 found 접수 및 정리

오후조 (13 : 40~22 : 00)	• turn down report의 각 층별 전달 • housekeeping report의 실제 투숙상황과의 확인 • room maid가 작정한 mini bar floor report 접수 • mini bar 층별 판매현황표 출력 • 각 층에서 사용한 floor master key 접수 • front office에서 요구한 room check • lost 그리고 found 접수 및 정리 • maid 일과 후(9 : 00 18 : 00) 객실청소(객실 부족시)
야근조 (22 : 00~7 : 00)	• 주간에 미결로 인계된 시설상 문제를 해결한다. • 야간에 extra bed와 baby crib를 설치한다. • room maid 점검원의 보고서 처리와 사무실 정리를 한다. • check-out 예정방에 대한 층별 mini bar check list를 분리한다. • 오더 테이커 업무대행 • 익일 근무자에게 인계사항 작성 • housekeeping report를 출력한다. • lost 그리고 found 접수 및 정리 • 린넨실 일과 후(8 : 00 21 : 00) 업무대행 • 객실지원반 일과 후(9 : 00 18 : 00) 업무대행

5) 객실용품 담당

호텔객실관리부서의 업무가 호텔의 안살림과 같은 역할을 담당함으로서 자연히 막대한 자산의 관리와 다양한 고객용품, 잡다한 소모품, 청소용품을 관리하게 된다. 또한 비품은 after service를 받아 두어야 하는 품목이 있을 수 있으니 항상 고장부위를 파악하여 after service를 받아 두어 언제나 객실에서의 고장품목과 교체가 가능하게 해 두어야 한다. 또한 부서의 운영상 필요한 많은 물품을 적정한 가격으로 적정한 양을 양질의 물건으로 정하여진 디자인의 물건으로 재고가 바닥나는 일이 없도록 공급하는 책임을 담당한다. 그리고 다양한 물품의 질적 수준을 유지하기 위하여 각 물품의 사양대로 샘플도 보관 · 관리하여야 한다.

(1) 창고관리의 주요업무

① 적시에 적정량의 물품을 품목별로 구매 요청한다.
② 항시 적정량의 물품을 구비하여 각 층과 house로의 불출이 원활하게 이루어지도록 한다.
③ 물품을 납품할 업체에 물품의 사양을 정확하게 전달하여야 하며, 납품일자를 적정하게 정하여 준다. 또한 구매요구품목의 품목 입고시 물품의 요구사항 부합 여부, 수량의 정확함, 파손품의 유무 등을 정확하게 검수하여야 한다.
④ 월 물품의 재고를 파악하여 업무의 효율성을 높인다.

(2) 물품관리업무

가) 가전제품의 관리

객실의 냉장고, TV, 가습기, 오븐, 세탁기 등은 고장 후 교체의 원활함을 위하여 항시 점검하고, 고장제품은 즉시 수리하여 원활한 교체가 이루어지도록 한다.

나) 고객용품의 관리

용품의 입고시 기존 샘플과의 동일함을 점검하고, 항시 디자인실과의 업무협조가 이루어지도록 한다. 또한 각 층과 out house로의 불출은 정하여진 요일에 소모품 신청청구에 의하여 요구수량을 불출한다. 항시 물품의 상태를 점검하여 최상의 품질이 각 객실에 비치될 수 있도록 최상의 물품확보에 만전을 기한다.

다) 청소용품 및 기타 품목

세제류 · 청소용품 · 신발류 등은 주기적인 구매로 적기에 양질의 물품이 공급될 수 있도록 하여야 한다. 또한 항시 새로운 청소류 및 대체물품의 확보에도 만전을 기한다.

라) 램프 갓

객실에 있는 램프 갓은 항시 주기적으로 교체하여 주고, 항시 교체가 이루어지도록 갓

샴푸를 의뢰하여야 한다.

마) 재고조사

비품 및 소모품의 재고파악으로 구매시기의 결정과 구매수량의 결정을 하게 되며, 다음 년도의 예산수립에 자료가 될 수 있도록 한다.

바) 창고의 정리

① 항시 창고를 효율적으로 관리하여야 한다.

② 오래되고 사용하지 않는 물품을 분류하여 담당자의 결제를 득하여 관재로의 반납 또는 폐기함으로서 공간을 확보하고, 주기적인 청소 · 정리 · 정돈을 함으로서 항시 깨끗한 환경을 유지한다.

6) 미니바 담당

객실 내에 비치된 냉장고에 간단한 주류 · 음료 · 안주류를 진열 · 판매하고, 심야 객실투숙객은 곧바로 준비된 음료를 즐길 수 있고, 후불형식으로 편리하게 이용할 수 있도록 함으로써 고객을 배려한다. 고객이 언제든지 스스로 선택 · 이용할 수 있고, 이러한 미니바의 합리적인 관리로 부가가치를 높인다.

(1) 미니바의 물품관리

① **품목선정 변경** : 품목별 판매 자료에 근거하여 새로운 물품의 추가비치 혹은 품목변경을 건의한다.

② **구매 · 공급** : 미니바 구매요구는 원가관리에서 구매하고, 불출 · 공급하며, 현업인 H/K에서는 판매에 전념한다.

③ **물품불출** : 층별로 전산집계된 것을 통합경영을 이용해 원가관리에 보내주고, 다음날 소모분을 공급받아 층별 보유물량을 보충할 수 있도록 불출한다.

(2) 판매보고서 작성

전일의 전산집계된 것을 Daily 집계표와 Front Daily Report 판매집계표를 비교·분석하여 차이점을 확인한 후 판매보고서를 작성한다. 판매 집계된 Report의 확인업무가 끝나는 대로 원가관리에 1부 보내고 1부 보관한다.

(3) 미니바의 빌 제작 및 관리

① 미니바의 품목 및 가격에 변동이 생겼을 경우 디자인실에 도안을 의뢰해서 원가관리로 빌(bill) 제작을 의뢰한다.

② 제작된 미니바의 빌은 원가관리에서 수령해서 공급·관리한다.

③ 전산시스템에 의해 미니바의 빌이 자동으로 printing되기 때문에 빌의 사용이 많지 않아 일부 room에만 공급한다.

(4) 미니바의 점검업무

① 18시 이후 다음날 오전 7시까지는 야근조 Room Attendent가 체크하고, 7시부터는 미니바 체크를 위해서 출근한 미니바의 요원이 신속·정확하게 체크해서 각 층의 컴퓨터에 입력하고, 바쁠 때는 미니바의 사무실에 통보함으로서 계산서 발행과 수금이 진행되도록 협력한다.

② 미니바의 체크가 진행되는 대로 점검표에 객실별로 판매된 물품의 수량을 기재하고, 점검 시에 손님의 입회 여부와 점검자명·점검시간 등을 빠짐없이 기재한다.

③ DND 객실은 미니바의 사무실로 통보하여 재점검을 시도할 수 있도록 한다.

점검시의 유의사항

- 객실 출입 시는 고객이 계실 것을 항시 가상하여 세 번 이상 벨을 누루고, 고객이 응답할 수 있는 충분한 시간을 줄 것. 급한 마음에 서둘러서 객실 문을 열지 말 것.
- 공손히 아침인사를 한 후 정중하게 양해를 얻은 다음 신속히 점검을 마치고 기재한

다. 상냥한 인사도 잊지 말 것.

- 고객의 동반손님이 점검 후에도 잔류 시에는 추가분에 대한 재점검객실로 표시하여 둔다.
- 완전 퇴숙객실은 소등하고, 열려 있는 객실문은 확실하게 닫을 것.

(5) 미니바 철수 및 재배치업무

특수한 경우 미니바를 철수하고 재배치하는 일이 발생 시에는 미니바의 요원과 객실담당자가 지원 가능한 인원을 지원하여 신속한 철수와 배치가 이루어지도록 한다.

각 층별 미니바의 관리 및 유효기간관리

- 원가에서 미니바 물건을 공급받아 미니바 담당 2명이 분배 · 공급한다.
- 각 층에서는 공급받은 미니바를 미니바의 함에 현재보유량과 확인 · 점검한다.
- 각 층의 보유량 관리와 유효기간관리는 룸 메이드와 점검원이 관리한다.
- 유효기간관리는 한 달 전 것을 빼서 미리 관리한다.

(6) 실사(Inventory)

가) 일일 결산

각 층의 daily 판매된 것을 전산 집계하는데, 20시를 기준으로 마감 처리한다. 마감작업이 끝나면 다음과 같은 report로 작성된다.

① 층별 판매현황, daily sales amount, 품목별 재고현황 daily 집계표

② 단체판매 skipper 집계표, 판매현황분석, 월 · 일별 판매현황분석

③ 품목별 재고현황, 월별 품목별 skipper 일별 집계표, 품목별 · 일별 집계표

나) 월 결산

① 월 실사일은 매월 31일 말일로 하며, 결산일은 다음달 1일로 한다. 층별 린넨창고의 보유량과 객실에 비치된 양을 확인하고, 매월 말일까지의 실사를 토대로 린넨창고 · 객실 비치분 · 창고 재고를 합산하여 집계된 자료로 실사보고서를 작성하여 원가관리로 1부 제출한다.

② 전월의 재고량 미니바 손실 skipper 처리분을 품목별로 전산집계해서 원가관리부서에 제출한다.

③ 실사재고 리스트 : 자재코드, 자재명, 규격, 단위, 전산재고수량, 실사 재고수량

(7) 프런트 데스크와의 확인업무

① speed check-out을 하기 위해서 group · FIT · 고객들의 morning call, departure time 을 신속하게 파악해서 고객이 빠른 체크아웃을 할 수 있도록 협력한다.

② 프런트 데스크에서는 가능하면 최대한으로 고객이 체크인할 때 고객의 체크아웃시간을 입력하는 데 주력한다.

③ 하우스키핑에서는 morning call과 departure time을 확인해서 미니바의 체크를 신속하게 수행함으로서 skipper를 줄이는 데 최선을 다한다.

(8) 미니바의 전산화 시스템

미니바의 판매관리목적은 다음과 같다.

① 미니바의 판매관리는 신속 · 정확한 미니바의 이용과 실적의 집계를 통하여 고객에게 더 나은 서비스를 제공하는 것이다. 상품별 재고를 관리하여 skipper의 최소화 및 적정재고를 보유한다.

② 고객의 상품별 기호를 분석해 고객이 원하는 상품의 개발에 대한 정보를 제공한다.

7) Inspector

객실점검자(room inspector)는 객실점검원을 의미한다. 객실점검원은 완전한 상태로의 객실상품을 판매하기 위해 객실점검을 하는 것이 주 업무이다. 룸 메이드의 객실청소상태나 소모품 비치상태 및 근무상태, 그리고 객실기능의 이상 유무를 점검해야 하기 때문에 업무수행에 있어서 항상 세심한 안목으로 점검해야 한다.

객실점검원은 객실을 상품화했을 때 완전상태점검을 주업무로 하고 있다. 룸 메이드의 객실청소상태나 소모품의 부족상태 · 근무 등을 점검 · 보고하는 책임이 있다.

▌표 2-8▐ 객실점검원 데일리 스케줄 업무

Position Title	Description	Time	8 : 50~18 : 10
Position Summary	룸 메이드의 객실청소상태나 소모품 비치상태, 근무상태, 객실기능의 이상 유무를 점검한다.		
8 : 50~9 : 00	• 회사도착 • 유니폼 착용 후 근무지에 도착		
9 : 00~9 : 10	• 룸 메이드 업무배정		
9 : 10~9 : 30 9 : 30~10 : 00	• 공공지역 점검, 복도 환기 • 객실점검, mini bar 확인		
10 : 00~10 : 30	• 객실사무실에 객실현황 제출, 객실소모품 인출		
10 : 30~13 : 00	• 객실점검, inspection 후 pass room, 객실현황 제출		
13 : 00~13 : 30	• 점심식사		
13 : 30~16 : 00	• 객실점검, inspection 후 pass room, 객실현황 제출		
16 : 00~17 : 30	• 객실점검, inspection 후 pass room		
17 : 30~18 : 00	• 턴다운 레포트 배정, 감독과 중요 · 미결사항 확인		
18 : 00~18 : 10	• 마스터키, 점검원 레포트 사무실 제출과 중요사항 인계		

표 2-9 객실점검보고서

ROOM INSPECTION REPORT

DATE: ______ ROOM: ______ ROOM TYPE: __ INSPECTED BY: _____ Grand TOTAL: _____

Guest room	Value	Score	Bathroom	Value	Score
1. Door/Room No.	1		1. Door(in/Outside)Free of Fingerprints	2	
2. Thresholder/Frame	1		2. Frame	1	
3. Capet Vacuumed, Free of Stains	1		3. Thresholder	1	
4. Temperatuer of Room	1		4. Batheoom Floor. Tile & Grout/All Comers	3	
5. Latch	1		5. Mirror	2	
6. Rate Card	1		6. Vanity. Top/Front/Undemeath Clean	1	
7. Do Not Disturb Sign	1		7. Glasses(2) & Lids on Top of Vanity	1	
8. Welcome Light	1		8. Ash Tray/Matches on Top of Vanity	1	
9. Reflector/Realm	1		9. Sink	1	
10. Closet Doors/Tracks	1		10. Chrome	2	
11. Pant Hangers(5)	1		11. All Guest Supplies on Hand Towel	2	
12. Skirt Hanger(4)	1		12 Hand Towel Placed in Center of Rack on Wall	1	
13. Shelves	1		13. Pipes Underneath Vanity Dusted	1	
14. Walls Inside Closet	1		14. Toilet Tank	1	
15. Laundry Bag W/Valvet Ticket	1		15. Toilet Lid	1	
16. Swim Bag	1		16. Toilet Seat	1	
17. Connecting Doors/Frame/Thresholder	1		17. Toilet Bowl in/Outside. Holes Round Rim	2	
18. Luggage Bench(Rack in Closet)	1		18. Behind Toilet	1	
19. Dresser/Top/Behind/Sides	1		19. All Towels Placed on Rack on Wall	2	
20. Dresser Lamp/Shade/Buib. Free of Dust	1		20. Toilet Paper(2 Rolls)	2	
21. Dresser Drawers/Guest Informant Book	1		21. Kleenex(1 Box)	2	
22. Ice bucket In/Outside and Lid. Tray	1		22. Shower Curtain/Liner and Rod	3	
23. Glasses(4) W/lids	1		23. Shower Walls & Grout Clean	2	
24. Comment Card(Top of Dresser)	1		24. Soap Dishes	2	
25. Wine Card Invitation(Top of Dresser)	1		25. Chrome	2	
26. Desk Top	1		26. Bathtub. Bottom/Sides/Drain	2	
27. Trashcan. In/Outstside Clean	1		27. Cloth-Line	1	
28. Brown Stationery Folder on Top Desk	1		28. Clean Bathmat Folded on Tub & Boxed Soap	2	
30. Post Card(2) & Miniature Menu(1)	1		29. Trashcan Under Vanity	2	
31. Green Broschure Next to Folder	1		30. All Walls Clean(Specially Behind Trashcan)	2	
32. Ash Tray & Matches	1		31. Light(s)Off-operating Properly	1	
33. Chair Clean. Free of Dust	1		Total	50	
34. Mirror(s) Clean & Frame	1				
35. Pictures Clean & Frame	1				
36. TV Dust Free-Operating Properly	1				
37. Clock/Time & Radio Operating Properly	1				
38. TV Guide/Tent Card/Spectravision Card	1				
39. Round Table & Chairs Thet Card & Ash Tray	1				
40. Night Stand/Lamp/Phone Book/Bible	1				
41. Ash Tray & Matches/Memo Pad & Pen	1				
42. Windows & Tracks Clean	2		Comment:		
43. Drapes & Blackouts Operating Prperly	2				
44. Beds Proper Technique/Fresh Linen/Undemeath	2				
45. A/C Unit & Contols Clean. Filter	2				
46. Smoke Detector Clean-Sprinkler	1				
Total	50				

자료: 롯데호텔

▌표 2-10▐ 객실점검표

객실번호: 점검자: 담당정비원: 객실현황: (200 . . .)

점 검 부 분	상 태	점 검 부 분	상 태	점 검 부 분	상 태
(객실 입구)		초콜릿(대2)(소2), 에비앙 2, 설악생수 1		게임테이블, 대리석, 의자	
객실번호, 초인종, 벽지		우롱 2, 오렌지 2, 화이브 4, 당근 2		커넥팅도어, 락셋, 안내판	
객실문, 틀, 손잡이, 대리석턱		토마토 2, 알로에 2, 콜라 2, 포카리 2		그림, 틀, 유리	
문짝안팎, 틀, 락셋, 렛치판, D.N.D판		전신거울, 틀, 휴지통 안팎		BGM Table, 램프, 갓, 전구, 시계, 알람	
도어뷰, 요금표, 대피도, 도어스톱		차세트(트레이, 포트 1, 찻잔 2, 티스푼 2)		라디오, 디머 스위치, 홋라이트, 객실 전화기	
도어크로저, 체인, 키박스, 입구등, 스위치		슈거홀더 1, 녹차 2, 홍차 2, 인삼차 2, 꿀 2		줄정리, 재떨이, 성냥, 메모패드, 메모지	
옷장문, 문살, 손전등 1/걸이, 배전반		라게지 벤치		IDD, 연필, 크리넥스, 케이스	
옷장등, 구두주걱 1/걸이, 옷솔 1/걸이		드레서, 드레서등, 갓, 전구, 서랍, 성경, 불경		테이블 사이, 뒤	
횟대, 라게지랙 2, 방독마스크 함		서비스디렉토리, 메트, 세탁백, 빌, 드라이기		메트리스, 박스 스프링, 침대밑	
옷걸이 8, 겸용옷걸이 4		홀더: 편지지 10, 봉투 6, 팩스용지 8		스프레드, 스커트, 시트, 패드, 베개	
슬리퍼 2, 슬리퍼띠, 구두바구니, 슈밑		그립엽서 4, 불편신고엽서 4, 볼펜 1		베개커버, 헤드보드	
선반, 금고, 봉, 안내책		셔틀안내 2, 조깅안내 1, 비상대피안내 1		나이트 테이블, 램프, 갓, 전구, 서랍	
(미니바)		앙케이트 1, SPG가입서, 공항안내 1, 벨지		전화번호책, 쉐라톤안내책, 국립공원안내책	
거울, 선반유리, 깔개, 콘센트		룸서비스 메뉴, 특선메뉴, 도어놉 메뉴		그림, 틀, 유리	
까뮤(대) 1, 레미마틴(대) 1, 조니(대) 1		드레서 거울, 달력		천장, 닥트, 감지기, 스프링클러	
까뮤(대) 1, J & B(대) 1, 까뮤(소) 2, 잭다니엘(소) 2, 시바스(소) 2		TV, TV회전대, 센서		벽지, 도색, Flooring(목재)	
젤 1, 면도기 1, 치약 1, 칫솔 2, 스타킹 2		휀코일		(욕 실)	
육포 2, 칼몬드 1, 믹스넛 1		겉커텐, 속커텐, 드롭바, 레일, 로라		스위치, 케이스	
물컵, 코스타, 컵뚜껑, 얼음통, 집게		창문, 틀, 고리		문짝, 틀, 락셋, 잠옷걸이, 도어스톱	
빌, 빌봉투, 볼펜		창유리, 방충망, 휄트, 베란다		콘센트, 스위치, 버튼	
냉장고 안팎, 케이스, 덧문, 경첩, 냉동실		후로아 램프 갓, 전구, 콘센트		욕실컵, 코스타, 컵뚜껑, 비누, 비누접시	
버드 2, 하이트 2, 아사이 4, 장캐삼 2		잡지, 리모컨, 웰컴레터, 재떨이, 성냥		세면기, 세면대밑, 대리석, 폭업, 파이프	

점 검 부 분	상 태	지적사항 처리현황	점검자의견
수도전, 핸들, 휴지, 휴지걸이			
워쉬타월 2, 접시, 때타월			
어메니티 바구니, 라이너, 샴푸 1, 린스 1			
바블 1, 로션, 1 빗, 바늘쌈 1, 면봉 1			
샤워캡 1, 위생백 1			
욕실거울, 테두리신주, 벽등, 커버, 유리			
전화기, 플래이트 페이스, 전화기줄			
훅버튼, 버튼, BGM라디오, 스위치			
변기볼, 속, 시트, 카바, 경첩, 물탱크 겉, 속			
샤워커텐 겉/속, 고리, 횟대			
훗타월 1, 타월선반, 베스타월 2, 핸드타월 2			
빨래줄, 비누, 비누접시			
샤워헤드, 걸이, 수도전, 욕조마개			
욕조, 손잡이, 코킹, 욕실바닥, 배수구			
문턱 대리석, 휴지통		특이사항	VIP 및 Return Guest 관련사항
욕실천정, 닥트, 욕실벽, 대리석, 벽지			

자료: 쉐라톤 워커힐

(1) 객실점검원의 주요 점검사항

① 창문과 커튼의 청소상태

② TV와 서랍 속의 청결상태

③ 휴지통 · 재떨이 · 탁자 · 카펫바닥의 점검

④ closet(옷장)과 옷걸이의 수, 벽지

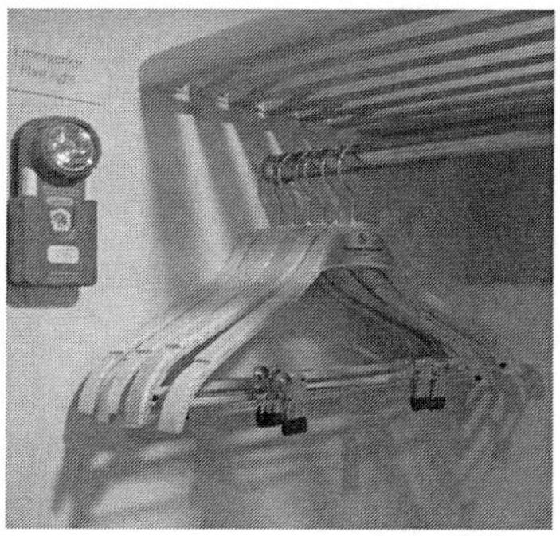

⑤ 전기 및 라디오 스위치의 상태

⑥ 침대 및 침구의 상태

⑦ 냉 · 온수 및 배수의 상태

⑧ 욕실과 변기 및 타일벽 청소상태

⑨ 공공장소 청결상태

⑩ mini bar 관리

⑪ 고객관리

(2) 청소정비가 끝난 객실의 주요 점검사항

① 청소가 깨끗하게 되었는지 점검한다.

② 비품이 안정감 있게 잘 정돈되어 있는지 점검한다.

③ 소모품은 충분히 보충하였는지 점검한다.

④ 객실의 전기시설은 이상이 없는지 점검한다.

⑤ 화장대와 거울은 깨끗한지 점검한다.

⑥ 서랍은 잘 닦여 있는지 점검한다.

⑦ 커튼은 잘 움직이는지 점검한다.

⑧ 창문은 깨끗한지 점검한다.

⑨ 라디오 · TV는 정상인지 점검한다.

⑩ 여분의 담요는 잘 정돈되어 있는지 점검한다.

⑪ 액자는 바르게 잘 정돈되어 있는지 점검한다.

⑫ 실내의 온도는 적당한가?(heating, cooling)

⑬ 욕조는 청결한가?

⑭ 샤워커텐은 청결한가?

⑮ 욕조와 변기의 배수는 잘 되는가?

(3) 업무절차

① 객실청소전 준비단계

ⓐ 오더 테이커로부터 당일의 층 및 업무를 배정받는다(업무현황판).

ⓑ 업무량 및 룸 메이드 배치인원을 참고하여 층 마스터키를 오더 테이커에게 인수받는다.

ⓒ 키 인출 시 키장부에 키수량 · 성명을 기재하고 서명한다.

ⓓ 인력배치현황을 보고 인력지원 사항을 메모한다.

ⓔ 메일 박스에서 당일의 업무참고자료와 정보를 전달받는다.

ⓕ 전일 인 하우스 고객보고서(in house guest report)를 출력한다.

② 인원 및 건강상태 확인

ⓐ 당일 근무해야 할 직원이 이상 없이 출근대기하고 있는지 확인한다.

ⓑ 근무자 중 건강상태가 좋지 않은 사람이 있는지 알아보고, 기본업무량을 수행할 수 있는지 판단해서 사무실로 보고하여 조치받는다.

ⓒ 근무자에게 특별한 상황이 있는지 알아보고 조치한다.

③ 용모 및 복장 확인

ⓐ 머리모양은 단정하고 규정에 어긋나지 않는가?

ⓑ 유니폼은 단정히 착용하고 깨끗하게 세탁되었는지 점검한다.

ⓒ 신발은 회사에서 지급한 깨끗한 신발을 신고 있는지 점검한다.

ⓓ 화장은 지나치지 않아야 하며, 색깔이 있는 매니큐어는 하지 않는다.

ⓔ 결혼반지 · 시계 이외에 화려한 장신구는 하지 않는다.

ⓕ 핸드폰은 작업 중에는 몸에 지니지 않는다.

④ 린넨실 정리 · 정돈

ⓐ 린넨 카트를 깨끗하게 정리 · 정돈하여 복도에 내어 놓았는가?

ⓑ 린넨실을 깨끗하게 정리되어 있는지 점검한다.

⑤ 층의 공공지역 점검: 린넨실, 고객 엘리베이터, 복도, 비상구 · 계단 등의 지역을 점검한다.

⑥ 객실점검

ⓐ 아침에 미니바 근무자가 미니바를 점검한 객실을 우선 확인한다.

ⓑ 각 객실의 상태(DND, double lock, maid service 등)를 확인한다.

ⓒ 룸 메이드가 청소전 점검한 객실을 레포트로 확인하며, 현황을 점검원 레포트로 옮겨 기록한다.

ⓓ 객실문을 열고, 옷장(closet)을 확인한다.

ⓔ 미니바를 점검 · 보완한다.

ⓕ 화장대(dressing table)와 원탁 테이블 및 의자를 점검한다.

ⓖ 창문 및 펜 코일 박스를 점검한다.

ⓗ BGM(back ground music) table을 점검한다.

ⓘ 침대 및 헤드보드를 점검한다.

ⓙ 욕실과 욕조를 점검한다.

ⓚ 기타, 카펫, 액자를 점검한다.

ⓛ 에어컨디션(air-condition) 센서가 24도(계절에 따라 상이)에 조정되어 있고, 잘 작동되고 있는지 점검한다.

ⓜ 천정 도색상태는 깨끗하고, 닥트는 잘 작동되며, 먼지는 없는가?

ⓝ 객실냄새가 없고, 안락 · 쾌적한지 마지막으로 확인하며, 전화기 #5를 누르고 메이드 서비스(maid service) 카드를 객실 안으로 걸고 문을 닫고 나온다.

⑦ 층의 판매일보 작성 : 룸 메이드는 룸 메이드 보고서에 기록해 놓은 당일 미나바의 판매현황을 참고해서 일보에 기재한다.

⑧ daily occupancy report

ⓐ 전일 투숙현황을 컴퓨터로 자료를 프린트하고 인디케이트를 참고해서 투숙현황을 F.O 공란에 표시한다.

㉠ V: vacant

㉡ O: occupancy

ⓑ 자료를 참고해서 당일 퇴숙 예정객실은 객실번호 위에 'O'를 그린다.

⑨ 세탁물 처리

ⓐ 세탁물은 수시로 수거하나 1일 2회 공장으로 보낸다.

㉠ 1회: 11 : 00

㉡ 2회: 16 : 00

ⓑ 세탁물은 1일 2회 배달한다.

㉠ 1회: 10 : 00~11 : 00

객실현황에 대한 약어풀이

- C/O: Check-Out
- O: Occupied
- V: Vacant
- D.N.D: Do Not Disturb
- E/B: Extra Bed
- D/L: Double Lock
- S/O: Sleep Out
- N/B: No Baggage
- L/B: Light Baggage

ⓛ 2회: 15 : 00~16 : 00

ⓒ 다림질 서비스

⑩ DND 객실처리

ⓐ DND 카드가 걸려 있는 상황에서는 절대로 초인종을 누르거나 객실로 들어가서는 안되며, 그 주변에서는 소음을 내지 않도록 조심한다.

ⓑ 통상 17 : 00까지 계속 DND가 걸려 있으면 객실로 전화를 걸어 maid service 여부를 확인하고, 전화를 받지 않으면 당직에 보고 후 처리한다. 이러한 객실은 청소를 할 수 없으므로 필히 청소거절 노티스를 객실에 투입하고 퇴근시 오더 테이커에게 인계한다.

ⓒ 고객이 DND를 거는 경우는 실제 모든 서비스를 거절하기 위해서이거나 고객이 착각으로 거는 경우이다.

ⓓ 퇴숙 예정객실로 계속 DND가 걸려 있으면 13 : 00에 프런트에 확인한다.

⑪ 마스터키 관리

⑫ 사무실에 room status 제출: occupancy report를 참고해서 1일 3회 사무실 오더 테이커에게 객실현황을 room status report에 기록 · 전달한다.

⑬ 시설수리 점검

⑭ 객실 amenity 공급(amenity 위치)

ⓐ 꽃은 dressing table 위 거울 앞

ⓑ 과일은 원탁 테이블 위의 식탁

ⓒ bar는 bar trolly

ⓓ imprint된 카드는 원탁 테이블 위

ⓔ 안주류는 mini bar 속

ⓕ VIP · FIT · 연박고객은 꽃병에 꽃 1송이를 꽂아 욕실 거울 앞에 비치

ⓖ VIP 객실은 턴다운 서비스

8) Room Maid

표 2-11 룸 메이드의 데일리 스케줄 업무

Position Title	Description	Time	8 : 50~18 : 10
Position Summary	객실청소 및 소모품의 비치상태 등을 수행한다.		
8 : 50~9 : 30	• 회사에 도착 : 유니폼 착용 후 근무지에 도착 • 린넨실과 메이드 카트 정리, 메이드 카트 복도 내어 놓기와 청소 · 점검 • 담당객실 13실 객실점검 및 확인		
9 : 30~12 : 30	• 객실현황 통보 • 30분에 1실 오전에 6실 청소완료 • mini bar 점검 및 billing		
12 : 00~17 : 40	• 객실현황 통보 • 식사 • 30분에 1실, 오후에 7실 청소완료, mini bar 보충		
16 : 00~18 : 20	• 객실현황 통보 • 턴다운 서비스 • 업무종료 및 레포트 정리 • key, report, 특별사항 인계 후 퇴근		

▌표 2-12▌ Maid Cart 내 선반별 정리 내용

구분	내용
1층 선반	• 앞쪽에 핸드 타월, 중간에 워시 크로스, 뒤쪽에 풋 타월을 접어서 차곡차곡 쌓는다. • 핸드 타월은 길이를 3등분하여 접고, 다시 폭으로 한 번 접는다. • 워시 크로스는 로고가 정면으로 보이도록 3등분하여 접는다. • 풋 타월은 폭으로 3등분하여 접어 쌓는다.
2층 선반	• 싱글 시트를 린넨실에서 묶여져 올라 온 상태 그대로 쌓는다.
3층 선반	• 앞쪽에 킹 시트, 뒤쪽에 필로우 케이스를 린넨실에서 묶여져 올라 온 상태 그대로 쌓는다.
앞쪽 1층 선반	• 자연수병 6~7개 보관
앞쪽 2층 선반	• 세탁 빌 및 세탁봉투, 청소용 마른 수건
앞쪽 자루	• 베이스 타월을 길이로 한 번 폭으로 한 번 접고, 3등분으로 다시 접어 자루에 담는다.
뒤쪽 1층 선반	• 청소시 걷어낸 젖은 린넨 · 타월을 담기 위해 비워 둔다.
뒤쪽 자루	• 쓰레기 담겨 있는 쓰레기봉투
4층 선반	• 문구류, 청소용 세제 및 도구, 기타 소모품

① 객실청소전 준비단계: maid cart 정리 · 정돈

② maid cart 이동

ⓐ 정리 · 정돈된 메이드 카트를 복도에 내어 놓고 벽에 바짝 붙여 세워 둔다.

ⓑ 메이드 카트의 이동시 항상 복도로 나가는 비상구문을 활짝 열어 고정시키고 이동시킨다.

ⓒ 린넨실 쪽에서 복도로 밀고 나갈 때 복도에 고객의 왕래가 없는지 확인하고 천천히 이동시킨다.

ⓓ 이동이 끝나면 비상구문을 닫는다.

③ 공공지역 청소

ⓐ 고객용 엘리베이터(elevator) 앞의 경우, 재떨이의 오물을 치우고, 그림틀 및 엘리베이터 문의 먼지를 제거하고, 대리석 바닥의 먼지를 닦으며, 엘리베이터 앞의 카펫 오물을 제거하고, 화분케이스 · 화초 등 먼지를 닦는다.

ⓑ 린넨실 주변의 바닥 및 기기들을 청소하고, 룸서비스의 기물선반도 닦는다.

ⓒ 복도의 오물을 제거하고, 복도에 내어 놓은 음식물이 있다면 치우며, 비상구문을 열어 환기시킨다. 복도의 벽등과 천정등 및 비상구 유도등을 확인한다.

④ 객실확인

ⓐ 점검원으로부터 당일의 업무량이 기재된 메이드 보고서와 마스터키를 인수받고, 메이드보고서를 들고 당일 청소해야 할 객실을 쭉 돌면서 객실상황을 살핀다.

객실상황

- DND 객실
- 메이드 서비스(maid service) 객실
- D/L(door lock) 객실
- 체크아웃(check-out)된 객실
- 불이 꺼져 있는 객실
- 문이 열려 있는 객실
- 특별사항

ⓑ 이상의 객실상황을 정확히 메이드보고서에 기재한다. 퇴숙한 객실은 일일이 들어가 환기 · 소등 · 절수 · 기물파손 · 습득물 등을 우선 확인한다.

객실정비 우선순위

- 프런트에서 급히 정비를 요구하는 객실
- 메이드 서비스가 걸려 있거나 고객이 요구하는 객실
- 입숙 예정된 VIP 객실
- DND 및 D/L 객실
- 객실정비 우선순위에 입각해 객실을 선정해서 객실 앞으로 메이드 카트를 이동시킨다.

---

⑤ 객실청소

ⓐ 객실을 점검하고, 침대를 꾸민다(bed making).

ⓑ 욕실을 정리 · 정돈하고, 타월 및 용품을 정리 · 정돈한다.

ⓒ 붙박이장(closet)을 청소하고, 내부비품을 점검하며 정리 · 정돈한다.

ⓓ 화장대(dressing table)를 청소하고 정리 · 정돈한다.

ⓔ 원탁 테이블 및 의자를 청소하고 정리 · 정돈한다.

ⓕ 창문 및 커튼을 청소하고 정리 · 정돈한다.

ⓖ BGM과 나이트 테이블(night table)을 청소하고 정리 · 정돈한다.

ⓗ 기타 헤드 보드 랙이 천으로 되어 있다면 깨끗이 닦고, 부착상태가 안전한지 확인한다. 그 외의 벽지 · 카펫 등을 점검하고, 객실 천정의 도색상태와 스프링클러 및 화재감지기 등 주변에 이물질의 여부를 확인한다.

⑥ 객실청소 완료 전 업무

ⓐ 모든 정비가 끝났을 때 욕실 콘센트에서 진공청소기의 플러그를 꼽고, 창문 쪽에서부터 입구 쪽으로 천천히 청소를 한다.

ⓑ 객실 내 청소가 완료되면 청소시 열어 놓았던 창문은 닫으며, 만약 좋지 않은 냄새가 나면 창문을 계속 열어 놓고 환기시키고, 'maid service knob'을 객실문 밖에 손잡이에 그대로 걸어 놓고 점검원에게 보고한다(문제가 없으면 객실문 안으로 건다).

ⓒ 정비된 상태를 자신이 다시 한번 세밀히 점검한다.

ⓓ 끝으로 전화기 clean 버튼을 누르고 객실문을 닫고 나온다.

⑦ 습득물 처리

ⓐ 퇴숙한 객실에 들어가면 제일 먼저 고객이 잊고 간 소지품이 없는지 확인한다.

ⓑ 습득물을 발견되면 그 시기가 고객이 막 퇴숙한 것으로 판단되면 바로 프런트로 신고하여 상황을 설명하고, 그렇지 않으면 바로 사무실로 연락하고 지체 없이 가져온다.

ⓒ 사무실에 가져 올 때 객실번호를 적어서 오더 테이커에게 확실하게 인계한다.

⑧ mini bar: 미니바를 점검하고 보충한다.

⑨ 층의 일보 작성

ⓐ 메이드는 보고서에 기재한 각 객실의 미니바 점검현황을 참고해서 일보에 기록한다.

ⓑ 퇴숙객실은 빌을 끊지 않고, 재실객실은 빌을 끊는다.

ⓒ 품목별 합계를 내서 퇴근시 사무실에 제출하면 당일 일보에 의거해 다음날 아침에 출근시 물품을 인출한다(미니바 담당자가 출근전 점검원 카트에 이미 적재함).

ⓓ 당일 일보가 제출된 후 미니바 판매분은 익일 일보에 이월란에 기록한다.

⑩ DND 객실처리: 고객이 DND 신호를 입력하는 경우

ⓐ 고객이 다른 일로 방해받고 싶지 않을 때

ⓑ 잠을 주무실 때

ⓒ 객실에 중요한 물건이나 일이 있어 다른 출입자를 기피할 때

ⓓ 단순히 메이드가 필요 없을 때

ⓔ 고객의 착오로 입력했을 때

⑪ 진공청소기 관리

ⓐ 진공청소기(vacuum cleaner)의 이상 유무를 살피고, 이상 현상이 발생하면 사용을 중지하고 사무실에 보고한다.

ⓑ 진공청소기는 항상 메이드 카트 옆에 위치하며, 항상 복도에서 보관시 벽쪽에 바짝 밀착시키고 중앙을 향하도록 세운다.

ⓒ 이동시 손잡이를 들고 가거나 거꾸로 끌고 가면 안 되며, 필히 진공청소를 하듯이 밀고 이동한다.

ⓓ 지저분한 카펫을 청소하다 보면 먼지가 많이 묻고 얼룩이 지는데, 항상 외관을 청결하게 관리한다.

⑫ maid daily report 작성

ⓐ 점검원이 작성해 준 당일의 레포트(업무량)를 받는다.

ⓑ 1일 업무량은 통상 13~14실이 기준이기는 하나 투숙률에 따라 다소 변동이 될 수 있다.

ⓒ 레포트에 당일 해야 할 업무량이 객실번호로 기록되어 있다.

ⓓ 객실번호가 기재되어 있고, 그 위에 'O'가 그려져 있는 객실은 당일 퇴숙예정 객실을 의미한다.

ⓔ 레포트와 키를 받아 청소시작 전에 지정된 객실을 살피면서 그 상황을 객실번호 옆 9 : 00 공란에 기록한다.

객실상황의 표시

- C/O: Check-Out(퇴숙)
- O: Occupied(재실)
- DND: Do Not Disturb(청소거절, 서비스거절)
- D/L: Double Lock(청소거절, 서비스거절)
- V: Vacant(빈 객실)

ⓕ 객실상황 중 'C/O', 'O'는 사무실로부터 가져 온 mini bar 점검 리스트와 in house report 및 인디케이트 등을 참고해서 어느 정도 알 수 있다.

ⓖ 청소완료시간은 필히 객실청소 후 바로 기록한다.

⑬ 턴다운 서비스(turn down service): 턴다운 서비스란 고객이 침대에 편히 들게 사전에 정리해 주는 준비작업으로 주간에 정비 및 점검된 객실을 가장 좋은 상태로 유지시키는 서비스를 말한다. 대상고객은,

첫째, VIP 고객과 소모품이 들어 간 고객

둘째, 컨벤션 · 세미나의 중요한 고객

셋째, 계약업체 고객(FIT, commercial)

넷째, 장기고객 및 기타 지시된 고객

⑭ 마스터 키 관리와 습득물을 처리하고, 고객요청에 따라 엑스트라 베드를 설치하고 수거한다.

⑮ 청소약품을 사용하고 관리한다.

▌양식 1▌ **1일 룸 메이드 보고서**

객 실 현 황							VIP 현황			청소불량객실
호실	상태	인원수	청소시간	HELP(다른층)		상태	VIP VIT EXP	턴다운		객실번호 내용 이름
				이름	층			이름	시간	

객실 외 정비상태			
습득물		창고정돈	
복도청소		린넨정리	
백사이드		담배분리	
추 가 방			
작업 교육 기타	방	내용:	
청소방수(Maid)		확인 (Inspectress)	

범례
O: 재실 H/U: 하우스유스 D/U: 데이유스
E/B: Extra Bed S/B: Sofa Bed
O O O: 고장객실 D/D: D. D카드 NCR: 청소거부 V: 공실
D/L: 더블락 재: 재청소 C/O: 체크아웃
S/O: 외박 NB: 짐없음

자료: 롯데호텔

9) Lock Smith

(1) 호텔 Key 전체 시스템 관리

① 전객실 영업장과 공공지역 · 사무실 · 창고 · 직원락카 및 키 시스템의 관리 후 보수와 정비관리를 철저히 체크하고, 사내 키 시스템의 이상발생시 항상 대기하며, 긴급사항들을 처리한다.

② 객실키 시스템은 컴퓨터식 시스템으로 시공되어 접촉불량 메모리 에러가 발생하기 쉽기 때문에 그 부분에 의한 부품들을 교체 해결한다. 또한 각 층의 점검원에 의하여 체크된 상황들을 점검하고, 항상 불편사항이 없도록 주기적으로 점검을 한다.

③ 업장과 공공지역 · 사무실 · 창고 · 직원락카는 기계식 시스템으로 손잡이 실린더 스프링 등이 마모되었을 시 작동불량기능을 원상 복구한다.

④ key 제작과 copy를 현 부서에서 업무 협조서를 통하여 제작 · 보수의 관리를 한다.

10) 객실지원반

표 2-13 객실지원반의 직무

Position Title	객실지원반 Job Description	Time	
Position Summary	객실정비는 호텔객실 서비스차원에서 청소 및 청결상태를 점검하며, 항상 투숙객들에게 정돈된 이미지와 시설을 이용함에 불편함이 없도록 시설의 이상 유무를 확인하고 언제든지 모든 기능과 시설물들의 사용에 있어 항상 점검 · 보수 · 정비한다.		
Duties & Responsibilities	• 카펫 청소기 보수 및 정비관리 • 목공 객실시설 및 가구 보수 · 정비 • 전호텔 도배 유지관리 • 샴푸맨 객실 카펫의 청결유지 및 정비관리 • 가구 · 기물관리		

(2) 카펫 청소기의 보수 및 정비관리

① 크리닝 샴푸기계(객실 카펫 사용용도 수량 7개): 크리닝 샴푸기계구조는 배큠모터 · 폐수모터 · 흡입모터 · 물통으로 된 구조로써 항상 정비하며 유지 · 관리한다.

② 배큠 크리닝기계(객실 카펫배큠 크리닝용도 수량 90대): 배큠 크리닝 구조는 흡입모터 · 파워브러시 · 오물백으로 구조됨으로써 항상 정비하며, 유지 · 관리하고, 쓰임에 있어 불편함이 없게 한다.

(3) 목공의 객실시설 및 가구 보수·정비

① 객실시설물 및 집기 · 가구는 각 층 점검원의 체크리스트에 의하여 체킹된 것을 정비해야 할 집기들을 종목별로 나누어 놓는다.

② 객실문을 손잡이 대리석 문짝 도어 크로저, 옷장(closet)문, 화장대(dressing table), 게임 테이블, 라에르 테이블, 의자, 침대, 방충망 등을 보수하여 체크하고 점검 · 정비한다.

(4) 호텔 전체도배 유지·관리

전객실과 영업장 및 공공지역을 순회하며 체크하고 유지 · 보수한다. 유지 · 보수는 객실층 담당점검원의 체크리스트에 의해서 체크된 하자를 보수 · 정비한다. 업장별로 입수된 부서별로 체킹된 하자는 업무협조서에 준하여 보수 · 정비한다.

(5) 샴푸맨의 객실 카펫 청결유지·정비관리

① 객실 샴푸는 연 3회 이상 크리닝 샴푸를 정기적으로 실시한다. 또한 매일 각 층의 점검원 체크리스트에 의하여 이상 유무를 확인하고, 하자발생시 바로 샴푸 및 재정비에 들어간다.

② 샴푸약품은 용도에 맞추어 비율을 섞어 작업을 실시하고, 작업내용은 현장에 따라 기능별 · 용도별로 변형될 수 있다.

(6) 가구 · 기물관리

가구 · 기물관리는 수량을 확인하고, 창고에 항상 집기를 사용할 수 있도록 가구를 비치하며, 비치품인 테이블 · 침대 · 의자 · 미니바 · 금고 · TV 등을 정비하고, 언제든지 객실에 투입할 수 있도록 교체한다.

제 3 장

호텔객실정비의 개요

Flow Chart

Hotel Housekeeping의 개요

↓

Hotel Housekeeping의 조직 및 직무

↓

호텔객실정비의 개요

↓

호텔일반정비/고정자산관리의 개요

↓

호텔객실/일반정비의 장비 및 세제

↓

린넨 · 유니폼 · 세탁물 관리

↓

마스터키 · 분실물 · 고객요청 관리

↓

호텔안전관리와 화재관리

↓

호텔시설관리와 설비관리

↓

부 록

- FF & E 용어
- 호텔 내 각종 공급품
- Amenities와 Linen 단가
- 호텔 용어

제 3 장 호텔객실정비의 개요

1. 호텔객실정비

호텔객실정비의 가장 기초는 청소에서부터 시작된다. 호텔객실정비는 객실담당자와 룸메이드 및 객실점검자에 의해 마무리된다. 호텔객실관리는 객실청소뿐만 아니라 객실 내에 비치되는 소모품(amenities)의 종류와 명칭 및 침대를 꾸미는 일(bed making), 그리고 각종 린넨류 관리와 청소용 세제 및 화공약품의 사용 · 특성을 이해하고 있어야 한다.

호텔객실 정비시에는 객실관리담당자와 객실점검원(room inspector)은 먼저 객실상태를 점검하여 고객이 투숙하고 있는 객실인지, 고객이 퇴실한 객실인지를 점검하고, 먼저 청소해야 할 객실의 순서를 정한다. 이렇게 정해진 순서에 의해 객실을 정비해 나아가야 한다. 정비한 객실은 바로 프런트 오피스와 연계하여 그 내용을 알 수 있도록 통보하여 바로 고객이 사용할 수 있는 준비가 되어 있음을 알려야 한다. 일반적으로 객실의 정비순서를 정할 때에는 고객이 먼저 정비를 요구하는 객실, 그리고 VIP들의 객실, 고객이 퇴숙한 객실, 고객이 묵고 있는 객실의 순으로 정비를 한다. 이외에도 프런트 오피스부서에서 먼저 정비를 요구하는 객실이 있다면 먼저 정비를 한다. 호텔객실관리의 정비업무담당자는 정비업무가 끝나면 이에 대해 보고서를 작성하는 것으로 일과를 마친다. 국내 특급호텔의 경우 호텔객실관리담당자는 하루 평균 8~12객실 정도를 정비한다. 따라서 한 객실당 정비시간이 빠르게는 평균 40분 정도 소요된다.

1) 호텔객실의 청소

호텔객실청소를 위해 먼저 룸 메이드는 메이드 카트에 청소용품과 각종 보충용 객실의 비품·소모품이 실려 있는지 확인한다. 확인이 끝나면 자신에게 할당된 구역으로 옮겨 청소를 한다.

(1) 객실 출입

① 초인종을 누르거나 노크를 하기 전에 DND(do not disturb) 표시가 있는지를 먼저 확인하고 초인종이나 노크를 한다. 고객의 요구를 제외하고는 절대로 DND 표시가 되어 있는 객실의 초인종을 누르거나 노크를 해서는 안 된다. 만약 DND 표시가 오후 4시까지 나타나 있다면 청소가 안 되었을 경우는 객실관리부서의 팀장에게 보고하여 지시받고 이행하여야 한다.

② 객실에 들어가기 전에 반드시 초인종을 누르거나 노크를 하고 기다렸다가 객실 내에 인기척이 있든 없든 'maid service' 또는 'housekeeping'을 2회 정도 나지막하게 이야기하고 10초 정도 대기한다. 퇴숙한 객실은 키를 열고 들어가고, 고객이 재실 중인 객실의 경우는 고객의 허락을 받아 들어간다.

③ 객실의 문을 열고 들어 갈 때는 입구에 'maid service' 표시판을 복도쪽 문 손잡이에 걸어 놓거나 청소용 수레 위에 표시판을 놓고 객실로 들어간다. 고객이 재실인 경우는 고객에게 인사를 하고, 청소를 해도 좋은지 여부를 물어본다. 객실 안에서 청소를 할 때에는 객실문을 닫지 말아야 한다. 이는 ⓐ 고객의 보안문제를 위함이고, ⓑ 객실 내의 공기소통을 위한 환기와 냄새제거를 위함이다. 청소수레는 반드시 문 앞에 놓아 외부인이 객실 내로 출입하는 것을 방지한다.

▌사진 3-1▐ **청소요청 카드와 DND카드(리모컨과 DND sign)**

④ 객실로 들어가서는 커텐을 연다. 이 때 커텐이 더럽지 않은지, 핀이 빠지지 않았나 살펴본다. 창문을 열어 환기시키고, 냉·온방 스위치가 켜져 있으면 끈다. 만약 재실의 객실인 경우에는 고객이 객실에 머물고 있다면, 냉·온방 스위치가 켜져 있는 상태로 청소를 한다. 이때는 고객에게 방해가 되지 않도록 유의해야 한다.

⑤ 퇴숙한 객실인 경우는 고객이 잃어버리고 간 물건이 없는지 살핀다. 이 때 잃어버린 물건인지 또는 버린 물건인지 판단이 곤란할 때에는 객실점검원이나 이그제큐티브 하우스키퍼에게 보고한 후 지시에 따른다.

⑥ 오후 늦은 시간에 청소를 할 경우에는 램프를 켜서 객실을 밝히고 청소를 한다.

⑦ 파손된 비품(거울, 램프, 스프레드, 카펫, 창유리, 가구, 담요, 미니바, TV, 세면기 등)이 있다면 객실점검원에게 보고한다.

MAIDS CART PROPER SET-UP

1. Hangers
2. Dust Mop
3. Glass Rack & Clean Glasses
4. Plastic Liners & Blue Paper Towels
5. Bucket with Literature
6. Ash Trays
7. Ice Tubs
8. Caddy Tray
9. Bottles
10. Johnny Mop
11. Matches & Toilet Sprips
12. Soap and Sanitary Bags
13. Bath Towels
14. Light Bulbs
15. Hand Towels
16. Wash Clothes
17. Bath Mates
18. Twins/Green
19. Pillow Cases
20. Double/Black
21. Toilet Tissues
22. Queen/Red
23. Dry Diry Linen
24. Waste Basket
25. Small Broom
26. Trash Bag & Liner
27. Vacuum

Caddy

- Emulso # 1 Bowl Cleaner
- Emulso # 2
- Window Cleaner
- Degreaser
- Lysol
- Freshner
- Johnny Mop
- Scrubber

Bucket with Literature

- Picture of Sixpence Inn
- Shower Hooks
- Curtain Hook
- Pencil
- Tooth Brush
- Rate Card
- We would Like to Know Card
- Directory

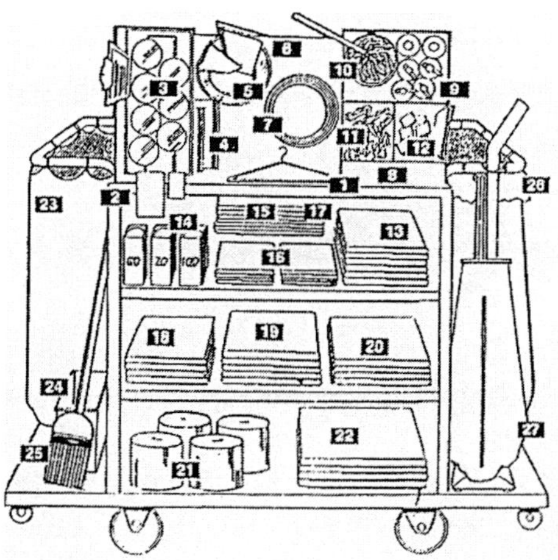

[그림 3-1] MAIDS CART PROPER SET-UP

⑧ 세탁물이 있으면 사무실로 연락하고, 세탁원이나 룸 보이가 수거하도록 한다.

⑨ 린넨류가 카펫에 떨어져 있으면 의자나 창가에 올려놓는다.

⑩ 냄새가 나기 쉬운 잔여음식물은 바로 오물백에 담아 넣는다.

⑪ 불필요한 포장지, 쓰레기통의 쓰레기, 재떨이의 담배꽁초, 사용이 끝난 면도칼날 등을 메이드 수레까지 들고 가서 정해진 용기에 넣는다. 이 때 욕실의 불필요한 물건들도 함께 처리한다.

⑫ 쓰레기통의 청소는 특히 머리카락에 주의하며, 물에 씻거나 담거나 하여 청결히 유지한다.

⑬ 혹시 객실 내에 룸서비스용 트레이와 웨곤이 있다면 복도의 한쪽에 내놓는다. 이외에도 고객이 사용하는 컵, 마호병, 객실 트레이, 쓰레기통 등을 욕실로 옮겨 놓는다. 이 때 고객의 물건과 객실의 기물이 룸서비스에 의해 객실 외로 배출되지 않도록 따로 빼어 놓는다.

(2) 침대 꾸미기(bed making)

① 침대 스프레드를 벗겨서 의자 위에 놓는다.

② 덕다운 스프레드, 시트, 베개 케이스를 벗겨낸다. 이 때 시트나 베개 케이스를 돌돌 말아 벗기지 말고, 보기 좋게 개면서 하나씩 순서대로 벗기고, 새것으로 교환해야 될 린넨류를 모두 거두어서(이 때 욕실 타월류도 함께) 메이드 수레의 정해진 자리에 정돈하여 놓는다. 이 때 가끔씩 시트 사이에 고객의 잠옷이나 내의 및 기타 물건 등이 휩쓸려 나가는 경우가 있으므로 주의 깊게 살펴야 한다. 이외에도 고객이 흘리고 간 귀금속이나 기타의 물건이 있나 확인한다.

③ 이 때 메이드 수레에서 새 시트와 베개 케이스 등 필요한 침대용 린넨류를 가지고 객실로 들어간다. 이 때 타월류도 미리 필요한 수량만큼 가지고 들어가면 일이 훨씬 빠르다. 새 린넨이라도 세탁이 잘 안되어 얼룩이 묻어 있거나 찢어진 것이 가끔 있으므로 잘 살펴보아야 하며, 다른 것으로 교체하도록 한다.

④ 침대는 Bedding하기 편하게 BGM(Back Ground Music) 테이블에서 10cm 정도 띄워

놓는다. 이 때 혹시 퇴숙한 객실의 경우 베드 보드(bed board: 허리디스크 환자용 판자)가 있는지 확인하여 있다면 제거한다.

⑤ 매트리스와 패드를 가지런히 펴놓는다. 필요에 따라 매트리스를 뒤집어 놓거나 위와 아래의 방향을 바꿔 주기도 한다.

⑥ 시트를 편다. 침대 끝에서 매스리스를 쌀 수 있을 만큼의 길이를 늘여 뜨리고, 좌우에 늘어지는 부분은 중심을 잡아 펴놓는다. 다음에 머리쪽으로 가서 시트 중심선을 맞춘다. 시트는 매트리스 위에 상・하, 좌・우 같은 넓이로 펴놓고, 네 모서리를 삼각이 되게 접어(hospitality corner or hospitality triangle) 매트리스와 스프링 박스 사이에 깊숙이 끼워 넣는다. 화장대(dressing table) 쪽 남은 시트는 매트리스를 들면서 매트리스와 스프링 박스 사이로 깊숙이 넣는다. 손바닥으로 끼워 넣고 잡아 올렸던 부분을 놓고, 쳐진 부분을 매트리스 밑으로 밀어 넣는다. 좌・우 쳐진 부분은 단정히 매트리스 밑으로 밀어 넣는다.

⑦ 겉 시트는 침대 머리 맡(헤드 보드)에서 10cm 정도 떨어뜨려 침대 위에 곱게 펴놓는다. 이 때 헴(ham: 시트의 바느질부분)이 위로 오게 하여 깐다. 그 위에 담요의 상단부분은 겉 시트 상단부분과 손바닥 길이만큼 차이가 나도록 낮추어 올려놓는다. 손바닥 길이만큼(약 20cm) 차이가 난 부분을 담요 위에 접고, 이 부분의 시트나 담요는 베개가 들어 갈 수 있을 정도의 넓이 약 40cm 정도 다시 접으며, 좌우로 널어진 시트와 담요를 매트리스 밑으로 넣고, 끝으로 돌아간다. 침대 끝쪽의 시트와 담요를 같이 팽팽하게 당겨서 밀어 넣고, 모서리는 세모꼴형으로 접어 밀어 넣는다. 최근에는 담요를 사용하지 않고 오리털 이불로 대체하는 경우가 있는데, 이 경우에는 오리털 이불 겸 스프레드를 시트로 씌운다. 그 후 매트리스 머리쪽 끝에서부터 맞추어 펴면서 중심을 잡아 끝쪽으로 내려간다. 이 때 카펫에 닿기 전까지 내리고, 중심선을 맞추면서 머리쪽으로 잘 덮어씌우면서 올라 온 후베개 밑에서 약간 들어가게 접어놓는다.

⑧ 베개 케이스의 입구 양면을 양손으로 잡고 힘을 주어 털면 팽팽하게 벌어지는데, 그 속에 베개를 넣고, 남은 부분은 안으로 접어놓은 후 반드시 night table과 반대쪽으로 놓으며, 더블 침대인 경우에는 입구를 서로 마주보게 2개를 겹쳐 놓는다.

⑨ 침대 커버는 침대 끝쪽에서 아래 방향으로 카펫에 닿기 전까지 내리고, 중심선을 맞추어 머리쪽으로 잘 덮어씌우면서 올라 온 후 베개 밑에서는 약간 들어가게 접으며, 그 다음 베개를 2단으로 주름을 주면서 접으면서 덮어씌운다.

⑩ 매트리스를 밀어 넣는데, 먼저 침대와 매트리스 사이의 오물이나 유실물 등이 있는지 다시 한번 확인한다.

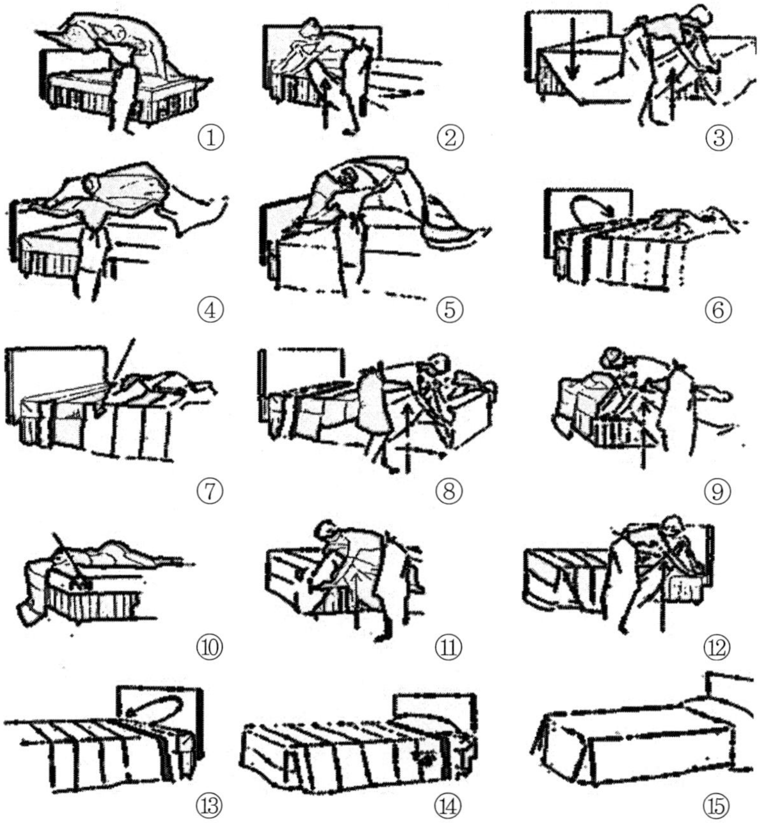

[그림 3-2] **침대 꾸리기**

(3) 객실청소

솔로 헤드보드, 의자방석, 램프 갓, 액자, 거울, 커튼 등의 먼지를 털고, 얼음통 · 재떨이 · 컵 · 휴지통을 욕실로 운반하여 세면기 물에 담가 둔다. 먼지가 창문으로 빠지며 가라앉을 동안 욕실청소를 시작한다. 욕실을 청소하고 난 후에는 다시 객실의 옷장부터 청소를 한다.

가) Closet(붙박이장) 옷장

(가) 옷장청소

① 젖은 걸레로 문틀 · 문 및 내 · 외부를 깨끗이 닦고, 필요시 마른 걸레로 물기를 닦는다.

② 옷장선반 · 횃대 · 비상대피함 위의 먼지를 닦는다. 특히 여유 베개 옆벽지가 비닐에 얼룩이 지저분한 경우가 많다.

③ 라게지 랙 줄 및 파이프에 얼룩 · 먼지를 닦는다.

④ 옷걸이의 먼지를 닦고, 옷솔에 머리카락과 오물 여부를 확인한다.

⑤ 슬리퍼 바닥의 얼룩을 깨끗하게 닦으며, 바닥의 구두바구니 먼지와 냄새를 제거한다.

(나) 정리 · 정돈

① 옷장 안의 선반 위에 화재 대피함은 내용물이 정리되어 오른쪽 벽에 밀착되게 놓고, 왼쪽에는 여유담요를 비닐에 쌓아 벽에 밀착되게 놓는다.

② 옷장 선반 밑벽에는 2개의 훅이 있는데, 내부에는 옷솔을 솔이 밖으로 나오도록 걸고, 외부에는 슈 밑을 안쪽에 구두주걱을, 바깥쪽에 로고가 앞으로 나오게 건다.

③ 옷걸이는 일반옷걸이, 집게옷걸이를 걸어 벽에 건다.

사진 3-2 **라게지 랙과 슬리퍼의 정돈된 모습**

④ 집게는 밀착시키고, 볼펜간격으로 중앙에 벌려 놓는다.

⑤ 라게지 랙을 오른쪽 벽에 밀착하고, 뒤쪽 벽에 기대어 놓으며, 줄이 일치하도록 가지런히 정리하고, 기능을 점검한다.

⑥ 슬리퍼는 옷장 안바닥 왼쪽에 모양이 동일한 것으로 띠를 두르고, 나란히 놓는다.

⑦ 구두바구니는 옷장 안쪽 벽에 밀착시키고, 덮개나 경첩이 작동하는지 점검하며, 슈밑이 바구니 안에 있는지 확인한다.

⑧ 옷장문을 열고 닫을 때 옷장의 등이 잘 켜지거나 꺼지는지 확인하고, 소음이 나는지 점검한다.

⑨ 옷장문이 문틀에 닿을 때 소리를 방지하기 위해 완충고무가 상 · 하 부착되어 있고, 소음이나 떨어질 우려가 없는지 확인한다.

나) 화장대(Dressing Table)

(가) 청소

① 꼭 짜여진 젖은 걸레로 가구표면 · 장식 등을 깨끗이 닦는다.

② 램프 옆의 쟁반에 전기 포트와 커피세트를 욕실에 갖다 놓는다.

③ 서랍 안 바닥에 종이 패드가 깔려 있으며, 먼지 · 머리카락 · 오물 등을 닦는다.

④ 램프 위의 먼지, 갓 위의 먼지, 그을음을 닦는다.

⑤ holder, room SVC menu, TV안내서 등의 낙서 · 얼룩을 닦는다.

⑥ TV 전면, 보호유리 속, 후면, 코드부분의 먼지 · 그을음을 닦는다.

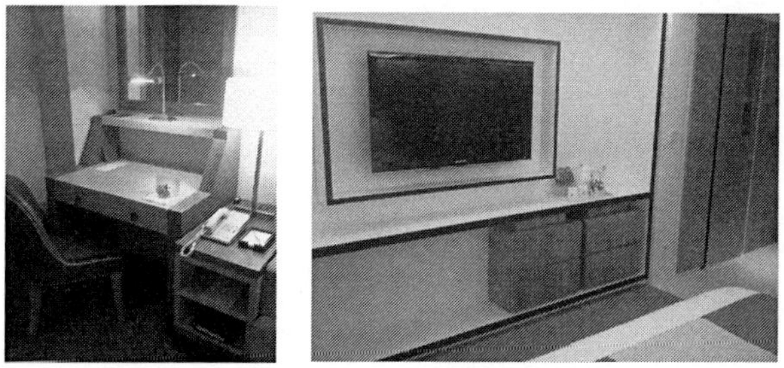

▌사진 3-3▌ **화장대와 TV**

⑦ TV 회전대 상・하 사이에 먼지가 있으면 TV를 옮겨 놓고 먼지를 닦으며, 이때 TV 코드가 빠지지 않도록 주의한다.
⑧ 거울의 얼룩・손자국을 닦고, 틀에 먼지를 닦는다.
⑨ 여닫이 서랍 안의 금고 덧문을 열고, 케이스 사이와 상단의 먼지를 닦으며, 덧문 사이 경첩의 먼지는 손이 들어가지 않으므로 구두주걱에 걸레를 포개어 집어넣고 닦는다.
⑩ dressing table 의자 천에는 얼룩이 있으면 닦고, 필요시 사무실에 샴푸를 의뢰하며, 다리의 구두자국은 세제를 묻혀 닦는다.

(나) 정리・정돈

① dressing table은 정면으로 헤드 보드 중앙과 일치하고, 벽에 바짝 밀착시킨다.
② dressing table 램프는 dressing table 옷장쪽 끝과 거울 사이의 중앙에 위치시키고, 갓이 벽에 닿지 않도록 하며, 코드가 램프바닥에 눌리지 않게 하고, 코드구멍을 뒤쪽으로 놓는다. 램프 갓의 재봉선은 뒷쪽으로 위치시킨다.
③ dressing table 위 램프 옆의 쟁반에 전기 포트, 커피잔 2세트, 커피・홍차 ・인삼차・설탕을 그릇에 담아 놓는다.
④ TV는 TV 회전대가 dressing table 창쪽 끝에서 3센티, 앞에서 3센티 떨어져 위치시킨다.
⑤ 홀더는 TV쪽으로, 룸서비스 메뉴는 램프 쪽으로 위치시킨다.
⑥ 거울앞 서랍에는 성경책・불경책 및 서비스 디렉토리를 나란히 놓는다.
⑦ 화장대 상단서랍에는 세탁물 백을 로고가 나오게 3번 접어서 일반은 상단에, 긴급은 하단에 놓고, 그 밑에 세탁 빌 2개를 옆으로 비스듬히 포개어 놓는다.
⑧ 헤어드라이는 오른쪽에 코드를 예쁘게 감아서 놓는다.
⑨ 하단부 3번째 서랍은 여유 베개를 깨끗한 상태에 비닐을 씌워 가지런히 놓는다.
⑩ 화장대 의자는 안쪽으로 바짝 중앙에 위치시킨다.

다) 원탁 테이블과 의자

(가) 청소

① 가구와 베이스 및 대리석부분을 깨끗이 닦는다.

② 램프와 갓 내·외부의 먼지를 닦는다.
③ 테이블 위의 잡지책과 welcome letter 등이 구겨져 있거나 오물이 묻어 있으면 닦고 교체한다.
④ 재떨이는 세척을 위해 욕실에 갖다 놓는다.
⑤ 의자천 부분의 먼지·얼룩, 다리와 구두자국 등을 닦는다.
⑥ 원탁 테이블과 펜코일 박스 사이에 먼지가 없는지 확인하고 닦는다.

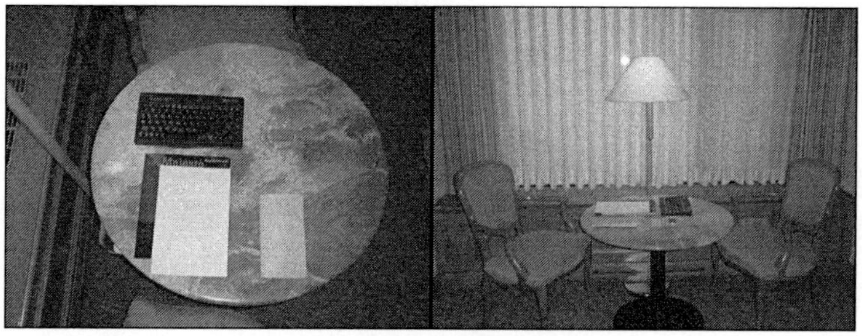

▌사진 3-4▌ **원탁 테이블과 의자**

(나) 정리·정돈

① 원탁 테이블 램프를 펜코일 박스 중앙에 놓고, 박스에 바짝 밀착시켜 놓으며, 연결부분에 유동이 없는지 확인하고, 갓의 재봉선은 창쪽으로 가도록 위치시킨다.
② 원탁 테이블은 램프앞 중앙에 붙여 놓는다.
③ 재떨이는 고객이 TV 반대쪽 의자에 앉는다고 가정하고 테이블 중앙에 로고가 정면에 보이도록 놓고, 성냥을 위에 얹어 놓는다.
④ welcome letter는 재떨이 앞 중앙 밑에 놓고, 창쪽 공간 옆에 잡지류를 큰 것은 밑에, 작은 것은 위에 책제목이 보이도록 층을 쌓아 놓는다.
⑤ welcome letter 옆에 TV 리모컨을 하단부선에 맞추어 놓는다.
⑥ 의자는 고객이 의자에 앉기 편하게 테이블에서 20cm 떨어뜨려 30도 각도로 비스듬히 벌려 놓는다.

라) 창문, 커튼

(가) 청소

① 펜코일 박스 위의 얼룩 · 먼지를 닦고, 측면 뚜껑 좌우에 작은 홈의 그을음 · 먼지를 닦는다.

② 창유리의 그을음 · 먼지를 닦는다.

③ 창문틀 · 방충망 · 먼지를 닦는다.

④ 겉 커텐과 속 커텐, 먼지를 털고 닦는다.

▌사진 3-5▐ **펜코일**

▌사진 3-6▐ **커텐**

(나) 정리 · 정돈

① 펜코일 박스 위에 게라리 덮개가 색상이 동일하고 깨끗한지 확인한다.

② 방충망이 구멍이 나지 않고, 닫혀 있으며, 창문은 꼭 닫혀 있고, 창문걸이는 밀착되어 외부소음이 들어오지 않는다.

③ 속 커텐은 창유리에 닫혀 있고, 겉 커텐은 좌우로 재껴져 있으며, 전체적으로 깨끗한지 또는 얼룩이 없는지 확인한다.

마) BGM과 Night Table

(가) 청소

① 가구 표면과 판넬의 얼룩 · 먼지를 닦는다.

② 전화기 보턴에 손자국 코드의 먼지, 수화기의 화장기름 · 손때 등 위생을 고려하여 세제를 묻혀 깨끗이 닦는다.
③ 재떨이는 세척을 위해 욕실에 갖다 놓는다.
④ 메모 패드의 낙서와 메모지 · 볼펜을 점검한다.
⑤ 테이블 밑 공간의 먼지를 닦고, 비즈니스 잡지, 옐로우페지, 크리넥스 내 휴지를 확인하고, 1/2 이하로 남아 있으면 새것으로 바꾼다.
⑥ BGM 램프대와 램프 갓의 먼지를 닦는다.

▌사진 3-7▌ **나이트 테이블**

(나) 정리 · 정돈
① BGM 테이블은 헤드보드 사이의 벽과 침대에 밀착시킨다.
② 전화기는 테이블 좌측에 놓고, 코드가 꼬이지 않았는지 확인한다.
③ 재떨이는 로고가 정면으로 오게 메모 패드 상단에 놓고, 재떨이 위에 성냥을 얹어 놓으며, 마사지안내는 벽쪽으로 바짝 붙여 세워 둔다.
④ Night Table 위에 실명제 카드를 벽쪽 중앙에 세워 둔다.
⑤ 테이블 밑의 공간에 넓은 책은 밑으로, 작은 책은 위에 올라오게 왼쪽에 붙여 놓고,

오른쪽에는 크리넥스를 옆으로 놓는다.

⑥ BGM 유닛은 제 기능이 작동되고 있는지 확인한다.

ⓐ 시계: 시간의 정확성, Wake-up Call Switch Off

ⓑ 라디오: 국내 FM 방송, BGM 음악, 볼륨 정도

ⓒ Dimmer: 스위치 손잡이, 제기능

ⓓ Foot Light: 스위치 작동 여부

바) Mini Bar

(가) 청소

① 유리선반에 미니바품목을 카펫바닥에 내려놓고, 유리선반의 먼지, 미니바의 먼지를 닦으며, 선반 위에 얹어 놓는다.

② 냉장고 내부에 미니바를 밖으로 꺼내고, 내부의 물기·악취를 제거하기 위해 특수 세제를 묻혀 닦는다.

③ 냉장고 상단, 케이스 속 좌우 공간, 덧문과 사이의 먼지를 닦는다.

▌사진 3-8▌ **미니바**

사) 기타

① 헤드보드 랙과 천의 먼지를 깨끗이 닦고, 부착상태가 안전한지 확인한다.
② 벽의 액자는 깨끗하며, 기울지 않고 안전하게 부착되어 있는지 확인한다.
③ 욕실쪽 벽에 에어컨센서는 'On' 상태에 있고, 온도는 계절에 따라 규정된 온도에 맞추어 있는지 점검한다.
④ 벽지에 얼룩과 먼지 및 찢어진 곳이 없는지 전체적으로 점검한다.
⑤ 카펫에 얼룩이 없는지 확인하고, 꼭 짠 걸레로 카펫 모서리와 굽두리, BGM 테이블 사이, 객실문 뒤 등 진공청소기가 미치지 못하는 곳의 먼지를 닦는다.
⑥ 객실천정 도색상태, 스프링클러, 화재감지기 등 주변에 이물질이 없는지 확인한다.

아) 객실청소 완료 전 업무

① 모든 정비가 끝났을 때 욕실 콘센트에 있는 진공청소기의 플러그를 꼽고, 창문쪽에서부터 입구쪽으로 천천히 청소를 한다.
② 의자를 잠시 치우고 진공청소하고 난 후 원위치 시킨다.
③ 의자 · 테이블 · 침대치마 · 서랍장 등 가구에 부딪히지 않도록 유의하며, 진공청소기로 원탁 테이블 램프 플러그가 부딪혀 빠지지 않도록 한다.
④ 객실 내 베큄이 완료되면 청소시 열어 놓았던 창문은 닫으며, 만약 좋지 않은 냄새가 나면 창문을 계속 열어 놓고 환기시키고, 'Maid Service Knob'을 객실문 밖의 손잡이에 그대로 걸어 놓고 점검원에게 보고한다(문제가 없으면 객실문 안으로 건다).
⑤ 정비된 상태를 자신이 다시 한 번 세밀히 점검한다.
⑥ 끝으로 전화기 clean 버튼을 누르고 객실문을 닫고 나온다.

2) 호텔객실 내 욕실청소

(1) 욕실정비

① 제일 먼저 욕실에 불을 켠다. 그 후 욕실에 공급된 소모품에서 사용한 것은 수거하여 쓰레기봉지에 남고, 사용하지 않은 것은 욕실바구니에 담아 Dressing Table 위에 올려놓는다.

② 사용된 타월은 분류하여 접어서 메이드 카트에 뒤쪽 1층 선반에 옮겨 싣는다. 얼음통 · 재떨이 · 컵을 수세미에 세제를 묻혀 닦고, 더운 물로 충분히 헹군 다음, 객실 Dressing Table에 깨끗한 타월을 펴서 엎어 놓는다.

③ 샤워 헤드로 욕조 · 세면대 · 변기 · 욕실벽면 · 천정 · 바닥 및 샤워 커텐에 더운 물을 고루 뿌린다. 더운 물로 뿌린 부분을 청소용 수세미에 세제를 묻혀 닦고, 크롬 도금부분, 거울 혼합전, 샤워 헤드 등을 빠짐없이 닦는다. 샤워 헤드는 더운 물로 깨끗이 헹구어낸다.

④ 샤워 헤드와 수도전 및 변기 후레쉬 등에 이상이 없는지 살피고, 이상이 있을 시 점검원에게 보고한다.

⑤ 마른 걸레에 유리세척제를 묻혀 창유리 · 거울 · 액자 및 욕실 내의 TV화면 등을 깨끗이 닦는다.

(2) 욕실 정리 · 정돈

① 욕실에 세척해 놓은 객실용 컵과 재떨이 · 휴지통 등을 객실 내 제 위치에 갖다 놓는다.

② 마른 걸레로 뿌려진 욕실 내 물기를 깨끗이 닦는다(거울, 벽등 및 커버, 세면대, 세면기, 수도전, 면도거울, 헤어드라이, 변기, 욕실벽, 샤워 헤드, 혼합전, 타월, 선반, 빨래걸이, 욕조 및 안전바, 샤워 커텐 및 바, 천정, 바닥, 욕실문 등).

▌사진 3-9 ▌ **욕실내 모습**

(3) 타월류 및 용품 정돈

① Bath Towel 2장 : 길이로 한번 접고, 폭으로 한 번 접어서 다시 3등분하여 접어 둥근 쪽을 전면으로 오게 해서 타월 선반 위에 올려놓는다.

② Hand Towel 2장 : 길이로 3등분하여 접어 세면대 타월걸이에 걸어 놓는다.

③ Wash Cloth 2장 : 가로와 세로로 한 번씩 접어 세면대 위의 접시에 마름모형으로 포개어 놓는다.

④ Foot Towel 1장 : 폭으로 3등분하여 접어 로고가 바로 보이도록 욕조 탑의 중간쯤 걸어 놓는다.

⑤ 화장지 2개: 2개의 휴지걸이에 끼워 놓고, 사용하던 화장지가 1/2 남아 있으면 교체하지 않고 끝부분을 좌우로 접어 삼각형으로 만든다.

⑥ 컵 2개: 세면대 입구쪽 구석에 코스타를 깔고, 로고가 정면으로 컵을 엎어 놓으며, 컵 뚜껑을 덮는다.

⑦ 한 송이 꽃병은 반대쪽 세면대 구석에 세운다.

⑧ 세면대 위의 타월쟁반 앞에 욕실 재떨이를 놓는다.

▌사진 3-10▐ **욕실내 소모품**

⑨ Amenity 바구니는 세면대 안쪽 구석, 거울 쪽으로 바짝 밀착시킨다.

ⓐ 바구니에 커버를 깐다.

ⓑ 위생대 2장을 포개어 한번 접어서 영문표기가 전면에 나오게 바닥에 깐다.

ⓒ 앞쪽에 버블베스와 바디로션을 로고가 전면으로 나오게 나란히 세운다.

ⓓ 바로 앞에 빗을 옆으로 눕혀 놓는다.

ⓔ 오른쪽에 면봉 · 바느질감을 세우고, 왼쪽에 샤워 캡을 세운다.

⑩ 샤워 헤드는 하단부 훅에 걸어 놓고, 방향은 정면으로 물이 퍼지게 조정해 놓는다. 욕조마개는 닫아 놓고, 욕조 탑 넓은 공간의 비누접시에 70g 비누를 올려놓는다. 혼합전의 온도는 40도에 맞추어 놓는다.

⑪ 욕실 내 전화기상태를 점검한다.

⑫ 샤워 커텐은 속 샤워 커텐은 욕조 안으로, 겉 샤워 커텐은 밖으로 내고, 타월 선반이 보이도록 약간 열어 놓는다.

⑬ 휴지통은 로고가 전면으로 세면대 밑에 놓고, 욕실문을 45도 열며, 불을 끄고 나온다.

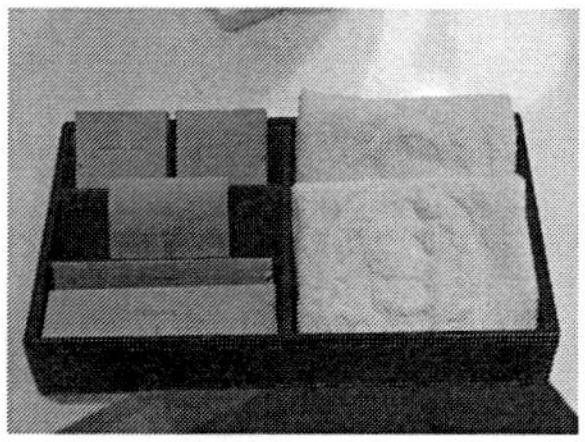

▌사진 3-11▌ **욕실 내 소모품**

2. 호텔객실 턴다운 서비스

호텔객실에서 턴다운 서비스(turndown service)란 고객이 침대에 편히 들게 사전에 정리해 주는 준비작업으로 주간에 정비 · 점검된 객실을 가장 좋은 상태로 유지시키는 서비스를 말한다.

1) 턴다운 서비스 대상고객

① VIP 고객과 Amenity가 들어 간 고객

② 컨벤션 및 세미나의 중요한 고객

③ 계약업체 고객(FIT, commercial)

④ 장기고객 및 기타 지시된 고객

2) 턴다운 서비스방법

① 침대 스프레드를 완전히 벗겨 가로 · 세로 40cm 정도로 예쁘게 접어 1개는 옷장(closet), 다른 1개는 펜코일 박스 위의 가장자리에 올려놓는다. 더블 침대의 경우는 스프레드가 1개이므로 night table 밑공간에 넣어 둔다.

② 계절에 따라 조금 방법이 틀리기는 하지만, 지시에 의해 스프레드를 완전히 벗기지 않고 침대 끝으로 반쯤 되게 접어 둔다.

③ 트윈 침대에 고객이 1명이면 욕실쪽 가까운 침대나 TV를 보기 편리한 침대 중 하나를 선택하여 정리한다.

④ 담요는 BGM table이 있는 쪽 30cm를 접어 밖으로 제키며, 긴 삼각형이 되도록 모양을 만든다.

⑤ BGM 음악을 나지막이 켜 두며, 고객이 즐겨 듣는 음악이 있다면 그 음악으로 대신한다.

⑥ 침대 옆에 있는 BGM lamp를 나지막이 켜 둔다.

⑦ 냉 · 난방을 25도 맞추어 놓는다.

⑧ 굿나잇 메트를 침대옆 BGM table 앞에 글씨가 정면으로 보이도록 카펫 위에 올려 놓는다.

⑨ 슬리퍼를 옷장(closet) 안에서 꺼내 침대앞 굿나잇 메트 앞의 침대쪽에서 신을 수 있도록 가지런히 놓는다.

⑩ Door Knob 메뉴를 침대 베개 위에 올려놓으며, 굿나잇 초콜릿을 고객의 숫자만큼 메

뉴 위에 올려 둔다.

⑪ 사용한 재떨이 · 타월 등은 새것으로 교체하고, 쓰레기통을 비운다.

⑫ 고객이 객실에 있으면서 거절하면 하지 않으며, 턴다운 서비스를 끝내고 나올 때 "안녕히 주무십시오."라고 인사를 하고 조용히 문을 닫고 나온다.

3. 호텔객실 점검업무

호텔객실의 경우는 점검계획(inspection)을 세워 이를 수행하여야 한다. 물론 점검은 객실의 판매 빈도와 청소의 수준 등에 의해 결정되지만, 책임감 있게 원칙을 지키는 객실점검원이 많다면 그 호텔의 객실상품은 질 향상을 도모할 수 있다. 따라서 객실점검(room inspection)시에는 각종 점검목록을 갖고 이에 따른 업무수행이 이루어져야 한다.

1) 미니바 재확인

① 아침에 미니바 근무자가 미니바를 점검한 객실에 대해 우선적으로 미니바를 재확인한다.

② 창문을 열어 환기(냄새요인제거 : 재떨이 · 음식기물 · 건어물 등)한다.

③ 시설물 및 객실비품의 이상 유무를 확인한다.

④ 고객의 습득물을 확인한다.

⑤ 냉 · 난방 스위치를 끄며, 수도꼭지는 잠겨 있는지 확인한다.

2) 각 객실의 상태를 확인

① 전객실을 돌아보며 문이 열려 있거나, 세탁물이 문고리에 걸려 있지 않나 확인한다.

② DND 객실(청소거절) 확인한다.

③ double lock 객실 확인한다.
④ maid service 객실 확인한다.
⑤ door 렌즈에 객실이 깜깜한 객실 확인한다.

룸 메이드가 청소전 점검한 객실을 레포트를 확인하며, 현황을 점검원 레포트에 옮겨 기록한다.

3) 객실문 열기

① 룸 메이드 레포트를 참고해서 inspection을 하기 위해 청소한 객실(퇴실 · 재실)을 선정한다. 객실 초인종을 누르고 "housekeeping" 하고 나지막이 이야기하고, 인기척이 없으면 5초 후 다시 한 번 "room checking" 하고 다시 5초를 기다린다.
② 고객이 대답을 하고 나올 때까지 기다렸다가 문이 열리면 인사를 하고, 다시 한 번 "housekeeping" 하고 고객에게 들어가도 좋은지 하락을 받는다.
③ 고객이 객실에 없으면 마스터키로 문을 열고 들어가며 "maid service" 카드를 객실문 밖의 손잡이에 건다.
④ 초인종소리가 깨끗하고, 크지도 작지도 않아 적당하며, 잘 작동되는지 확인한다.
⑤ 문을 열고 들어가면서 객실문의 이상 유무를 확인한다.
  ⓐ 마스터키가 키 구멍에 부드럽게 잘 들어가는지, 또한 밧데리의 신호음소리(삐)가 들리지 않으며 한 번에 쉽게 열리는지 확인한다.
  ⓑ 객실문이 문틀과 렛취판에 걸리지 않으며, 나사못이 단단히 고정되어 있는지 확인한다.
  ⓒ 도어 손잡이 압력이 너무 강하지도 또는 약하지도 않아 자연스럽게 문이 닫히는지 확인한다. 압력이 강해 문이 꽝 닫히면 고객 자신이 놀라거나 옆 객실 고객에게 지장을 주게 되며, 너무 약하면 문이 닫히지 않아 도난사건 등 고객안전에 막대한 손해를 끼치게 된다.
  ⓓ 빙 카드에 더블 락 래취는 잘 작동되고 있는지 확인한다.

ⓔ 객실문에 부착되어 있는 가격표, 대피도, 도어 뷰 상태, DND 카드 등 객실문 전체의 청결상태를 점검한다.

ⓕ 객실문을 열고 들어가는 순간에 객실 내 악취가 나지 않는지 확인한다.

4) 옷장(Closet) 확인

① 옷장문 내 · 외부가 깨끗하고, 잘 작동되고 있으며, 충격을 줄이기 위한 완충고무는 상 · 하에 부착되어 있는지 확인한다.

② 옷걸이 바와 선반의 부착상태는 단단하며, 얼룩이나 먼지가 없는지 확인한다.

③ 옷장 등은 문을 열면 켜지고, 문을 닫으면 꺼지는지 확인한다(60촉 전구).

④ baggage stand 2개가 오른쪽 벽에 밀착되어 뒤에 가지런히 기대어 있으며, 나사못 · 벨트가 잘 고정되어 있고 깨끗한지 점검한다.

⑤ 선반에 여유담요가 깨끗한 비닐에 쌓여 오른쪽 벽에 기대어 있고, 비닐에 먼지가 없는지, 담요에 머리카락이 없는지 확인하며, 반대쪽에는 비상대피함이 깨끗한 상태로 고정되어 있는지 점검한다.

⑥ 옷장 안에 용품비치는 제대로 있는지 점검한다.

▌사진 3-12▐ **다양한 객실 내 옷걸이**

⑦ 선반 밑의 벽에 훅이 부착되어 있으며, 내부 훅에는 옷솔, 외부 훅에는 슈 밑 2장, 구두주걱이 로고가 전면으로, 반대쪽 벽 훅에는 후래쉬와 밧데리가 양호한 상태로 걸려 있는지 점검한다.

⑧ 옷걸이가 걸려 있으며, 이음새가 벌어지거나 깨끗한지 점검한다.

⑨ 객실 내부 쪽 옷걸이에 가운과 유가다가 깨끗한 상태로 걸려 있는지 점검한다.

⑩ 슬리퍼 2컬레를 라게지 랙 반대쪽의 바닥에 종이 리본에 씌워져 있으며, 모양이 같고, 바닥에 때는 없는지 점검한다.

⑪ 천정에 점검구 뚜껑이 잘 닫혀 있으며, 벽지에 얼룩 · 먼지가 없는지 점검한다.

5) Mini Bar

① 미니바 쇼 케이스 진열장에 거울 · 받침유리 · 레이스는 깨끗한지 점검한다.

② 미니바 여닫이문은 잘 작동되며, 주변에 먼지 없이 깨끗한지 점검한다.

③ 미니바 온도 채널은 4도에 있으며, 소음은 크지 않고, 열은 발생하지 않는지 점검한다.

④ 미니바 안에 좋지 않은 냄새는 없으며, 냉동실에 성애가 심하지 않는지 점검한다.

⑤ 미니바 안의 음료진열은 잘되어 있는지 점검한다.

ⓐ 미니바 점검

㉠ 9 : 00시 이전에는 별도 인원이 미니바를 점검하고, 9 : 00시 이후에는 룸 메이드가 미니바를 점검하며, 부수적으로 점검원도 역할을 대행한다.

㉡ 사무실로부터 미니바 점검을 요청받으면 다른 업무보다 우선 점검해서 신속히 통보한다.

㉢ 해당객실에 초인종을 누르고 “minibar checking service” 하고 나지막이 용무를 밝힌다.

㉣ 고객의 인기척이 없고 응답이 없으면, 마스터키로 조용히 객실문을 열고 들어가 점검한다.

㉤ 미니바 빌의 품목과 고객이 드시고 비어 있는 품목과 일일이 대조해서 정확히 점검하여 각 층의 린넨실에 있는 컴퓨터에 입력한다.

ⓑ 만약 청소하고 있는 객실과 컴퓨터와의 거리가 먼 경우는 긴급사항이므로 객실에서 사무실로 전화를 한다.

ⓢ 객실에 고객이 계시면 미니바 점검용무를 밝히고 점검한다.

ⓞ 고객이 문을 열어 주면 점검하고, 점검을 거부하거나 나중에 해주기를 원하면 일단 사무실로 연락한다.

ⓙ DND가 걸려 있거나 double lock 상태이면 사무실로 연락하고 지시에 따른다.

ⓒ 재실객실로 퇴근시까지 DND 및 double lock이어서 점검을 하지 못하면 무리한 점검은 하지 말고 상황을 오더 테이커에게 인계하여 야간에 처리하거나 다음날로 이월시킨다.

ⓑ 미니바 보충

㉠ 당일 판매분을 점검원 카트에 싣고 객실을 돌면서 미니바를 보충한다.

㉡ 판매량이 소량일 경우에는 청소시 린넨실에서 미니바를 가져와 청소와 함께 미니바를 채운다.

㉢ 통상 아침에 미니바를 점검하며, 필요시 미니바 점검과 보충을 함께 한다.

㉣ 퇴숙한 객실 중 룸메이드가 청소 완료한 객실에 먼저 보충한다(객실 재판매목적으로).

㉤ 재실객실은 여러 번 객실을 출입하면 고객에게 번거로움을 줄 수 있으므로 룸메이드가 청소시 보충시킨다.

㉥ 미니바를 점검하였으나 객실에 보충시키지 못했을 때 야간근무자에게 필히 인계하여 다음날 퇴숙시 이중 billing이 되지 않도록 각별히 주의한다.

㉦ 보충시 적정수량에 착오가 없도록 필히 재고를 확인한다.

6) 화장대

① 화장대(dressing table)는 정면으로 헤드보드 중앙과 일치하고, 벽에 바짝 밀착되어 있는지 점검한다.

② 램프는 화장대 거울 중앙에서 입구 쪽으로 놓여 있으며 코드위치가 램프 뒷쪽으로

향하여 있는지, 또한 전구는 100촉, 램프 갓은 벽에 닫지 않고 상태가 깨끗한지, 갓의 재봉선이 뒤로 향하여 있는지, 스위치상태가 양호하며 불은 잘 켜지는지 등을 점검한다.

③ 홀더는 TV가 있는 쪽으로 dressing table(화장대) 중앙에 놓여 있는가, 내부에 내용물은 정확히 채워져 있는지 점검한다.

④ 룸서비스 메뉴는 특선 메뉴와 door knob 메뉴 2장을 첫 장에 끼워 하단부에 선을 맞추어 끝이 밖으로 노출되지 않도록 하였는지 점검한다.

⑤ 노 티핑 안내카드는 거울앞 정면에 세워져 있는지 점검한다.

⑥ TV는 회전대가 화장대 창쪽 끝에서 3센티, 앞쪽에서 3센티 떨어지게 놓고, TV는 회전대 중앙에 위치하여 좌 · 우회전시 잘 작동되고 있으며, 전기코드와 안테나코드는 고정되어 있는지 점검한다.

⑦ TV 안내카드는 TV 위에 올려져 있는지 점검한다.

⑧ 정면 서랍 속에는 성경책과 불경책 및 서비스 디랙토리가 나란히 놓여 있으며, 내부에 낙서나 내용물이 깨끗한지 점검한다.

⑨ 3단 서랍 중 첫 번째 서랍은 세탁 빌 2장이 측면으로 겹쳐서 2장, 세탁백은 세탁백 글씨가 보이도록 접어 세탁 빌 위에 2장을 올려놓았고, 상태는 깨끗한지 점검한다.

⑩ 하단부 서랍 안에는 여유 베개 1개가 깨끗한 비닐에 씌워져 단정히 놓여 있는지 점검한다.

⑪ 금고가 있는 여닫이문 표면에 영문자로 "safety box" 라벨이 부착되어 있고, 여닫이문의 경첩 및 여유공간에 먼지 등 작동과 청결상태가 좋으며, 금고는 "open" 글자가 나와 있고 잘 작동되고 있는지 점검한다(금고 매뉴얼은 금고에 부착되어 있는 안내문을 참고한다).

⑫ 화장대 램프 옆에는 차 서비스 쟁반 위에 커피잔과 전기 포트가 있고, 인삼차 · 홍차 · 커피 · 프림 · 설탕이 놓여 있는지 점검한다.

⑬ 화장대 거울상태는 깨끗한지 점검한다.

▌사진 3-13▌ **금고**

⑭ 화장대 의자는 천부분에 얼룩이 없고, 화장대 밑에 좌우 선에 맞추어 놓여 있는지 점검한다.

⑮ 화장대 서랍 안의 바닥과 바닥 깔개는 깨끗하며, 서랍의 여닫이 작동은 양호한지 점검한다.

7) 원탁 테이블 및 의자

① 원탁 테이블 램프가 펜코일 박스 중앙에 위치하도록 하고, 램프 방향은 객실 안쪽으로 전구는 100촉, 램프 갓의 재봉선은 창쪽으로 한다. 램프대의 연결부분, 스위치, 플러그의 고정상태, 램프 갓의 상태 등을 자세히 점검한다.

② 원탁 테이블은 램프옆 중앙에 밀착시켜 놓았는지 점검한다.

③ 원탁 테이블 위의 용품위치는 TV 반대쪽 의자에 고객이 앉는다고 가정하고 테이블 중앙에서 창쪽으로 잡지류를 놓는데, 큰 책은 밑으로, 작은 책은 위로 오게 해서 책의 제목이 보이도록 중첩해서 놓는다.

④ 원탁 테이블 위의 대리석은 얼룩이 없고 깨끗하며, 도색상태와 베이스의 먼지 등을 점검한다.

⑤ 의자 천에 얼룩이 없는지, 이음새처리가 단정한지 확인한다.
⑥ 의자는 고객이 앉기가 편하도록 테이블에서 20cm 떨어지게 하고, 객실쪽으로 15도 각도로 벌려 놓는다.

8) 창문 및 펜코일 박스

① 펜코일 박스의 도색상태와 상단의 플라스틱망 및 바람나오는 라지에터 주변의 먼지 등 상태를 점검한다.
② 측면 덮개는 안전하게 잘 걸려 있으며, 굴곡진 곳에 먼지가 없는지 살핀다.
③ 겉 커텐은 좌우로 밀착되어 있고, 속 커텐은 창문을 가려져 있으며, 작동에는 문제가 없는지, 커텐 로라는 전부 있는지 확인한다.
④ 커텐에는 얼룩과 그을음 없이 깨끗하고, 커텐의 길이가 바닥에 밀착되어 햇빛을 차단하며, 암막지가 밖으로 노출되지 않고 가지런히 정리되어 있는지 점검한다.
⑤ 커텐 로라는 3개 정도 여유 있고, 끝부분에 스토파는 꼭 끼워져 있는지 점검한다.
⑥ 창유리 pair glass에 물기(공기가 들어가 수증기)가 없으며, 유리표면은 깨끗한지 점검한다.
⑦ 창틀은 부식되지 않고, 도색상태는 깨끗한지 점검한다.
⑧ 창문의 여닫이는 잘 작동되며, 경첩이 휘어 창틀에 닿거나 틈이 벌어져 있어 바람이 들어오지 않는지 점검한다.
⑨ 창문걸이는 꼭 밀착되어 있는지 점검한다.
⑩ 방충망 상태와 프레임이 휘거나 틀에 걸려 잘 닫히지 않는지 점검한다.
⑪ 창틀 사이 먼지와 문풍지상태는 깨끗한지 점검한다.
⑫ 창밖 난간에 오물은 없는지 점검한다.

9) BGM Table

① BGM Table은 헤드보드 사이의 중앙에 밀착되어 있는지 점검한다.

② 램프는 고정대를 움직여 밖으로 벌려 중앙에 위치시키고, 양쪽이 수평을 유지하고 있는지 확인하며, 램프 갓은 재봉선이 뒤로 향하도록 한다(전구 60촉, 고정상태, 연결상태, 수평상태).

③ 전화기는 테이블에서 좌측 중앙에 놓고, 코드가 꼬여 있는지, 보턴과 수화기에 얼룩이 있는지, 작동상태는 정상인지 점검한다.

④ BGM 콘트롤 기능은 정상으로 작동되고 있는지 점검한다.

ⓐ 시계: 정확성, wake-up call switch off

ⓑ 라디오: 국내 FM방송, BGM music, 음향상태

ⓒ dimmer: 스위치 상태, 좌우 램프 불 밝기

ⓓ foot light

10) 침대 및 헤드보드

① 헤드보드 간격은 좌우가 일정하며, 침대는 헤드보드 중앙에 밀착되어 바르게 놓여 있는지 점검한다.

② 침대와 BGM 박스 사이 간격이 일정하며, 바닥에 먼지 · 오물은 없는지 살핀다.

③ 침대치마는 좌우길이가 일정하고, 바닥에서 올라가 있거나 너무 끌리지 않으며, 얼룩이나 구김살이 없이 깨끗한지 점검한다.

④ 스프레드는 너무 낡지 않고, 깨끗하게 세탁되어 있으며, 침대 모서리에 단정하게 정리되어 있고, 침대 속에 시트가 밖으로 노출되어 보이지 않는가?

⑤ 베개는 침대중앙에 헤드보드에 밀착시키고, 그 위에 스프레드가 덮여져 있으며, 좌우 단정하고, 속 시트가 밖으로 보이지 않도록 한다.

⑥ 베개는 냄새가 없으며, 베개 케이스는 단정하게 베개를 싸고 있는지 점검한다.

⑦ 담요(양모이불)에 머리카락이 없는지, 정전기가 심하지 않는지, 침대 중앙에 단정하게 덮여져 있는지 확인한다.

⑧ bedding은 제 규정대로 하였는가(룸 메이드업무 참고).

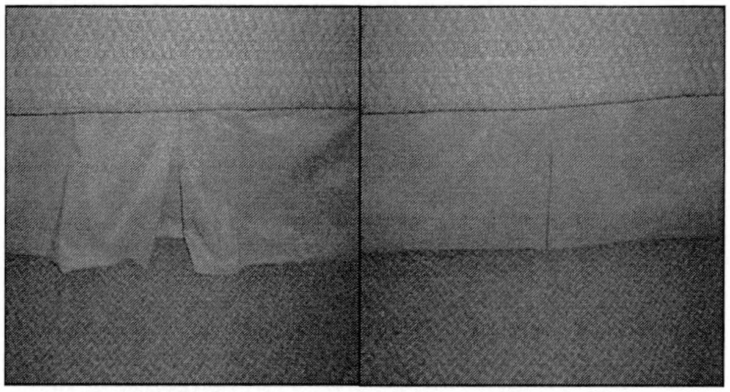

<잘못된 정리> <잘된 정리>

▌사진 3-14▐ 베드 스커트

⑨ 침대는 안전하고 중앙이나 모서리가 꺼지지 않았는지, 위에서 힘을 가하면 소음나지 않는지, 주기적으로 turn over하여 전체적으로 수평을 유지하고 있는지 확인한다.

⑩ 헤드보드는 벽에 단단히 고정되어 유동이 없으며, 천에는 얼룩이나 머리카락이 묻어 있는지 확인한다.

11) 욕실

① 욕실문 내·외표면, 잠금상태, 도어스톱, 훅 등이 정상으로 작동되고 있으며, 여닫이시 소음이 없는지 확인한다.

② 욕실 내 냄새가 나지 않는지 문을 열면서 바로 점검한다.

③ 세면대 카운터·벽·거울은 깨끗한지 점검한다.

④ 세면대 카운터 위의 고객용품은 적정하게 비치되어 있는지 점검한다.

ⓐ 욕실 amenity 바구니는 입구 반대쪽 구석에 놓는다(밀크로션, 베이스 폼, 머리빗, 샤워 캡, 위생백, 면봉, 야스리).

ⓑ 입구 모서리에 컵(코스타, 컵뚜껑), 세면기 좌측 비누접시 위에 박스에 넣어져 있는 비누가 있는지(컵에 얼룩, 칩) 확인한다.

⑤ 세면기는 금이 가지 않고, 실리콘은 깨끗하며, 온·냉수가 잘 나오고, 마개는 잘 작동

되어 물이 새지 않는지 점검한다.

⑥ 욕실거울은 수은은 죽지 않고 얼룩 · 물자국 · 먼지가 없으며, 거울에 면도용 아크릴은 상태가 깨끗한지 점검한다.

⑦ 욕실거울 좌우측 상단의 벽등은 불이 들어오며, 커버 속이나 겉에 먼지가 없는지, 벽에 헤어 드라이는 잘 작동되고 깨끗하며, 면도거울은 상태가 정상인지 점검한다.

⑧ 화장지걸이에 충분한 화장지가 걸려 있으며, 끝머리가 깨끗한지, 변기물탱크에 물이 3/4 차 있고, 변기 속이 깨끗하며, 변기뚜껑과 변기시트에 얼룩이 없고, 변기와 잘 맞추어 있는지 점검한다.

12) 욕조

① 욕실 타일벽은 메지가 깨끗하며, 얼룩과 물자국이 없는지, 욕조는 광이 나며, 욕조둘레 실리콘은 깨끗하고, 얼룩과 곰팡이로 변질은 되지 않았는지 확인한다.

② 샤워헤드 고정상태는 45도 각도로 기울어져 있고, 수량 형태는 스프레이식으로 조정되어 있으며, 헤드 전면에 비누와 물때는 없고, 샤워 호스는 깨끗한지 확인한다.

③ 수도전에 냉 · 온수는 잘 나오고, 온도조절기는 40도에 조절되어 있으며, 누수되지 않는지, 욕조배수는 잘 되고, 욕조마개는 제대로 작동되고 있는지 점검한다.

④ 타월 선반에는 베스 타월 2개, 핸드 타월 2개가 접혀 포개어 단정히 올려져 있고, 냄새가 나지 않으며, 보송보송 새것 같이 보이는지 점검한다.

⑤ 빨래걸이는 벽에 고정되어 잘 작동되고, 샤워헤드 걸이와 타월 선반 및 안전손잡이는 단단히 고정되어 있는지 확인한다.

⑥ 풋 타월은 호텔 로고가 전면으로 나오게 해서 욕조 탑에 1/2 걸쳐 있는지 점검한다.

⑦ 샤워의 겉 커텐과 비닐 커텐은 깨끗하고, 잘 작동되고 있는지 점검한다.

⑧ 욕실 전화기는 이물질과 얼룩이 없고, 잡음이 없이 잘 작동되고 있는지 점검한다.

⑨ 라디오와 비상벨은 잘 작동되고 있는지 확인한다.

⑩ 욕실바닥은 머리카락과 이물질 없이 깨끗하고, 천정의 도색상태 · 물자국 등 얼룩은 없는지 확인한다.

⑪ 세면대 밑에 휴지통을 놓고, 욕실문은 반쯤 열어 놓고 나온다.

13) 기타

① 카펫의 먼지 · 오물 · 얼룩이 없고, 깨끗하게 세탁되어 있는지 점검한다.
② 벽지는 오물 · 먼지 · 얼룩이 없고 깨끗한지, 카펫과 굽두리 및 베이스 보드는 깨끗한지 점검한다.
③ 액자는 바르게 걸려 있는지 점검한다.
④ air-condition 센서가 24도(계절에 따라 상이)에 조정되어 있고, 잘 작동되고 있는지 점검한다.
⑤ 천정의 도색상태는 깨끗하고, 닥트는 잘 작동되며, 먼지는 없는지 점검한다.
⑥ 객실냄새가 없고 안락하며 쾌적한지 마지막으로 확인하고, 전화기 clean 버튼을 누른 후 maid service 카드를 객실 안으로 걸고 문을 닫고 나온다.

4. 호텔객실의 비품과 소모품

호텔객실 내에는 수십여 가지의 비품과 소모품을 갖추고 있다. 최근에는 고객들의 서비스 질 향상을 위해 객실 내의 소모품의 질을 더욱 향상시키고 있다. 특히 귀빈층을 중심으로 여성용품의 고급화를 꾀하고 있다고 볼 수 있다. 작업의 효율성을 높이기 위해 객실 내의 비품과 소모품(amenities)은 각기 위치를 설정해 놓고 정리해 두어야 한다.

1) 호텔객실 출입문에 준비되어야 하는 비품 및 소모품

① DND 표시 또는 'privacy please' 카드
② 객실문 잠금장치(safety latch instructions)

③ 객실문 안전걸이 체인(safety chain)

④ 객실문에 부착된 현 객실의 위치와 비상구를 표시한 표지판(hotel security/ emergency door plaque)

2) 화장대 또는 작업 테이블의 위에 있어야 하는 비품 및 소모품

① 재떨이와 성냥(금연실은 제외)

② 전화이용 및 긴급서비스 요청전화 안내카드

③ 호텔의 고객 서비스에 관련된 안내설명 책자

④ 노트 패드 및 필기류

⑤ 룸서비스 메뉴(조찬 및 저녁, 안주류 등)

⑥ 세계적인 체인 호텔의 경우 세계 각국의 체인 호텔을 소개하는 directory

⑦ 휴지(크리넥스)

⑧ 화장대 또는 작업 테이블 밑에는 반드시 휴지통을 비치한다.

⑨ 화장대 또는 작업 테이블에 서랍이 있다면 서랍 속에 편지지 · 팩스용지 · 호텔 그림엽서 · 편지봉투(해외용 및 호텔 로고가 들어 간 일반편지봉투)

⑩ 전화번호부

⑪ 실과 바늘이 들어 있는 반짇고리

3) 나이트 테이블에 있어야 하는 비품

① 시계

② 라디오 및 TV 조절 리모트 컨트롤

③ 전화

④ 보이스 메일 점검용 기기

⑤ 크리넥스

⑥ 성경 및 불경(나이트 테이블에 서랍이 있다면 서랍 속에 넣어 둔다)

⑦ 메모 패드 및 필기류

4) 티 테이블에 있어야 하는 비품 및 소모품

① 재떨이
② 성냥(금연실은 제외)

5) 침대 위에 있어야 하는 비품

① 그린카드(green card)
② door knob menu
③ VIP 고객의 경우 초콜릿

6) 옷장 내에 있어야 하는 비품 및 소모품

① 러기지 랙(luggage rack): 경우에 따라서는 객실 내에 꺼내어져 있는 경우도 있다.
② 옷걸이, 바지 또는 치마 걸이, 실크 옷걸이
③ 세탁물 백과 세탁물처리 신청가격이 나와 있는 목록
④ 옷장 선반 위에는 여분의 베개와 담요 및 비상 손전등이 있다.
⑤ 신발닦이 헝겊, 구두주걱, 구두담는 바구니, 옷솔
⑥ 스위트 룸이거나 귀빈층의 경우 금고
⑦ 슬리퍼

7) 아모아장(Amoire)

① TV
② TV 사용 안내서 및 채널 안내서

8) 미니바 위에 있어야 할 비품과 소모품

① 얼음통

② 커피 메이커 또는 커피포트

③ 커피잔 2개, 물잔 2개, 물잔받침과 덮개 각각 2개씩, 스푼 2개

④ 각종 차종류와 설탕 및 프림

9) 욕실 내에 있어야 하는 비품 및 소모품

① 린넨류

ⓐ 바스 타월: 3개

ⓑ 훼이스 타월: 3개

ⓒ 핸드 타월: 2개

ⓓ 풋 타월: 1개

ⓔ 러그(rug)

② 욕조용

ⓐ 고무 러그(rug)

ⓑ 샴푸, 린스, 샤워젤

ⓒ 비누

ⓓ 각종 아로마 종류 및 미용소금(VIP 객실 및 귀빈층의 경우)

③ 세면대에 있어야 하는 비품 및 소모품

ⓐ 샴푸, 린스, 샤워젤

ⓑ 비누

ⓒ 스킨로션, 빗, 일회용 면도기, 면솜 방망이, 여성용 화장면솜

ⓓ 샤워 캡(shower cap)

ⓔ 양치질용 컵과 컵뚜껑

ⓕ 양치질용 구강청정제(mouthwash: VIP 객실 및 귀빈층의 경우)

ⓖ 헤어 드라이기(벽 부착, 또는 바구니에 넣어 놓는다)

ⓗ 헤어 머리 솔

ⓘ 각종 용품을 담아 두는 amenities basket이나 받침

④ 변기 주변에 있어야 하는 비품 및 소모품

ⓐ 두루마리 화장지 2개

ⓑ 위생봉투

ⓒ 쓰레기통

이상의 것 외에도 객실 내에 특별 amenity를 공급해야 하는 경우가 발생하기도 한다. 특히 VIP 고객이 호텔에 투숙할 경우, 꽃과 과일, imprint된 카드, bar 안주류 등이 제공된다.

10) 특별 Amenity

① 꽃 : 식음료팀(꽃방)은 일반적으로 화장대 위의 거울 앞이나 티 테이블 위에 놓는다.

② 과일 : 룸서비스 시 티 테이블 위에 놓는다. 이때는 반드시 접시와 냅킨 · 포크 · 나이프를 함께 제공해야 한다.

③ imprint card : 객실정비 사무실(티 테이블 위에 놓는다)

④ bar : 룸서비스 시 bar trolly

⑤ 안주류 : 룸서비스 시 미니바 속에 놓는다.

⑥ 와인은 티 테이블 위에 놓는다.

제 4 장 호텔일반정비/고정자산관리의 개요

Flow Chart

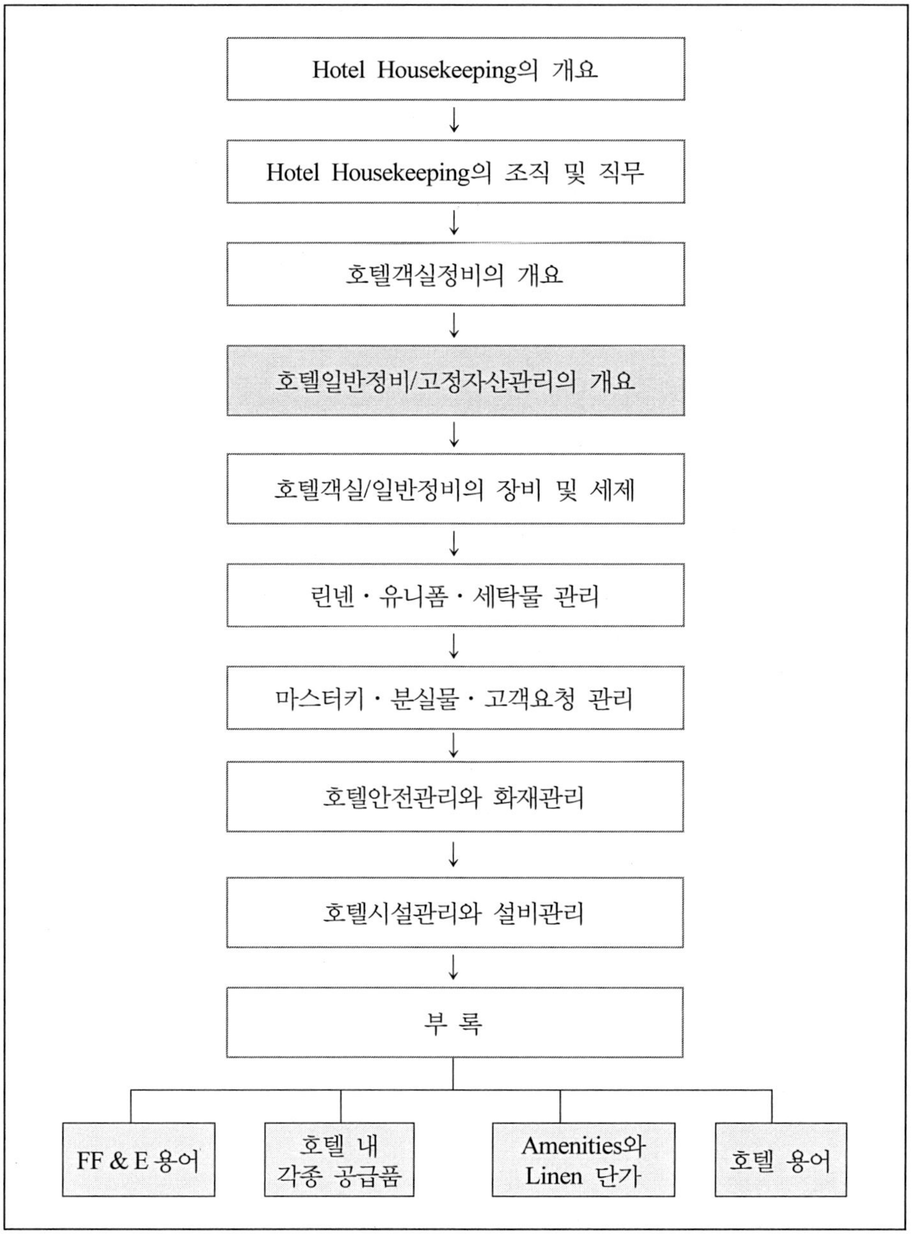
Hotel Housekeeping의 개요
Hotel Housekeeping의 조직 및 직무
호텔객실정비의 개요
호텔일반정비/고정자산관리의 개요
호텔객실/일반정비의 장비 및 세제
린넨 · 유니폼 · 세탁물 관리
마스터키 · 분실물 · 고객요청 관리
호텔안전관리와 화재관리
호텔시설관리와 설비관리
부 록
FF & E 용어
호텔 내 각종 공급품
Amenities와 Linen 단가
호텔 용어

제 4 장 호텔일반정비/고정자산관리의 개요

고객들은 대체로 첫인상에서 받은 느낌으로 호텔 전체를 평가하는 경우가 있다. 한 호텔에 대하여 고객이 받는 첫인상의 대상은 호텔 내 공공장소인 경우가 많다. 여기에서 공공장소라 함은 호텔의 출입문, 로비, 복도, E/V, 화장실, 헬스, 식당가, 연회장, 회의실 등 호텔 내·외 전 지역을 가리킨다. 이처럼 호텔의 첫인상을 책임지고 관리하고 있는 곳이 일반정비다. 호텔의 서비스 수준 및 영업에 직접적인 관계가 있음을 시사한다. 일반정비는 사무실과 공공지역 그리고 호텔의 보이지 않는 여러 부분의 청소 및 관리를 책임지고 있다. 잠재적인 고객이나 호텔 방문객들은 처음 호텔에 와서 로비와 같은 공공지역을 보고 호텔의 청결상태에 대해서 판단을 하게 되고 이것이 그들에게는 깊은 인상으로 남게 된다. 공공지역과 직원들이 사용하는 공간의 청소는 정비원이 맡아서 하며 호텔에 고객이 많건 적건 간에 하루 24시간 청결을 유지해야 하므로 세심한 관심을 가지고 일을 해야 한다.

호텔객실관리부서의 공공장소 담당팀은 청소를 하도록 배정받은 지역의 청소를 어떻게 해야 하고, 또 얼마나 자주 청소를 해야 하는지 정확하게 알고 있어야 한다. 예를 들어, 호텔 로비에 있는 샹들리에는 두 달에 한 번씩 먼지를 닦아 주는 것이 보통이고, 같은 지역에 있는 카펫은 매일 진공청소기로 닦아 주어야 한다. 청소와 함께 호텔객실관리부서의 공공장소 담당팀은 공공지역의 가구들은 정렬해 놓고, 재떨이를 비우며, 쓰레기통을 비우는 일을 해야 한다. 공중전화의 수화기는 살균제를 이용하여 깨끗하게 닦도록 하고, 전화번호책은 낙서가 되어 있거나 찢겨 나간 경우에는 새로운 것으로 교체를 해야 한다.

특히 고객이 호텔에 처음 도착을 해서 호텔에 대한 첫인상을 갖게 되는 현관이나 로비의 청결상태에 지극한 관심을 보여야 한다. 유리문에 얼룩이나 손지문이 남는 것과 날씨가 좋지 않은 날 현관 카펫에 진흙이 묻는 일을 많이 찾아 볼 수 있다. 이러한 일을 미연에 방지하기 위해서 매트와 같은 것들을 준비하여 로비 바닥에 깔아 놓아야 할 것이다.

▌표 4-1▐ 호텔 공공장소 지배인의 의무와 책임

Public Area Manager Duties & Responsibilities	
Public Area Manager	• 호텔 내 · 외부 청결 유지 · 관리 • 업체별 계약내용대로 작업이행 여부 점검 • 월 업무계획 실행 여부 점검 및 추진 • 근무 스케줄 관리 • 업무개선 지도 및 교육 • 현관 · 로비지역과 외곽지역 등 취약지역 중점관리 • 중요행사 준비 및 인력관리 • 공공지역 시설물과 고정자산관리 • 용역업체 관리
Public Area Agent	• 공공지역 청소 및 고정자산 이동 여부 점검 • 화장실 등 청소구역 내의 시설물 정상작동 여부 점검 • 청소장비의 이상유무 점검 • 전지역 유리 및 대리석 청소 • 외곽청소 및 쓰레기 처리 • 종업원 이용시설 정비 • 전지역 화장실 청소 • 영업장 카펫, 의자, 소파 샴푸 및 베큠 • 연회장 샴푸의 베큠

또한 공공지역의 표면에 먼지 · 얼룩이 있거나 분수대의 물이 더러울 경우, 원목제품에 윤택이 없을 경우, 이러한 것들은 고객에게 호텔에 대해 좋지 않은 인상을 심어 줄 수가 있다.

서비스 엘리베이터를 포함해서 모든 엘리베이터들은 벨 카트나 무거운 짐들로 인해서 그 벽이 움푹 들어 갈 수도 있고 얼룩도 생길 수 있기 때문에 각별한 관심을 갖고 항상 청소를 깨끗하게 해야 할 것이다.

공공지역 못지않게 직원들이 사용하는 공간의 청소 또한 매우 중요한 업무 중 하나이다. 직원들이 사용하는 락커룸이나 화장실이 위험한 일이 많이 발생하는 장소이기도 하다. 이러한 지역들과 복도를 안전하게 관리를 하는 일을 잊지 말고 세심한 관심을 기울이도록 노력을 해야 할 것이다.

1. 일반정비와 공공장소의 책임구역

① 호텔 전지역의 청결 유지 · 관리
② 용역업체 관리
③ 공공지역 내의 고정자산관리
④ 일반쓰레기 및 음식쓰레기 처리
⑤ 공공지역 및 영업장 화장실 청결 유지 · 관리
⑥ 공공지역 및 영업장 카펫 · 소파 · 의자 등 청결 유지 · 관리
⑦ 공공지역 및 영업장 유리청소 및 분수청소
⑧ 호텔 전지역의 방역 및 구서 작업
⑨ 공공지역의 대리석 정비
⑩ 물품구매 및 장비관리
⑪ 용역업체 월별 업무추진사항 점검

공공장소에 대한 호텔객실관리의 필요성은 각 호텔의 건축설계상 특징, 로비공간의 비율, 업무활동 및 고객들의 동선 등에 따라 매우 다양하다. 매 시간마다 호텔객실관리를 매일 필요로 하는 장소로는 주로 출입문, 로비, 프런트 데스크, 복도, 엘리베이터, 공공 화장실, 호텔 전지역의 유리 등이 이에 해당된다.

1) 출입문 정비

① 출입문(entrances)을 청결한 상태로 유지해야 하는 데에는 미적인 이유와 호텔의 첫인상에 커다란 영향을 주기 때문이다.

② 호텔의 출입문을 청소하는 횟수는 주로 날씨에 따라 결정된다.

ⓐ 눈이나 비가 오는 날에는 오지 않는 날보다 더욱 주의를 기울여야 한다.

ⓑ 봄철이나 겨울철에는 흙비나 황사가 현관 바닥 카펫과 현관 유리문 등을 더럽히게 된다.

③ 유리청소 및 세척은 작업일정표에 따라 수시로 하여야 한다.

④ 출입문 밖에 매트를 깔아 두면 발자국 등 외부에서 들어오는 먼지를 예방할 수 있다. 이 때 매트는 연 1회 정기적으로 교체해서 호텔내부의 카펫을 보호할 수 있도록 하여야 한다.

2) 로비 정비

로비(lobby)는 고객들의 왕래가 빈번한 곳이며, 또한 객실과 영업장을 통하는 관문이기도 하므로 끊임없이 정비를 하여야 한다. 로비는 고객들이 호텔의 이용시 반드시 거쳐야 하는 장소이므로 항상 끊임없는 정비와 관찰을 통해서 고객의 기대심에 부응하여야 한다.

로비의 청결상태를 유지하기 위하여 day time에 수행해야 하는 청소업무는 다음과 같다. 공공지역 재떨이, 대리석 정비, 폭포 라운지 난간 청소, 에스컬레이터 정비, 프런트 데스크 정비, 공중전화 박스정비, 화장실 정비, 엘리베이터 정비, 현관 유리문 정비, 화초 정비 등 이루 헤아릴 수 없는 업무를 지속적으로 수행해야 한다. 일반적으로 로비 정비는 2명이 1

조를 이루어 20분 간격으로 정비를 해야 하며, 오전과 오후 한가한 시간을 이용해서 대청소를 수행해야 한다. 로비 재떨이 및 대리석 정비는 매 20분 간격으로 정비하는 등 횟수에 대한 규칙을 엄격히 세우고 있다. 하루에 할당되는 업무활동에는 다음과 같다.

① 로비 재떨이 비우기 및 청소
② 휴지통 수거 및 걸레질
③ 로비 공중전화 정비
④ 현관 유리문 손자국 정비
⑤ 가구 및 데스크 먼지 제거
⑥ 난간 먼지 제거와 문손잡이 정비 및 주변 정비
⑦ 대리석 마포질
⑧ 현관 바닥 정비와 캐노피 정비
⑨ 로비 화장실 정비
⑩ 로비 화초 잎 정비
⑪ 엘리베이터 정비
⑫ 에스컬레이터 정비
⑬ 신주 광택내기
⑭ 썬컨 통로 정비
⑮ 현관 밖 정비

로비 정비의 표준

- 로비지역에 휴지 · 부스러기 등이 없게 한다.
- 하루 두번 철저하게 깨끗이 하고, 근무시간에 수시로 정돈한다.
- 모든 지역을 깨끗하게 하여 고객들에게 호감을 줄 수 있어야 한다.
- 가구는 도면에 맞게 배치한다.
- 파손이나 수선이 필요하면 즉시 보고한다.

3) 승강기 정비

시계는 각 층의 엘리베이터 옆에 위치되어 그 지방의 시간을 정확히 알려야 하고, 전신을 비춰 볼 수 있는 거울이 엘리베이터 지역에 있어야 하며, 호텔 홍보물은 엘리베이터 지역에 비치할 수 있다. 또 화분과 꽃꽂이는 엘리베이터 근처에 비치하고, 엘리베이터 문 옆에는 재떨이를 비치한다. 엘리베이터 근처에 교환과 연결된 전화가 있어야 한다. 엘리베이터 바닥의 휴지나 오물을 줍고, 바깥쪽 문과 모서리를 청소하며, 모든 청동으로 된 표면과 레일이나 판 등의 설비시설을 청소한다.

문틈은 진공청소기가 부착된 노즐 또는 젖은 천으로 트랙을 청소한다. 오물은 쓸어내고, 바닥은 젖은 걸레로 닦고 왁스칠한다. 적절한 세제를 사용하여 엘리베이터 벽 위의 손자국을 없앤다. 천정과 조명시설의 먼지를 털어낸다. 파손이나 수선이 필요하면 호텔객실관리부서에 보고한다.

다음과 같은 순서로 한다.

① 카펫을 진공청소하고, 대리석 바닥을 청소한다.
② 거울을 닦고, 창문을 청소한 후 먼지를 턴다.
③ 조명시설 · 전화기 · 재떨이단지를 정리한다.

승강기 정비의 표준

승강기 문과 트랙을 포함하여 엘리베이터의 오물 · 먼지 · 얼룩 · 손자국 및 엎질러진 물이나 음료수 등을 청소한다. 야간에도 고객과 서비스 엘리베이터를 청소하고, 근무시간에 수시로 청소한다.

---

4) 공공화장실 정비

공공화장실은 고객뿐만 아니라 방문객과 레스토랑 이용객 그리고 호텔에서 열리는 회의나 컨벤션에 참석한 사람들까지 이용을 하는 곳이기 때문에 특별하고 세심한 관심을 기울여야 하는 곳이다. 공공화장실의 상태는 지속적으로 확인과 청소를 해야 하고, 고품질의 위생용품과 화장지 그리고 비누용품들을 채워 놓아야 한다. 공공화장실에는 항상 시들지 않은 꽃이 있어야 하며, 자동공기정화제나 냄새를 없애 주는 장치를 설치해 놓아야 한다. 가끔 화장실에 촛불을 켜서 담배냄새를 제거한다. 세면대 외에 개수대 위에는 살균제를 이용하여 항상 청결하게 닦아야 한다. 변기는 세제를 이용하여 솔질을 하여 깨끗하게 닦아내도록 해야 한다. 화장실에서 사용을 한 자루걸레는 깨끗하게 빨아서 보관을 해 둔다. 여성화장실의 경우에는 화장용 의자를 비치한 곳도 있다. 비누나 물비누액도 향을 넣어 기분 좋게 사용할 수 있도록 하고, 손을 씻은 후에 물기를 닦는 종이수건도 준비한다. 최근에는 종이수건뿐만 아니라 핸드 타월을 별도로 준비하고, 사용한 후 별도로 담아 둘 수 있는 바구니도 비치하고 있다.

최근에는 이와 같이 호텔 내의 공공화장실이 점차 휴식의 공간역할을 겸해 가고 있다. 이러한 공공화장실의 관리는 더욱 세심해질 수밖에 없다.

▌사진 4-1▐ 공공화장실 개수대

(1) 정비 내용

① 휴지 유무상태 확인하고, 오물을 수거한다.

② 휴지통 청결상태 확인 · 세척

③ 변기 청결상태 및 배수상태 확인
④ 소변기 배수상태 및 누수상태 확인
⑤ 세면기 배수상태 확인
⑥ 거품비누용액 작동상태 확인
⑦ 부착된 시설물 작동상태 확인 및 조치
⑧ 점검이 끝나면 청소

가) 소변기(Urinals)

변기청소기와 세제를 사용하여 안팎의 얼룩을 닦아내고, 깨끗하고 마른 천으로 바깥부분과 변기 가장자리의 물얼룩을 제거한다. 스테인리스용품은 마른 천으로 깨끗이 닦아 준다. 소변기 안쪽은 정기적으로 세제를 사용하고, 피부에 약품이 튀지 않도록 조심한다.

소변기 관리의 표준

- 변기청소는 오물 · 얼룩 · 휴지 · 머리카락이 없도록 수시로 청소한다.

나) 변기(Toilets)

변기 청소기나 스펀지에 세제를 묻혀 닦는다. 변기에 세제를 뿌리고 몇 분간 기다렸다가 가장자리, 앉는 부분, 물내리는 손잡이, 변기 바닥, 변기 뚜껑부분을 청소한다. 몸이나 눈에 약품이 튀지 않게 조심하고, 가장자리부터 시작하여 변기 안쪽의 물기를 닦는다. 모든 금속류를 닦으며, 변기 뒷부분을 청소하고, 물을 뿌리고 물기를 완전히 없애며, 변기가 잘 작동하는지 확인한다.

변기관리의 표준

변기청소는 휴지 · 머리카락 · 오물과 더러운 찌꺼기 및 얼룩 그리고 냄새가 나지 않도록 수시로 청소하고 변기가 잘 작동되도록 한다.

다) 화장실 칸막이와 벽(Toilet Partitions/Walls)

세제와 천을 사용하여 벽의 윗부분에서 시작하여 아래로 닦는다. 변기 주위의 윗부분, 물내리는 손잡이, 다리부분을 꼭 닦도록 하며, 스테인리스가 윤이 나도록 닦는다. 특수세제로 낙서를 지우며, 세부 지시사항을 수퍼바이저(supervisor)에게 묻는다. 파손된 것이나 고장난 장비는 호텔객실관리부서에 보고한다.

화장실 칸막이와 벽관리 표준

모든 벽과 칸막이의 오점 · 얼룩 · 낙서를 제거하고, 곰팡이가 없게 깨끗이 한다. 스테인리스에 손자국이나 얼룩이 없도록 하고, 갈라진 틈과 손잡이 및 구석의 오물통 등을 닦으며, 수시로 청소하고, 고장난 장비는 감독자에게 보고한다.

라) 세면대(Sink and Vanity)

카운터 윗면과 세면대를 세제를 묻힌 스펀지와 천으로 더러움이나 비눗기를 없애가며 세면대를 씻고, 부착물을 깨끗이 씻어낸다. 크롬 부착물에 각별히 신경을 쓰면서 세면대 전체를 말리고, 스테인리스와 크롬을 윤나게 한다. 항상 세면대와 물 빠진 마개가 열려 있도록 하고, 세면대 아랫부분의 철물부분을 닦으며, 보수가 필요하면 하우스키핑에 보고한다.

세면대관리 표준

세면대 청소는 비눗기가 없고, 오점 · 머리카락 · 곰팡이 · 휴지조각 · 냄새가 없도록 수시로 청소한다. 크롬에 얼룩이 없도록 하고, 모든 것이 잘 작동되도록 하며, 물이 세는 수도가 없어야 하고, 하수구가 막히지 않도록 한다.

마) 휴지제품 보충

① 화장실 휴지 : 절반 이상 사용되었으면 새것으로 보충하고, 고객이 편리하게 사용할 수 있도록 하며, 옆에 3/4 정도 남아 있는 여분의 휴지를 항상 둔다.

② 종이 타월 : 뚜껑을 열어 절반 이상이 사용되었는지 점검한 후 타월을 보충하고, 디스펜서를 닦는다. 이외에도 종이 타월을 너무 많이 채워 넣으면 낱장으로 꺼내지지 않고 한꺼번에 여러 장씩 나온다든지, 나오다가 찢어지는 경우가 발생하게 되기 때문에 약간의 공간을 두고 채워 넣는다.

③ 화장용 화장지의 공급상태를 점검하여 1/4 이하로 남아 있으면 새것으로 보충한다. 상자의 얼룩이나 손자국을 닦는다. 맨 위의 휴지를 V자형(hospitality triangle)으로 만든다. 이는 고객이 항상 정리된 화장지를 새로 사용한다는 느낌을 주도록 하는 것이다.

휴지제품 보충관리 표준

화장지가 항상 1/4 이상이 되도록 유지하고, 항상 여분의 화장지를 비치해 두며, 휴지걸이가 제대로 되어 있는지 살핀다. 종이 타월은 언제나 절반 이상이 남도록 하고, 사용이 편리하도록 놓는다. 휴지를 깨끗하고 찢어지지 않는 것으로 놓아두고, 수시로 점검하고 보충한다.

바) 비누 디스펜서 보충

디스펜서에 비누의 양을 체크하고, 절반 이하가 되면 보충한다. 돌출부분에 특히 신경을 써 닦고, 고객들이 사용하다가 흘린 얼룩이나 손자국 등과 같은 얼룩이 있다면 이를 제거하고, 모든 브레스와 크롬을 윤나게 닦는다.

비누 디스펜서 보충관리 표준

모든 디스펜서 청소는 비눗기 · 오물 · 얼룩 · 손자국이 없도록 청소하며, 디스펜서가 잘 작동하도록 하고, 디스펜서 근처에 다른 물품을 놓지 않는다.

사) 문과 문틀

세제와 광택제를 묻힌 천으로 문 양쪽과 문틀을 닦고, 신발자국을 없앤다. 트랙과 문지방을 닦고, 진공청소기로 청소하며, 경첩과 문손잡이의 더러움과 얼룩을 닦고, 광택을 낸다. 문의 자물쇠와 걸쇠를 제대로 되어 있는지 확인하고, 파손된 것은 호텔객실관리부서에 보고한다.

문이 뒤틀려 잘 닫히지 않는지, 걸쇠가 잘 걸리는지, 문틈이 벌어져 있는 것은 아닌지 자세히 확인하고, 고장 난 곳이 있다면 신속히 호텔객실관리부서로 연락하여 수리할 수 있도록 조치해야 한다.

문과 문틀관리 표준

문에 손자국 · 얼룩 · 먼지 등이 없게 하고, 트랙에 휴지나 얼룩이 없게 하며, 핸들 · 경첩 · 손잡이 · 철물류가 깨끗하고 윤기나게 한다. 자물쇠가 잘 작동되게 하고, 매일 청소한다.

---

(2) 정 비 순 서

① 고무장갑 착용
② 세제를 이용해서 변기 내부와 주변 세척
③ 소변기는 캡을 들어내고 세제로 세척
④ 세면기는 세제로 세척
⑤ 거울은 유리청소용 걸레로 물기를 제거한 후에 정비
⑥ 변기는 세제로 내 · 외부를 빠짐없이 세척
⑦ 벽면은 세제를 이용하여 청소
⑧ 바닥은 마포로 닦아내고 물기가 없도록 한다.

공공장소 화장실관리 표준

하루 두 번 철저히 청소하고, 수시로 정돈하며, 공공화장실의 청결과 위생을 유지한다. 모든 공공화장실은 고객에게 깨끗하게 보일 수 있도록 하고, 바닥은 깨끗하게 자루걸레로 청소한다. 화장실 휴지와 손닦는 휴지를 부족하지 않게 한다. 분무기를 사용하여 약품을 골고루 뿌린 후 작업한다.

---

5) 헬스클럽 청소

헬스클럽은 건강을 위해 오는 고객들이 많고, 운동을 하게 되면 많은 땀이 흘러 쉽게 운동기구들이 더럽혀질 수 있다. 따라서 헬스클럽은 여느 장소에 비해 더욱 청결에 신경을 써서 관리해야 한다.

기구의 먼지를 제거하고, 파손된 기구가 없는지 점검한다. 유리와 거울을 닦고, 바닥을 닦는다. 더러워진 린넨을 수거하고, 깨끗한 린넨을 보충한다. 가구를 닦고, 정돈하며, 조명의 먼지를 제거하고, 벽의 얼룩을 제거한다.

6) 식당 청소

호텔 내의 영업장인 식당은 깨끗한 정리 · 정돈으로 고품격의 영업장으로 변신할 수 있다. 따라서 식당 내에 있는 전화기를 청소하고, hostess 자리를 청소한다. 벽을 깨끗이 하고, 창문턱을 닦는다. 가구의 먼지를 닦고 광낸다. 그 후 커튼 · 쿠션 · 융단 등의 실내장식품(화병 · 수반)을 정돈하고, 조명기구를 닦는다.

7) 연회장 및 회의실 청소

식당처럼 자주 청소되어야 하고, 의자 · 테이블 · 가구 · 벽 · 바닥을 정돈하고 깨끗이 한다. 음식의 얼룩을 제거하고, 카펫은 진공청소하며, 얼룩을 제거한다. 행사시 더럽혀진 부분은 가장 빠른 시기에 약품이나 세제로 부분 샴푸를 하여 상태가 더 나빠지지 않도록 조치를 취한다. 입구에 깔린 대리석은 광택기를 이용하여 항상 반짝이도록 광택질(burnishing)을 한다. 이외에도 꽃꽂이나 화분 등을 점검하여 시들어진 것을 바로 교체되도록 조치한다.

8) 사무실 청소

책상 위의 물건이나 서류는 손대거나 옮기지 않는다. 다음의 순서와 같이 정해진 업무를 완수한다.

① 휴지통 비우기
② 재떨이 청소
③ 먼지를 털고, 가구광택을 낸다.
④ 카펫 진공청소하기
⑤ 전화기청소
⑥ 카펫이 없는 바닥은 걸레로 닦고, 왁스칠을 한다.
⑦ 문과 문틀과 창문청소
⑧ 거울 닦기
⑨ 액자와 틀 청소
⑩ 장식품청소
⑪ 조명시설 · 램프 청소
⑫ 천장 · 벽 · 환기통 및 그 위의 부분청소
⑬ 화초 · 화분청소
⑭ 베이스 보드와 선반 청소

사무실 청소관리 표준

1일 1회 청소하고, 사무실을 보기 좋게 해놓고 휴지통을 비운다. 가구의 먼지를 제거하고, 전화기에 얼룩 · 손자국이 없도록 닦는다. 카펫을 청소하고, 책상 위의 서류는 옮기지 않으며, 먼지 · 오물 · 냄새 등이 없도록 깨끗하게 한다.

---

2. 일반정비의 고정자산관리

1) 카펫 청소 : 진공청소기

카펫의 경우는 석기시대에 동굴에서 생활할 때, 동물의 가죽이나 풀로 된 깔개를 카펫의 원조로 보고 있다. 기원전 40년경 이집트의 직물기술이 발달하게 됨과 동시에 카펫이 상품으로 시장에서 유통하게 되면서 보편화가 열리게 되었다. 기원전 7세기경 로마시대에는 색상을 첨가한 제품이 출현되어 융단산업이 크게 발달하였다. 이렇게 발달된 카펫은 실내 장식용으로 이용될 뿐만 아니라 소음을 흡수하고, 실내를 따뜻하게 해 준다.

이와 같이 카펫의 장점은 고객들이 걸음을 걸을 때, 감촉이 좋고, 피곤을 덜어 준다. 또한 보행에 안전감을 제공한다. 단열재로의 효과도 크고, 소음을 흡수하는데, 실내 음향의 50～60% 정도로 낮추어 준다. 따라서 호텔객실층의 복도에 깔려 있는 카펫은 객실 안에서 새어 나오는 소음을 흡수하여 조용한 객실관리를 할 수 있도록 도와준다. 연회장 같은 곳에 깔려져 있는 카펫은 다양한 색채와 품위로 고객의 정신적인 안정에 도움을 준다. 그리고 다른 재질에 비해 보수비가 1/2 정도로 낮아 경제성이 좋으며, 손질이 간편하고, 관리시간이 절약되어 오래 사용할 수 있는 장점을 갖고 있다.

카펫의 종류로는 대표적인 것으로 양모가 있으며, 화학섬유와 혼방으로 직조된 것을 사용한다. 물론 벽걸이용으로 실크(비단)를 사용하는 경우도 있다. 따라서 재질에 따라 각각 손질하고 관리하는 방법이 달라진다.

카펫의 청소방법은 크게 세제를 이용하여 오염・얼룩을 제거하는 샴푸와 각종 먼지・쓰레기를 흡입하는 진공청소(vacuum cleaning)방법이 있다.

진공청소기를 이용할 경우는 그때그때 발생되는 오염물질을 제거하기 위해 매일 3～4회에 걸쳐서 사용하기도 한다. 그러나 카펫에 껌이 붙었을 경우 휘발유나 벤젤을 걸레나 솔에 흠뻑 묻혀 닦아 내야 한다. 연회장 같은 곳에서 음식물이 엎질러졌을 경우에는 먼저 마른 걸레로 닦아 낸 후, 후에 샴푸한다. 커피・우유 등이 떨어졌을 경우에는 더운 물과 비누를 사용하여 그 부분만 집중 관리한다.

카펫의 진공청소를 할 경우 청소의 순서는 출입문에서 가장 멀리 떨어진 코너에서 시작해서 청소를 하며, 맨 마지막에는 방 밖으로 나올 수 있도록 한다. 전선 위로 청소기가 다니지 않도록 한다. 가구는 진공청소기로 청소하지 않으며, 작은 가구들은 다른 곳에 놓고 그 밑을 진공청소기로 청소한다. 벽의 구석구석과 가구 사이 좁은 곳의 먼지를 없애기 위해서 빗자루를 이용한다. 근무교대를 끝낼 때는 청소기 먼지주머니를 비우고, 청소기 밑을 닦는다. 소켓의 플러그를 잡는 경우를 제외하고는 벽에서 전선을 잡아뽑지 않는다.

카펫 청소관리 표준

카펫이 덮인 모든 곳은 하루에 두번 진공청소기로 청소한다. 카펫에는 먼지 · 부스러기 · 얼룩 · 더러움이 없어야 한다. 모든 진공청소기는 깨끗이 한 후에 근무교대를 하여야 한다.

(1) 카펫 샴푸기 사용법

① 카펫을 깨끗이 진공청소 시킨다.
② 일정한 물의 양에 정해진 양의 샴푸세제를 희석하여 물탱크에 채운다.
③ 샴푸기와 액세서리 사용에 대한 올바른 절차를 따른 후 카펫청소를 시작한다.
④ 청소시에 겹쳐진 부분에 얼룩이 생기는 것을 막는다.
⑤ 스프레이와 빨아 당김을 동시에 하며, 항상 액세서리를 몸쪽으로 잡아당긴다.
⑥ 샴푸하기 전에 먼저 심한 얼룩을 처리하는 것이 중요하다.
⑦ 작은 얼룩은 무시하고 샴푸 청소한다.
⑧ 카펫이 매우 젖어 있으므로 사용 전에 충분히 마를 시간을 둔다.
⑨ 더러운 물은 버리고, 탱크는 청소한다.
⑩ 악취와 녹이 생겨나지 않도록 모든 부분을 청소하고 건조한다.

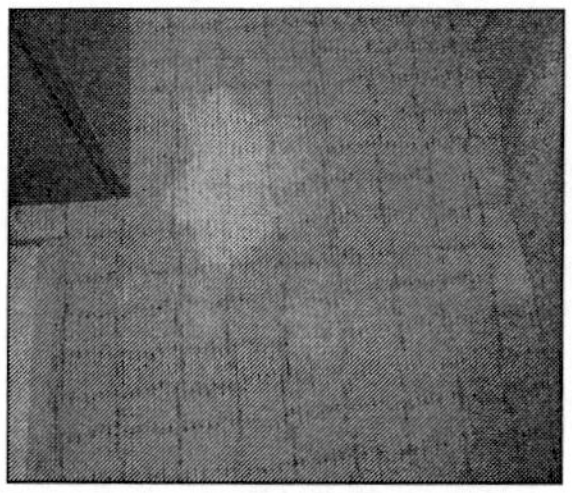
<얼룩진 카펫>

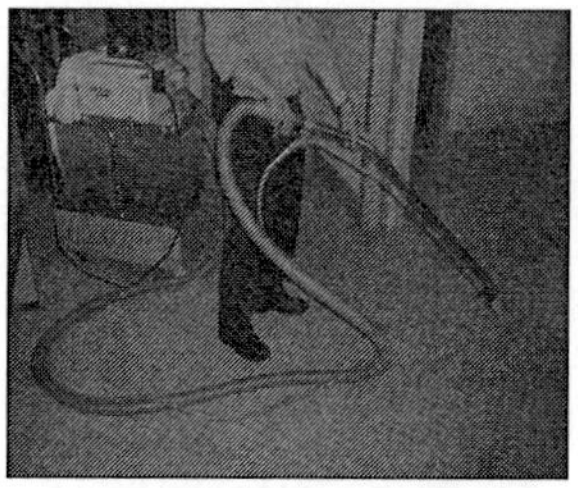
<올바른 샴푸 자세>

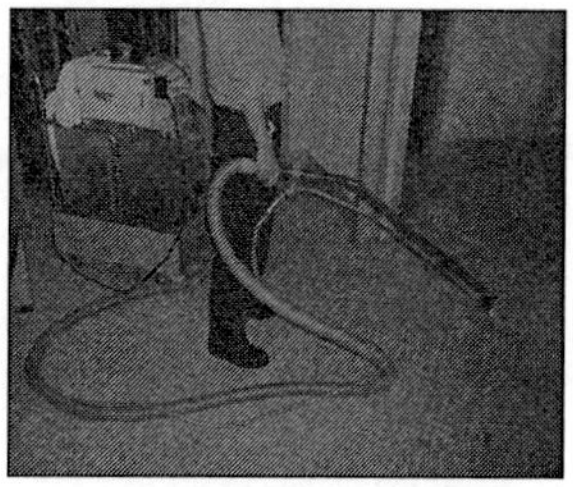
<잘못된 샴푸 자세>

▌사진 4-2▌ **샴푸방법**

샴푸기의 사용은 카펫의 심한 얼룩을 제거하는 데 사용된다. 모든 샴푸세제는 호텔규정에 따라 사용된다. 샴푸하기 전에 카펫을 진공청소하고, 샴푸 사용 전에 얼룩이 어디에 있는지 파악하고 샴푸기를 올바로 사용한다.

카펫은 악취·얼룩·더러움이 없어야 한다. 기계를 보관하기 전에 기계에 있는 모든 물과 세제를 다 빼내고, 적합한 장소에 배치하기 전에 모든 장비를 닦으며, 청소하고 건조시킨다. 결점이 있는 장비는 매니저에게 보고한다.

2) 공중전화

휴지와 재떨이를 치우고, 성냥을 준비한다. 카운터와 벽을 닦아내고, 세제를 적신 천으로 전화기 전체를 닦고, 받침대를 닦는데, 이 때 송·수화기 부분의 기름때·먼지에 주의를 기울여 닦고, 전화줄과 외부면을 닦는다. 크롬을 닦고, 정확한 구내전화와 전화번호가 전화기에 붙어 있고 종이 꼬리부분이 손상되지 않았는지 확인하며, 필요하면 교체한다.

전화기 주위의 낙서를 스펀지와 세제로 닦아낸다. 메모지와 펜을 전화기에 하나씩 적당한 위치에 놓고 수시로 깨끗이 한다. 전화기를 올바른 위치에 놓고, 전화번호부를 점검하여 찢어지거나 낙서가 없는지 확인한다.

공중전화 청소관리 표준

전화박스와 그 주변을 먼지·부스러기·기름때·낙서·휴지조각과 끈적이는 것 및 머리카락 등이 없도록 청소한다. 전화번호가 제자리에 있는지 보고, 재떨이를 비우며, 크롬을 잘 닦는다. 호텔의 로고가 그려진 성냥·볼펜·메모지를 제자리에 준비한다. 전화가 잘 되는지, 전화가 잘 놓여 있는지 확인한다.

공중전화는 여러 사람이 사용하기 때문에 종종 송화기에서 냄새가 나는 경우가 있다. 따라서 약품을 이용하여 송화기의 묻은 침 등을 닦아내고 방향제를 희석하여 그윽한 냄새가 나도록 관리해 준다.

3) 커튼 정리와 창문 청소

완전히 열고 닫으면서 커튼과 속 커튼을 점검하고, 끝쪽이 잘 맞고 주름이 골고루 잡혀 있는지 본다. 손상이나 구멍 · 흠집이 있는지 보고 점검하고, 고리가 제자리에 있는지 살펴보며, 손상된 것과 수선이 필요한 것은 슈퍼바이저(supervisor)에게 보고한다.

속 커튼과 커튼을 닫고 2주일에 한 번 작은 진공청소기로 커튼의 먼지를 제거하고, 매일 두들겨 먼지를 제거한다. 위에서 시작하고, 긴 총채를 사용하여 창문의 먼지를 제거하며, 느슨해지거나 부서진 창문이 있으면 하우스키핑에 보고한다.

커튼 정리와 창문청소관리 표준

커튼과 속 커튼에 구멍 · 흠집 · 먼지가 없게 하고, 주름을 골고루 잡아 놓고 깨끗하게 한다. 고리를 제자리에 놓고, 창문의 작동이 잘되게 하며, 먼지가 없도록 하고, 커튼과 속 커튼은 때에 맞게 열고 닫는다.

4) 먼지 털기

모든 가구 · 시설 · 액자 · 책상 · 창틀 · 장식품의 먼지를 매일 제거하고, 파손이나 보수가 필요하면 하우스키핑에 보고한다. 세제와 광택제를 묻힌 천을 사용한다. 표면과 다리 및 뒷부분의 먼지 · 얼룩 · 손자국을 깨끗이 닦고, 모든 가구의 윗부분과 옆면 및 정교한 무늬에 특별한 주의를 기울인다. 높은 부분은 깃털 먼지털이를 사용하고, 등나무제품의 틈은 칫솔로 청소한다. 표면을 깨끗하고 마른 천으로 닦아 문지르며 광택을 낸다. 덮개가 씌워진 가구 위에는 쿠션을 빼고 진공청소를 하고, 얼룩이 없는지를 확인한다. 창문청소에 사용하는 세제를 묻혀 천으로 책상 위의 유리를 닦는다.

먼지털기 표준

- 모든 가구와 시설을 먼지 없이 닦는다.
- 가구청소는 흙 · 오물 · 먼지 · 손자국 · 얼룩 · 구두자국이 없도록 깨끗이 청소한다.

5) 소파, 의자, 쿠션

의자와 소파에서 베개와 쿠션을 꺼내어 젖은 천으로 부스러기 · 먼지 · 이물질을 제거한다. 의자와 소파 밑에 휴지가 있는지 점검하여 없앤다. 베개를 부풀려서 제자리에 놓는다. 베개나 쿠션이 찢어졌거나 얼룩이 없는지 점검하고, 손상된 것은 감독자에게 보고한다. 매일 소형 진공청소기를 사용하여 청소한다.

소파 · 의자 · 쿠션관리 표준

매일 청소하고, 소파 밑이나 쿠션 사이에 휴지와 먼지를 없게 하며, 쿠션이 찢어지거나 얼룩이 없도록 한다. 베개를 부풀린다.

---

6) 액자와 틀

깨끗하고 부드러운 천을 이용하여 액자에 묻은 먼지를 털어내며, 액자에 직접 세정제를 뿌리지 않는다. 유리로 액자를 만들었다면 유리전용 세제를 이용하여 손자국 등의 얼룩을

▌사진 4-3▌ **액자 닦기**

제거한다. 창문용 세제를 묻힌 깨끗한 천으로 액자유리 전체를 닦는 후 깨끗하고 부드러운 천으로 유리표면을 닦고 얼룩이 있는지 살펴본다. 액자의 틀에 파손된 것은 없는지 여부를 살피고, 파손된 곳이 있다면 감독자에게 보고한다. 또한 그림이 파손되거나 없어지면 감독자에게 보고한다.

액자 · 틀관리 표준

매일 먼지를 없애고, 액자와 틀의 청소를 하는데, 먼지를 제거하고, 파손이나 금이 간 것은 없는지 살펴본다.

7) 거울

유리세정용 세제를 거울에 뿌려 윗부분에서 시작하여 바닥으로 내려가면서 유리청소용 세제가 없어질 때까지 닦고 난 후에 깨끗하고 마른 부드러운 천을 사용한다.

거울관리 표준

창문청소를 할 때 머리카락과 줄무늬 얼룩을 제거하고, 헤어스프레이나 손자국을 없애며, 갈라진 틈을 매일 청소한다.

8) 나무제품 광택

세제나 광택제를 붙인 깨끗한 천으로 먼지 · 얼룩 · 손자국을 없애 가며 표면을 깨끗이 한다. 모든 가구의 다리 · 뒷부분 · 옆 등 정교한 공예품에 특히 주의를 기울인다. 등나무제품의 홈은 칫솔을 이용하여 높은 부분은 깃털 먼지털이를 사용한다. 깨끗하고 마른 천으로 표면을 문지르며 광택을 내고, 파손되었거나 수선이 필요하면 슈퍼바이저(supervisor)에게 보고한다. 매일 로비가구 · 복도가구 · 화장실가구 · 난간 · 문 · 책선반 · 계단손잡이를 청소한다.

나무제품 광택관리 표준

나무제품의 먼지 · 흙 · 오물 · 손자국 · 얼룩 · 기름때와 물흐른 자국 및 신발자국을 깨끗하게 닦는다. 등나무제품의 홈에 먼지와 오물이 없게 하고, 파손된 것과 수선이 필요하면 즉시 보고한다.

9) 대리석 카운터와 책상

깨끗하고 젖은 부드러운 천을 사용하고, 광택이 날 때까지 부드럽고 마른 천으로 부드럽게 문지른다. 파손이 생기면 감독자에게 보고한다. 갑자기 무거운 물건을 대리석 카운터나 책상 위에 덥석 놓으면 대리석이 갖고 있는 결이 갈라져 버리는 경우가 있기 때문에 단단한 물건을 놓을 경우는 살짝 올려놓도록 한다.

대리석 카운터와 책상관리 표준

대리석 카운터와 책상은 빛이 나며, 얼룩이 없게 하고, 물자국과 갈라진 틈 및 파손이 없게 한다.

10) 조명기구와 램프

조명기구의 전원을 끄고 점검하여 닦는데, 마른 천으로 전구의 먼지를 닦는다. 세제를 묻힌 천으로 조명기구와 램프의 먼지를 없애고, 램프 위의 장식 · 밑부분 · 전등갓을 닦는다. 램프와 전등 스위치 위의 먼지 · 손자국 · 얼룩을 제거하며, 전등과 스위치가 제대로 작동하는지 확인하고, 필요하면 새것으로 교환한다. 전압이 맞는지 확인하고, 주름진 부분은 솔로 닦으며, 전등갓을 똑바로 세우고, 이음새가 벽면으로 가도록 한다.

조명기구·램프관리 표준

모든 조명기구의 오물 · 먼지 · 손자국 · 얼룩 등을 없애도록 청소한다. 전등갓이 찢어지거나 얼룩이 없도록 하고, 이음새가 벽으로 가게 하여 똑바로 세운다. 스위치와 전구가 이상이 없도록 하고, 잘 작동되는지 살피며, 다 소모된 전구는 바꾸고, 60~100W 전구를 사용하고, 하루 2번 청소한다.

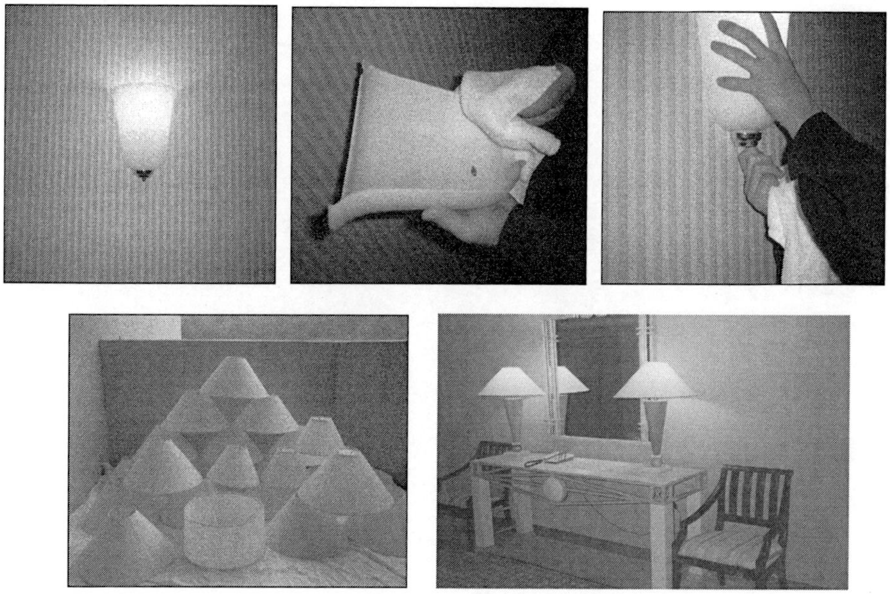

▌사진 4-4▌ **벽전등 청소방법과 세척한 등 커버**

11) 천장형광등 커버

형광등 커버를 청소할 때 지정된 사다리와 받침대 및 청소용품을 사용한다. 젖은 걸레로 형광등 커버의 먼지를 털어내고, 혹시 벌레(하루살이 등)가 들어갔다면 제거해 낸다. 긴 총채로 형광등 커버 먼지를 털고, 전등이 잘 들어오며 전압이 맞는지 본다. 세제를 묻힌 깨끗하고 부드러운 천을 사용하여 먼지와 얼룩을 없애고, 마를 때까지 닦는다. 파손된 것이나 고장난 것은 감독자에게 보고한다.

조명기구 · 램프관리 표준

형광등 커버에 먼지 · 녹 · 얼룩이 없도록 하고, 모든 조명기구가 잘 작동되도록 한다. 다 소모된 전구는 바꾸고, 60~100W 전구를 사용한다. 사다리를 사용할 때 양쪽에 받침을 둔다.

---

12) 재떨이

(1) 재떨이 단지

체를 사용하여 쓰레기 · 담배 · 꽁초를 없애고, 필요하면 모래를 새로 바꾸며, 매끄럽게 한 후 모래에 호텔 디자인을 새겨 넣고, 가장자리와 옆면을 고르게 한다. 단지 주변을 쓸고, 진공청소한다.

(2) 재떨이

재떨이를 쓰레기통에 비우는데, 쓰레기통에 넣기 전에 글씨가 남아 있거나 뜨거운 재가 없도록 재확인한다. 다용도 세제와 물로 재떨이를 씻어내고 건조시킨다. 재떨이를 지정된 장소에 두고, 호텔 로고가 위로 향하게 하여 성냥을 재떨이 안에 둔다.

재떨이 관리 표준

모든 재떨이와 단지의 부스러기 · 담배꽁초 · 담뱃재를 비우고 청소한다. 타는 물질이 없는지 최종 확인하고, 모래를 깨끗하게 정리한다. 단지와 재떨이에 떨어져 나간 부분이나 금이 간 것은 사용하지 않고, 엎질러진 모래가 없도록 하며, 바닥을 깨끗하게 한다. 단지 위에 호텔 디자인을 새겨 놓고, 성냥갑은 표시나 얼룩 · 긁힘이 없는 것으로 놓는다.

제 5 장 호텔객실/일반정비의 장비 및 세제

Flow Chart

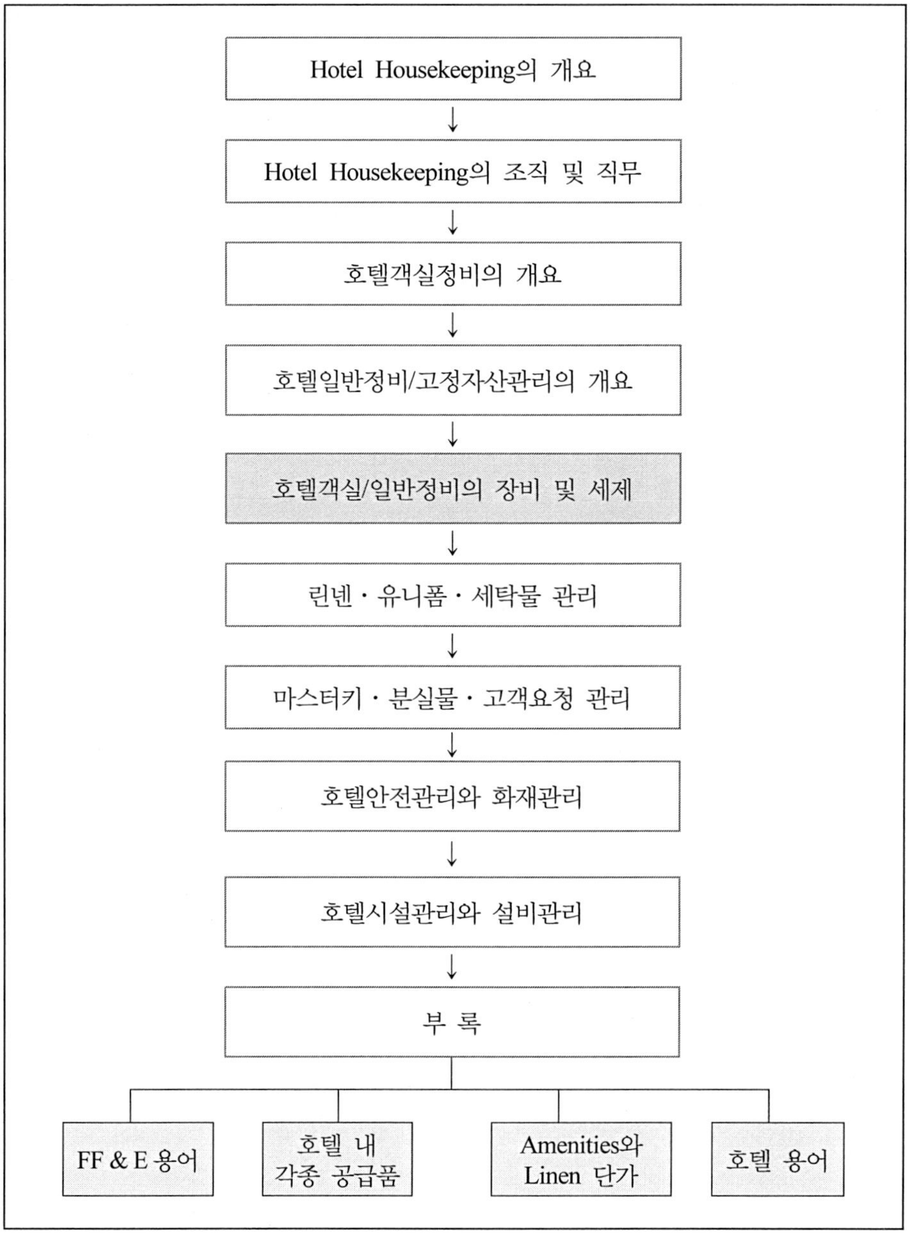

Hotel Housekeeping의 개요
Hotel Housekeeping의 조직 및 직무
호텔객실정비의 개요
호텔일반정비/고정자산관리의 개요
호텔객실/일반정비의 장비 및 세제
린넨 · 유니폼 · 세탁물 관리
마스터키 · 분실물 · 고객요청 관리
호텔안전관리와 화재관리
호텔시설관리와 설비관리
부 록
FF & E 용어
호텔 내 각종 공급품
Amenities와 Linen 단가
호텔 용어

제 5 장 호텔객실/일반정비의 장비 및 세제

호텔의 객실관리부서는 호텔 내의 객실 뿐만 아니라, 호텔 전체의 청결과 각종 시설물의 유지 및 보수관리를 책임지고 수행하여야 한다. 이러한 책임을 수행하기 위해서는 유능하며 조직적인 관리자와 부지런하고 성실하며 호텔을 자신의 집처럼 애착을 갖고 일할 수 있는 정비요원이 있어야 하며, 이러한 인적 요소 외에도 이들이 보다 업무를 효율적으로 수행할 수 있도록 시설물의 유지관리에 알맞은 적절한 장비가 있어야 한다. 호텔이나 대형건물을 관리하는 데는 인력도 중요하지만, 업무를 수행하는 데 있어서 생산성과 장비관리의 효율을 높이기 위해서 청소장소나 대상물에 대한 적절한 장비와 세제 그리고 이를 효과적으로 이용할 줄 아는 청소방법의 전문가가 필요하다. 이는 호텔 내의 시설물들은 각종 다양한 재질로 구성되어 있으며, 각 재질에 따라 이를 유지 · 보수하는 방법이 각기 다르다. 예를 들어, 카펫 · 대리석 · 나무 · 타일 · 장판 · 금속 등에 따라 사용되는 장비와 세제도 다르며, 세탁시에도 물세탁과 기름세탁이 구분되기 때문에 그에 따른 장비와 세제도 각기 달라진다. 이외에 다림질을 하기 위해서 스팀 다림기와 전기 다림기 등 다양한 장비와 설비가 필요하며, 이를 다룰 수 있어야 한다. 호텔 내의 청소장비로는 크리닝 카(cleaning car)에서부터 빗자루 · 걸레에 이르기까지 다양한 종류가 있으며, 이들의 용도도 각기 다양하다.

1. 청소장비

각 호텔들은 호텔기업의 시설물을 유지·관리하기 위해 항상 시설물들을 청결이 하여 그 수명을 연장하고, 고객들에게 위생과 청결성에 대한 서비스 상품을 제공하기 위해 질좋은 장비를 보유하여 작업의 안전성과 업무의 효율성 및 비용의 절감을 이끌어내기 위해 노력한다. 호텔의 시설물을 관리하는 데 사용되는 장비들은 사용용도에 따라 구분되고 있는데, 카펫·대리석을 비롯한 각종 석기·타일·목재·시멘트 바닥 등에 쓰이는 것이 주류를 이루고 있으며, 최근 수년간 많은 장비들이 보다 신속하고 효율적으로 업무를 수행할 수 있도록 발명되고 개발되어 호텔 시설물의 규모·면적·시설물의 형태에 따라 그에 적절한 장비를 사용할 수 있도록 지원하고 있다.

일반적으로 호텔 시설물을 청소하기 위한 장비는 광택기, 진공청소기, 각종 문지르기, 카펫 청소기, 바닥 고르기, 청소차의 여섯 가지로 구분한다.

호텔의 청소장비들은 대부분 바닥을 청소하는 장비가 대부분이지만, 청소의 여건·용도에 따라 어깨에 메고 청소하는 것도 있다.

1) 광택기

광택기(polishers)는 호텔의 대리석 또는 타일 바닥을 닦아 광택을 내도록 만들어진 장비이다. 대부분 호텔은 로비를 비롯하여 많은 사람이 오고가는 연회장 입구와 각종 업장의 입구 및 쇼핑 몰의 입구 등이 대리석이나 타일로 만들어져 있다. 이러한 재질로 된 바닥을 연마하고 분무하여 고르게 연마하고, 이에 맞는 세제를 분무하여 닦아내며 마무리 작업까지 하는 장비를 의미한다. 일반적으로 전기용과 휘발유를 이용하여 작동하는 것으로 구분된다. 이런 광택기는 일반적으로 360도 회전을 할 수 있도록 만들어져 있으며, 손잡이에 스위치와 자동장치가 부착되어 있어 사용자가 장비를 사용하는 데 편리하도록 만들어져 있다.

▌사진 5-1▌ **광택기**

그러나 대부분의 광택기는 무겁고, 광택을 위해 빠른 속도로 바닥부분이 회전하기 때문에 고도의 전문적인 기술을 가진 사람이 사용하게 된다. 이러한 광택기는 수중광택기와 고속광택기 두 가지 형태가 있다.

(1) 수중광택기(Burnisher)

수중광택기(burnisher)는 말 그대로 대리석이나 타일의 짙은 때를 벗겨내기 위해 물을 이용하여 샴푸를 한 후 광택을 내고자 할 때 사용된다. 수중광택기를 이용할 때에는 물과 세제를 함께 사용하기 때문에 고객이 청소하는 장소의 이용을 금지시켜야 한다. 이는 바닥이 대리석이나 타일일 경우 그 위에 물과 세제가 있다면 바닥이 매우 미끄러워지기 때문이다. 수중광택기를 이용하고 난 후에 청소한 장소가 완전히 건조될 때까지 고객들의 통행을 금지시켜 고객의 안전을 보장하여야 한다. 또한 수중광택기를 이용할 경우 청소시간이 길기 때문에 자주하는 것이 아니라, 연중계획 하에 청소를 실시하며, 예외적으로 연회장 등 고객의 잦은 이용이나 부주의한 이용으로 바닥에 짙은 때가 생겨 고객에게 불쾌감을 주지 않게 하기 위해 이용된다.

(2) 고속광택기(Ultra Speed Burnisher)

고속광택기(ultra speed burnisher)는 수중광택기와는 달리 고객의 왕래가 많은 호텔 로비처럼 한정된 시간 내에 넓은 공간을 깨끗하게 청소한 후 광택기 내기 위해 이용하는 장비이다. 넓은 공간을 짧은 시간 내에 청소하기 위해서는 소형 광택기로는 어려움이 많다. 따라서 고속광택기는 대부분 대형의 장비이다.

이 장비는 마룻바닥 · 대리석 등을 대상으로 바닥이 고속으로 회전하면서 광택을 내어주는 장비이다. 이 장비는 원형 패드를 갈아 끼우게 구성되어 있으며, 대형의 장비가 고속으로 회전하면서 광택을 낼 때 흔들림이 강할 수 있기 때문에 대부분 흔들림 방지(vibration free)의 장치도 갖추고 있어 사용하기에 편리하지만, 장비가 대형이라 이를 이용하기 위해서는 숙련이 필요하기 때문에 전문가가 사용하게 된다.

2) 진공청소기

일반가정에서도 가장 많이 이용되고 있는 것이 진공청소기(vacuum cleaner)이듯이 호텔에서도 많게는 수십대씩 보유하고 있는 장비 중의 하나가 진공청소기이다. 진공청소기는 객실 내와 복도 · 식음료영업장 등에 깔려 있는 카펫 바닥이나 먼지가 많은 곳을 청소한다. 일반적으로 호텔에서 사용하는 진공청소기는 모터가 위에 달려 있으며, 벽에 부딪칠 때 흠집을 내지 않기 위해 옆에는 고무보호대가 달려 있다. 진공청소기도 그 용도에 따라 다양한 종류가 있는데 첫째, 호텔 내부뿐만 아니라 외부의 넓은 곳을 청소하는 대형 진공청소기(suction sweeper) 둘째, 소형이지만 다양한 장소를 청소할 수 있는 콤비형 진공청소기(combination vacuum cleaner)이다.

(1) 대형 진공청소기

대형 진공청소기(suction sweeper)는 호텔의 외곽 및 주차장 등 대형 장소의 먼지 및 쓰레기를 강력한 모터의 힘으로 흡입하는 청소기이다. 일반적으로 자동차형의 진공청소기가 많으며, 사용자가 앉아 운전하면서 빠른 시간에 넓은 공간을 청소할 수 있다는 장점을 가지고 있다.

▍사진 5-2▍ **대형 진공청소기**

(2) 콤비형 진공청소기

콤비형 진공청소기(combination vacuum cleaner)는 일반적으로 가정에서 사용하는 정도의 크기이기 때문에 이동이 간편하고, 객실 내의 구석구석을 쉽게 청소할 수 있는 장점이 있다. 의자 아래라든지 테이블이나 의자 위에 있는 휴지 및 미세한 먼지까지도 흡입하여 간단히 청소할 수 있어 가장 많이 사용된다.

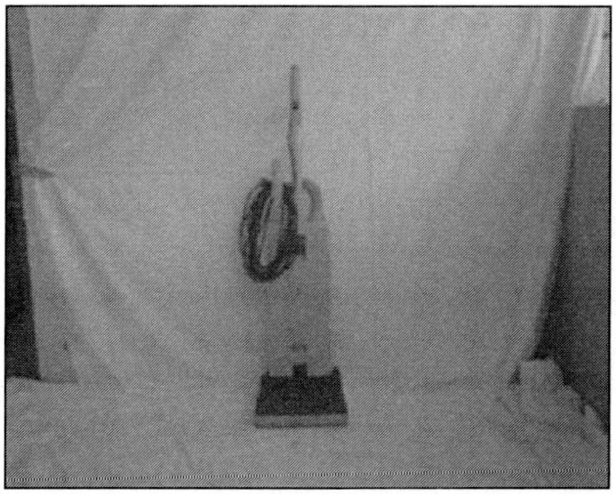

▍사진 5-3▍ **콤비형 진공청소기**

보통 진공청소기의 뒷면에 먼지주머니가 달려 있어서 사용 후 먼지주머니를 갈아 주기만 하면 된다. 콤비형은 소형이고 조작도 간편하여 가장 보편화된 청소장비이다.

3) 문지르기 기계

문지르기 기계(scrubbing machine)는 대리석이나 타일 · 마룻바닥 등에 때가 많이 끼었을 때, 때를 벗겨내고 청결을 유지하기 위해 사용되는 장비이다. 일반적으로 탱크 안에 있는 세척제를 뿌려 가면서 바닥을 문지르게 된다. 문지르기 기계는 청소여건에 따라 바닥에 브러시(brush)나 패드(pad)를 갈아 끼울 수 있어 다양한 여건에 다용도로 사용할 수 있게 되어 있다.

일반적인 문지르기 기계는 원형으로 회전을 하면서 문지르도록 되어 있는데, 후진 문지르기 기계(behind scrubber)의 경우는 대형으로 몸체가 커서 주로 넓은 공간의 바닥을 문지르기 할 때 사용된다. 후진 문지르기 기계의 경우는 이름 그대로 뒤로 이동하면서 문지르도록 되어 있으며, 일반적으로 20인치의 패드(pad)를 사용한다. 보통의 후진 문지르기 기계의 브러싱 속도는 분당 200회 정도이다.

4) 카펫 청소기

카펫 청소기(carpet cleaner)는 크게 두 가지로 구분된다. 그 하나는 카펫 샴푸시 세제를 이용하여 얼룩 등을 제거하는 기능의 청소기이고, 다른 하나는 샴푸 후 물기를 제고하는 탈수기능의 청소기이다.

(1) 카펫 세척기(carpet shampooing machine)

카펫에 얼룩이 지거나 샴푸한지 오래되어 묵은 먼지가 끼어 세척이 필요할 때 카펫을 샴푸하게 된다. 이 샴푸용 장비를 카펫 세척기(carpet shampooing machine)라고 하고, 카펫용 얼룩 및 먼지제거 약품을 이용하거나 세제를 넣어 물세척하는 것이 일반적이다. 경우에 따라서 묵은 먼지 등을 강력하게 청소할 때, 가루약품을 뿌리고 세척하는 경우도 있다.

▌사진 5-4▌ **카펫 청소기**

(2) 카펫 탈수기(Carpet Extractor)

카펫 세척기로 카펫을 샴푸한 후 반드시 물기를 제거하고 건조시켜야 한다. 물기를 제거할 때 바로 카펫 탈수기(carpet extractor)를 이용하게 된다. 카펫 탈수기로 카펫의 모든 습기를 빨아들여 건조시키고, 카펫이 깔려 있는 장소의 문과 창문을 모두 열어 통풍이 될 수 있도록 한다. 이렇게 처리하지 않으면 청소한 자리에 오히려 곰팡이와 세균이 번식하여 얼룩과 냄새를 만들어내기도 한다.

2. 청소용구

호텔서비스 중 중요 요소 중의 하나가 청결성이다. 청결한 호텔을 위해서 호텔객실관리 담당자들은 적절한 시간과 작업량을 조절하여 적시에 청소를 하지 않으면 안 된다. 따라서 신속하고 효과적으로 청소하기 위해 청소장비와 청소용구는 호텔상품의 질을 상승시키기 위한 기초가 되기도 하고, 호텔상품의 생산성을 향상시키는 데 반드시 필요한 도구들이다.

일반적으로 호텔의 객실 및 공공장소를 청소하기 위해 필요한 용구로는 청소용구를 싣고 끌고 다닐 수 있는 수레(cart)가 대표적이며, 브러시(brush)류, 빗자루(broom)류, 수세미(loofah)류, 마포(mop), 양동이, 먼지떨이(duster) 등이 있으며, 청소시 안전을 위한 안내표시판도 반드시 필요한 용구 중의 하나다.

1) 수레

청소용 수레(cart)도 그 용도에 따라 다양하다. 가장 대표적인 청소용 수레로는 청소용구를 모두 싣고 다니는 메이드용 수레(maid cart)가 있으며, 쓰레기 운반수레와 작업도구 운반수레 등이 있다. 최근에는 모든 청소용구뿐만 아니라 크리닝 백(cleaning bag)이 달려 많은 짐을 싣고 다닐 수 있도록 다목적용으로 고안된 수레가 있어 이를 이용하기도 한다.

(1) 메이드용 수레

메이드용 수레(maid cart)는 룸 메이드가 객실정비를 위한 청소용구 · 시트 · 소모품 · 편의품 · 문구류 등을 싣고 다니며 작업을 할 수 있도록 만들어진 수레이다.

룸 메이드는 자신이 할당받은 객실을 청소하기 위해 청소해야 할 분량과 그에 맞는 청소용품을 점검하여 메이드용 수레에 싣고 객실문 앞에 카트를 세워 두고 객실 내에 들어가서 청소를 하게 된다. 룸 메이드용 수레는 청소용품들을 싣고 이동하는 용도로도 사용이 되지

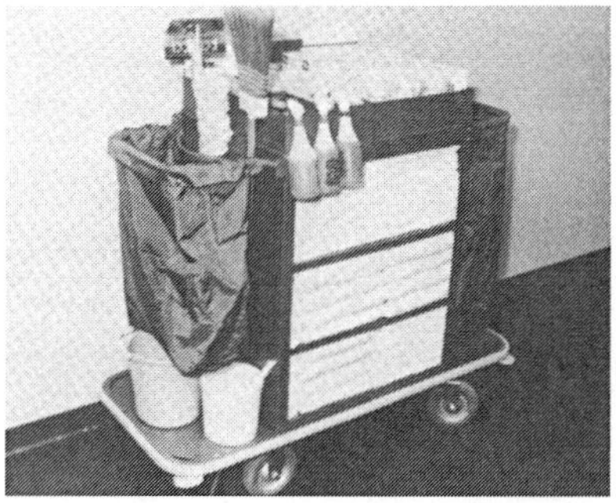

▌사진 5-5▌ **메이드용 수레**

만, 객실청소시에는 외부인이 객실에 들어오는 소리를 듣지 못하는 경우도 많고, 객실을 닫고 청소할 수 없기 때문에 외부인이 객실 내로 들어오는 것을 방지하는 용도로도 사용된다.

(2) 기타 수레

청소용구를 싣고 다니는 수레는 일반적으로 청소에 수반되는 작업도구 및 세제류 · 약품류를 싣고 다니는 수레에서부터 자루걸레 · 물통 및 자루걸레를 짜는 통을 싣고 다니는 수레, 그리고 쓰레기를 담아 가지고 다니는 수레 등이 있다.

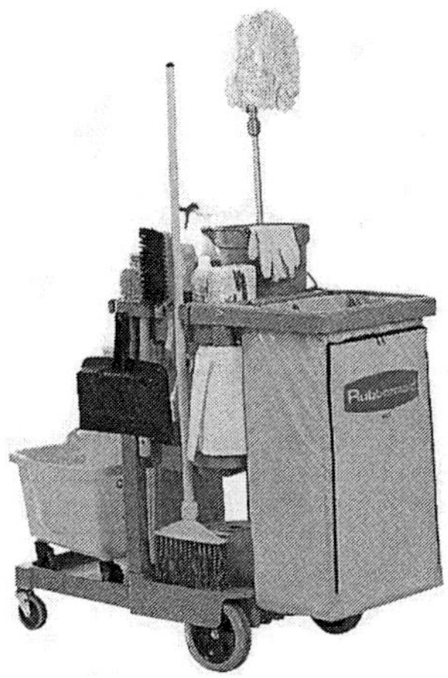

▌사진 5-6▐ **청소원 카트**

2) 다용도 트럭

다용도 트럭(multiple truck)은 수레와는 달리 부피가 크거나 중량이 큰 물건을 처리할 수 있도록 만든 운반도구로 대량의 청소용구나 객실 내의 용품들을 실어 나르도록 제작되어진 트럭이다.

3) 안내표지판

공공장소를 청소할 때 고객에게 청소에 관련된 안내표지판(caution board)을 설치하여 안전을 도모한다. 안내표지판은 가볍고 다양한 크기로 제작되어 이동시 수레에 부착하여 이동할 수 있도록 편리하게 제작되어 있다. 안내표지판에는 반드시 고객에게 청소로 인해 불편함을 끼치게 된 것에 대한 죄송함을 표시하도록 한다. 또한 안내표지판에는 '주의', '바닥이 젖어 있음', '닫힘' 등과 같은 문구를 함께 넣어 고객이 무슨 청소를 하고 있는지, 어떤 안전수칙을 지켜야 하는지 안내하게 된다.

▌사진 5-7▌ **안내표지판**

4) 빗자루

청소시 가정에서는 가장 보편화되어 있는 것이 빗자루(broom)이다. 그러나 호텔객실 내에서는 그리 많이 사용하지 않지만, 식음료업장 · 쇼핑몰 · 휘트니스센터 등에서는 이용용도가 많다. 빗자루는 손잡이가 긴 것에서부터 중간 크기 그리고 작은 자루가 달린 빗자루가 있으며, 빗의 재질은 화학용품에서부터 자연용품까지 다양하다. 빗자루를 사용할 경우는 반드시 쓰레받기를 함께 사용하게 된다. 따라서 쓰레받기의 경우도 사각의 통으로 되어 있어 입구가 뉘이면 열리고 들어 올리면 닫히는(일반공공장소 청소시 이용되는) 쓰레받기부터 간단한 먼지·쓰레기를 쓸어 담을 수 있는 가정용 같은 쓰레받기까지 다양하다.

▌사진 5-8▌ **쓰레받이 세트**

5) 먼지떨이

먼지떨이(duster)는 객실 내의 가구 위의 먼지나 높은 곳의 먼지 또는 벽의 먼지, 복도 등 위의 먼지 등을 털기 위해 사용되는 것으로, 패드부분과 자루를 분리하여 만들어진 것도 있다. 최근에는 미세먼지까지도 떨어내지 않고 먼지떨이에 부착이 되도록 하여 만들어진 제품도 이용된다. 특히 컴퓨터를 많이 이용하게 됨에 따라 객실 내에 비치한 컴퓨터의 보호 및 알레르기성 고객들을 위해 미세먼지까지 호텔에서는 신경을 쓰고 있다. 따라서 미세먼지까지 제거하는 제품을 많이 이용하고 있다.

6) 브러시

객실뿐만 아니라 욕실·공공장소·화장실 및 식음료업장의 주방의 바닥과 같이 타일로 만들어졌을 때는 강력한 브러시(brush)를 많이 이용하게 되고, 실크벽지라든지 고급의 천

재질로 만들어진 곳의 얼룩을 제거하기 위해서는 부드러운 브러시를 이용하여 더러움을 제거하게 된다. 따라서 브러시의 종류는 그 용도에 따라 매우 다양하다고 볼 수 있다. 최근에는 브러시 뒤에 세제 또는 약품을 넣어 함께 사용할 수 있는 브러시도 나와 있어 보다 편리하게 이용할 수 있다.

7) 걸레

걸레(mop)의 재질은 일반적으로 면과 합성섬유를 적절하게 혼합하여 만들어진다. 이는 면걸레의 흡수력을 4배 이상 향상시켜 주어 작업에 도움을 주기 때문이다. 걸레는 용도에 따라 물걸레, 마른 걸레, 마무리용 걸레 왁스용 걸레 등이 있다. 재질 외에도 테이블이나 작은 용품 및 창틀 등을 닦아 내는 손걸레와 바닥 등을 닦는 자루가 달린 걸레로 구분된다.

8) 마포걸레 짜게

타일류로 된 바닥을 물로 걸레질한 후 다시 깨끗하게 걸레를 빨아 가면서 청소를 해야 청결하다. 이 때 더러운 걸레를 손으로 짜는 것이 아니라 마포걸레를 짜는 전용기구가 있다.

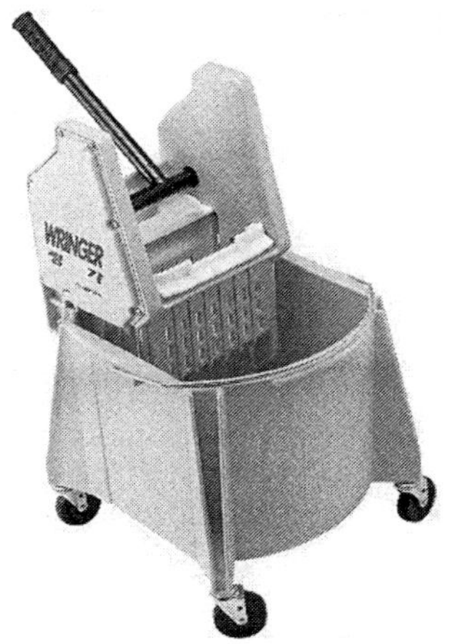

▌사진 5-9▌ **걸레짜게**

마포걸레 짜게(mop squeezer)를 이용하게 되면 물이 떨어지지 않고 간단히 빨아 짤 수 있어 깨끗한 마포걸레로 수차례 바닥을 닦을 수가 있어 보다 청결한 청소가 이루어질 수 있다. 또한 물이 있는 마포걸레를 들고 이동할 때 바닥에 물이 떨어지는 것도 방지할 수 있어 매우 유용하게 사용된다.

9) 패드

각종 청소기에 부착하여 사용하는 패드(pad)를 의미한다. 즉 대리석 · 목재 · 금속 · 카펫 등 청소대상의 재질에 따라 사용되는 장비와 기기가 다르듯이 각 장비에 사용되는 패드의 재질도 다양하다. 예를 들면, 다이아몬드 패드와 면 패드 등이 있어 사용용도에 따라 그에 적절한 패드를 교환하여 사용하도록 되어 있다.

▌사진 5-10▐ 패 드

10) 수세미

벽 · 난간 · 바닥 · 계단 등과 같이 구석구석 때를 제거하고자 할 경우는 수세미(loofah)를 이용하는 경우가 많다. 수세미의 재질은 강력한 철 수세미부터 고운 화학재질로 된 수세미와 소프트 수세미 및 스펀지 등과 같이 그 용도에 따라 다양하게 이용할 수 있다. 최근에는 이미 수세미에 묶은 때를 제거할 수 있는 약품이 첨가되어 다른 세제나 약품의 필요 없이 수세미만으로도 청소가 가능한 효율적인 수세미가 많이 이용된다.

11) 양동이

물기 있는 걸레를 들고 이동할 경우, 또는 갑자기 물이 새는 곳이 있을 때 요긴하게 사용할 수 있도록 양동이(bucket)를 이용한다. 만약 청소도구 중 마포걸레를 빨아 짤 수 있는 도구가 없는 경우, 양동이에 세제를 푼 물을 넣어 사용하기도 한다.

12) 기타 청소용품

청소를 하기 위한 각종 도구뿐만 아니라 청소용품도 필요하다. 각종 재질에 맞는 세제류에서부터 화공약품까지 다양하다. 이외에도 쓰레기를 버리기 위해서는 분리수거봉투도 필요하며, 청소시 사용하는 고무장갑(rubber glove) 등도 필요하다.

3. 청소용 세제와 화공약품

최근에는 가정집에서도 청소를 하기 위한 다양한 용도의 세제가 시중에서 많이 판매되고 있다. 다양한 공간이 많은 호텔의 경우에서는 매우 다양한 세제와 화공약품이 청소에 이용되게 된다. 세제와 화공약품을 이용하여 청소를 하기 때문에 위생과 안전에도 만전을 기해야 하고, 그에 대한 지식이 필요하다.

국내뿐만 아니라 세계적으로 20세기 후반부터 지구의 환경보존운동이 확산되면서 호텔에서 이용하는 모든 청소용 세제 및 화공약품도 자연친화적인 세제로 바뀌어 가고 있다.

일반적으로 청소용 세제 및 화공약품이 갖추어야 할 조건으로는 다음과 같은 것이 있다.

첫째, 안전성이다. 청소담당자들은 많은 장소를 청소해야 하기 때문에 많은 양의 세제와 화공약품에 노출되게 된다. 따라서 피부에 직접 닿게 되더라도 안전해야 한다. 또한 독성이 강하거나 화공약품 냄새가 짙은 종류는 고객에게 혐오감을 주거나 건강을 해칠 수도 있기 때문에 호텔 내에서 사용하는 모든 세제와 청소용 화공약품은 무엇보다도 안전성이 중요하다.

둘째, 경제성이다. 호텔에서는 많은 수의 객실과 다양한 장소의 청소를 해야 하기 때문에 대량의 세제와 화공약품이 소모된다. 만약 세제 및 화공약품의 가격이 고가라면 결국 고객이 사용하는 호텔상품의 가격이 상승하게 되는 역할을 하게 된다. 따라서 세제를 구입할 경우 작은 단위의 포장을 이용하기보다는 포장단위에 따라 가격에 차이가 있다면 호텔의 사용량에 적합한 포장단위를 선택하여 경제적이며 효과적인 구입이 필요하다.

셋째, 편리성이다. 세제뿐만 아니라 모든 용품과 도구는 사용이 편리해야 한다. 예를 들어, 세제와 화공약품을 사용하는 데 용기가 불편하다든지, 관리가 힘들다든지, 사용시 불편할 수 있다. 따라서 우선 호텔 청소담당자들이 사용하기에 편리하도록 용기도 제작되어야 한다.

넷째, 농축성이다. 객실청소의 경우, 청소담당자는 한 곳만 청소하는 것이 아니라 빠른 시간 내에 여러 곳을 청소해야 하기 때문에 부피가 작은 것이 편리하고 경제적이라고 할 수 있다. 따라서 세제와 화공약품의 농축성이 강하다면 적은 양으로도 청소하고자 내용을 이룰 수 있다. 따라서 세제와 화공약품의 농축 정도도 항상 확인하고 구입하며 사용하도록 해야 한다.

1) 각 재질별 세제와 화공약품

호텔은 각 다양한 종류의 재질로 구성되어 있다. 특히 고급스런 호텔의 경우 매우 고가의 인테리어와 소품들로 호텔을 장식하고 있다. 따라서 그 재질에 맞는 관리는 매우 중요한 요소이며, 이는 호텔 자신의 수명을 연장시키는 역할을 하기도 한다. 또한 호텔 본래의 모습을 고객들에게 제공함으로써 호텔상품의 질을 향상시킬 수도 있는 것이다. 따라서 호텔의 모든 시설물과 소품들의 재질에 맞는 청소방법과 세제의 활용은 무엇보다 중요하다고 할 수 있다.

대부분의 호텔 내의 구성물들은 석재·목재·금속·유리류·도자기류·천류 및 기타의 재질로 되어 있다. 따라서 각기 그 성질을 이해하는 것이 무엇보다 중요하다.

(1) 석재의 경우

대부분의 호텔에서 선호하는 석재는 대리석이다. 대리석의 경우도 그 가격의 차이가 매우 크며, 각각 성질이 모두 다르다. 또한 대리석의 경우는 천연대리석과 인조대리석으로 구분해 볼 수 있다. 석재의 경우, 묵은 때는 세제를 이용하여 물로 세척하는 경우도 있지만, 석재가 물을 빨아들여 차츰차츰 금이 생기는 석재도 있다. 따라서 어느 정도까지 물을 이용하여 청소할 것인지를 알아야 하며, 기름을 이용하여 닦아야 하는지를 알아야 한다. 또한 왁스를 내기 위해서는 어느 정도의 회전으로 문질러야 하는지도 알고 있어야 한다.

(2) 금속의 경우

대부분의 호텔에서는 놋쇠와 주석을 많이 이용한다. 예를 들어, 문잡이 · 난간 및 각종 전등의 디자인을 위해 금속이 사용된다. 놋쇠의 경우는 푸른곰팡이가 생기기 때문에 약품을 이용하여 정기적으로 닦아 준다. 많은 사람이 잡고 이용하는 곳에 곰팡이가 생겼다면 위생에 위협을 줄 수도 있다.

(3) 목재의 경우

최근에는 여러 가지 항균처리와 방수처리가 된 목재를 이용하는 경우가 대부분이지만, 천연의 목재를 그대로 이용하는 경우 물에 매우 약하고, 습기가 지속된다면 썩어 들어 가게 된다. 또한 벌레가 생기기도 한다. 그리고 갈라진 목재의 틈으로 먼지가 쌓이기도 한다. 따라서 목재의 경우는 가능한 한 물로 청소하기보다는 왁스를 이용한 청소를 하게 된다. 그리고 목재를 이용하여 바닥을 깔았다면, 바닥을 고르게 해 주어야 한다.

(4) 유리류의 경우

유리류는 사람의 손이 닿을 때마다 얼룩이 생기기 때문에 얼룩의 성질에 따라 사용하는 세제와 화공약품이 다르다. 유리는 투명한 것과 불투명한 것이 있다. 그 용도에 따라, 그리고 장소에 따라 적정시간을 정해 항상 청결을 유지하여야 한다.

(5) 도자기류의 경우

도자기류 중에 대표적인 것이 타일이다. 타일의 경우도 문항이 있는 것과 그렇지 않은 것, 그리고 바닥재로 이용되었는지, 아니면 벽면에 이용되었는지에 따라 타일의 성질이 다른 경우가 많다. 대부분 세제를 이용하여 물로 닦아내지만, 오래된 물 얼룩 같은 것이 남아 있다면 화공약품을 이용하여 때를 벗겨내어야 한다. 이럴 경우는 화공약품을 뿌리고 얼마간의 시간이 지난 후 닦아내야 하기 때문에 통풍에도 주의를 하여야 한다.

(6) 천류의 경우

호텔에서 가장 많이 사용하는 것이 카펫이다. 카펫의 경우 호텔에서는 정기적으로 샴푸를 실행하고 있지만, 경우에 따라서는 그때그때 얼룩을 제거하기 위해 샴푸를 해야 하는 경우가 있다. 청소할 때는 카펫의 재질에 따라서, 그리고 얼룩의 성질에 따라서 그에 맞는 세제 또는 화공약품을 사용해야 한다. 카펫 이외에도 고급의 호텔에서는 벽지로 천벽지를 이용하는 경우도 있다. 이 때 역시 천의 성질과 얼룩의 성질에 따라 사용하는 세제나 화공약품을 달리하여 닦아 낸다.

이상과 같이 호텔을 구성하고 있는 각종 재질에 대한 이해가 되었다면, 그 특성에 맞는 세제와 화공약품을 사용하여 청소를 한다. 이외에도 용도에 따라 세제 및 화공약품의 종류가 각기 다르다.

2) 각 용도에 따른 세제와 화공약품

(1) 살균 · 소독제

곰팡이 또는 각종 세균을 죽이기 위한 살균 · 소독을 위할 때, 또는 항균과 바이러스 박멸 및 악취를 제거하고자 할 때 사용하는 약품이다. 이외에도 각종 호텔 내에서 사용하는 집기류와 표면을 세척하고자 할 때 사용하는 것이다.

이외에도 주방 · 식판 등 위생이 필요한 곳은 항상 소독하여 사용하고, 불의의 사고를 미연에 방지할 수 있도록 하기 위해 소독제가 사용된다. 특히 화장실의 경우 매일 소독제를 이용해 청소하여 항상 청결하고 위생적인 공간이 되도록 하고 있다.

(2) 카펫 세정제

카펫전용 세정제로 분말로 된 화공약품과 액체로 된 세제가 있다. 첫째, 분말로 된 약품의 경우, 고객의 부주의로 분말류 등을 카펫에 떨어뜨렸을 때, 진공청소기를 이용하여 분말류를 흡입할 수도 있지만, 분말류에 신속히 부착하여 진공청소기로 흡입할 경우 강력하게 분말류 · 먼지 등의 흡입을 도와주는 것이다. 둘째, 액체로 된 세정제의 경우는 음식물이나 기타 약품 등을 카펫에 흘렸을 경우 얼룩이 발생하여 카펫의 지저분함을 증가시킨다. 이럴 때에는 액체 세정제를 이용해 샴푸하여 신속히 얼룩을 제거하고 건조시키며 원형을 살려 유지시켜 주어야 한다.

(3) 중성 세제

모든 세척이 가능한 단단한 표면이나 바닥의 청소에 이용된다. 묵은 때를 벗겨 낼 때도 사용된다. 가장 일반적인 세제로 물때뿐만 아니라 기름때까지도 녹여 때를 벗겨내어 준다.

(4) 유리용 세제

유리창, 거울, 스테인리스 금속, 도자기, 타일 등의 경우는 석재 · 목재 · 금속재에 이용하는 세제가 아닌 유리용 세제를 이용하여 얼룩을 제거하게 된다. 유리용 세제는 유리를 깨끗이 닦아 얼룩을 없애 주고, 광택을 내어 준다. 휘발성의 경우는 괜찮지만, 그렇지 않은 경우는 사용 후 반드시 마른 걸레로 깨끗이 닦아낸다.

(5) 욕실용 세제

욕실에는 주로 타일과 도자기류를 닦아 내는 전용 세제를 이용하고, 청소의 마무리로 소독제를 사용하게 된다. 또한 모서리부분의 경우 실리콘을 이용한 공간이 있을 시에 습기로 인한 곰팡이의 발생이 잦기 때문에 실리콘전용 약품을 이용하여 청결성을 유지해 주고, 항상 욕실청소의 경우는 세제와 모든 물기를 닦아 건조시켜야 한다.

(6) 다용도 세제

오염된 바닥 · 벽 · 장비 · 천 등 모든 재질에 이용되는 세제이며, 얼룩의 성질이 기름인 경우, 또는 과즙 · 혈액의 경우에도 사용할 수 있는 다용도 세제이다. 하지만 독성이 강하기 때문에 사용 후 항상 말끔하게 제거해 주어야 한다.

(7) 방향제와 공기청정제

공중화장실이나 락커룸 및 지하실 등 냄새가 많이 나는 곳에는 청소 후 방향제를 이용하여 고객으로 하여금 보다 청결한 느낌이 들도록 방향제를 뿌리거나, 최근에는 벽면에 설치하여 정기적으로 방향제를 분사시켜 주는 제품을 이용하기도 한다.

이외에도 회의실 같이 집중적인 정신활동을 하는 곳에는 공기청정제를 설치하여 항상 맑은 공기를 제공하도록 한다. 국내의 한 휘트니스센터에서는 운동을 하는 고객을 위해 오대산의 공기를 압축하여 옮겨와 운동하는 곳에 분사함으로서 항상 신선한 공기를 유지해 주기도 한다.

(8) 광택제

대리석의 경우도 항상 광택을 내기 위해서 대리석전용 광택제를 이용하게 된다. 또한 놋쇠의 경우 '피칼'이란 광택제를 이용하여 항상 반짝이는 모습을 보여 준다. 이외에도 객실과 호텔에 비치된 가구류의 광택제는 가구전용 광택제를 이용한다. 바닥이 목재로 된 경우는 목재전용 광택제를 이용한다.

3) 호텔에서 사용하는 청소약품

(1) 포워드

① 용도 : 욕실벽 · 바닥 · 위생도기 등을 닦는 특수세척제로써 청소시 살균 · 소독 · 악취 제거 등 3중 효과의 다목적 세제이다.

② 배합률 : 1 : 20이며, 세제 1리터에 물 20리터를 배합해서 사용한다.

③ 주의 : 세제의 독성이 강하므로 청소시 고무장갑을 필히 착용해야 하고, 세제가 카페트에 떨어지면 카펫이 탈색되니 주의해야 한다.

(2) 고게터

① 용도 : 욕실의 녹물이나 소변기에 묵은 때와 누런 암모니아 등을 닦는 살균 · 악취제거용도이다.

② 용법

ⓐ 대 · 소변기에만 사용한다.

ⓑ 대 · 소변기에 물을 빼고 용액을 충분히 붓는다.

ⓒ 30초 후 자루걸레로 구석구석 문지른다.

ⓓ 물로 한 번 씻어내고, 다시 한번 구석구석 닦는다.

③ 주의

ⓐ 증발되는 증기를 들여 마시지 말아야 한다.

ⓑ 눈 · 피부 · 옷에 직접 닫지 않도록 한다.

ⓒ 필히 고무장갑을 끼고 작업을 해야 하며, 눈에 튀어 들어가지 않도록 조심한다.

ⓓ 수질오염에 나쁜 영향을 주므로 고게터를 사용하지 않도록 평상시 자주 청소하고 손질을 한다.

(3) 타이렉스

① 용도 : 타일청소 약품이다.

② 용법

ⓐ 지저분한 부위에 타이렉스를 뿌린다.

ⓑ 젖은 걸레로 문지른다.

③ 주의

욕실 타일 외에 다른 곳에 사용하지 않으며, 분말가루가 돌가루이므로 표면에 손상을 줄 수가 있다.

(4) 바이오-시

① 용도 : 악취제거 약품이다.

② 사용 : 미니바의 음식냄새와 객실의 악취를 제거하며, 스프레이로 되어 있다.

제 6 장

린넨 · 유니폼 · 세탁물 관리

Flow Chart

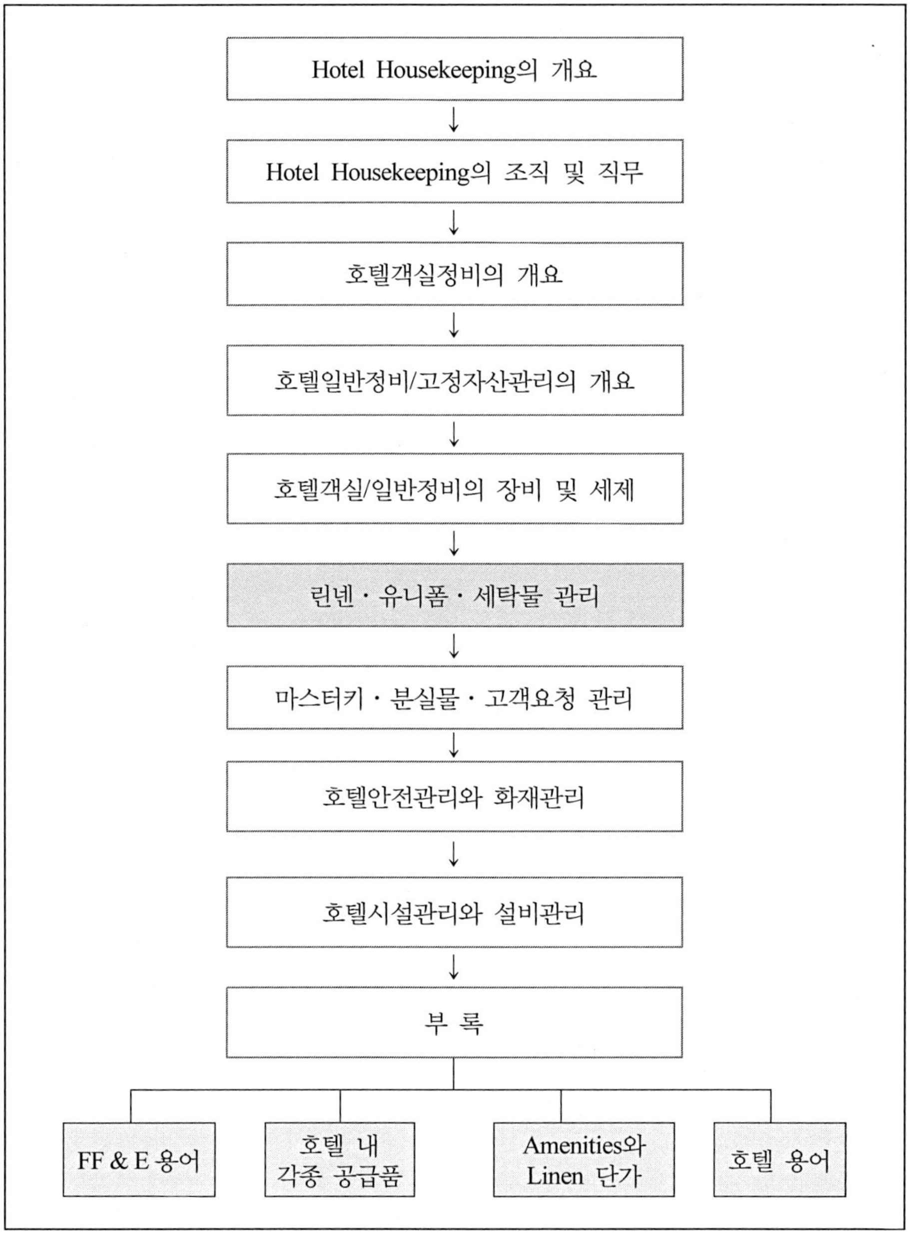
Hotel Housekeeping의 개요
Hotel Housekeeping의 조직 및 직무
호텔객실정비의 개요
호텔일반정비/고정자산관리의 개요
호텔객실/일반정비의 장비 및 세제
린넨 · 유니폼 · 세탁물 관리
마스터키 · 분실물 · 고객요청 관리
호텔안전관리와 화재관리
호텔시설관리와 설비관리
부 록
FF & E 용어
호텔 내 각종 공급품
Amenities와 Linen 단가
호텔 용어

제 6 장

린넨 · 유니폼 · 세탁물 관리

1. 린넨 관리업무

린넨실은 호텔 내에 투숙 중인 고객들의 세탁과 호텔 종업원의 유니폼 및 호텔 내에서 사용하는 린넨류의 세탁물을 총괄하는 부서이다. 즉 린넨실의 업무는 일반적으로 침대 · 욕실용 린넨과 테이블 린넨 · 냅킨 · 커튼 · 종업원유니폼 등을 구입 · 저장 · 분출 · 취급 또는 재고관리로 분류할 수 있다. 따라서 린넨실은 린넨을 보관 · 배급하는 장소 등의 업무를 총괄적으로 관리하는 부서인 것이다.

대부분의 호텔조직은 객실정비와 밀접한 관계가 있는 린넨의 공급업무를 담당하고 있기 때문에 객실정비부서에 린넨실을 포함하고 있다.

린넨실을 운영하는 목적은 사내에서 사용되는 모든 린넨류(객실, 식음료)와 유니폼의 효과적인 운영지침에 따라 필요량을 예측하여 공급하고, 업무의 질 향상을 통한 비용절감요인을 찾아내어 회사의 이익을 창출하며, 고객 세탁의 서비스 개선을 통한 고객만족을 위해 최선을 다하는 것이다. 린넨류의 세탁 또는 수선하고 보관 · 공급하는 과정은 호텔의 운영을 원활하게 하고, 경비를 절감할 수 있는 요인으로 호텔객실관리에 중요한 역할을 한다.

과거에는 세탁물을 호텔 자체에서 관리를 하였으나 최근에는 호텔의 비용절감을 위하여 외부의 세탁용역업체와 계약에 의해 운영하고 있다. 고객에게 보다 정확하고 정성스런 서비스를 제공하기 위하여 항상 세심하게 린넨류를 관리하고, 고객세탁 서비스에 있어서 차질이 없도록 각별히 신경을 써야 한다.

1) 린넨실의 조직과 직무

호텔 내에서 사용하는 모든 린넨류에 대한 세탁과 수불업무와 관리에 따른 제반 업무를 지칭하는 것으로, 객실 린넨과 식음료 린넨 및 사우나 린넨(sauna linen)으로 구분한다.

객실과 업장의 판매를 위한 각종 린넨류를 비치·관리하고, 객실과 각 업장별 필요량을 불출하여 외주세탁실로 세탁의뢰의 양과 입고량을 확인·관리하고, 재고량 파악과 원활한 불출을 위한 물량확보와 린넨류의 청결도 유지를 관리하며, 발주량 파악 등 이에 제반업무를 수행한다.

린넨관리자들의 직무에 따른 업무를 중심으로 살펴보면 다음과 같다.

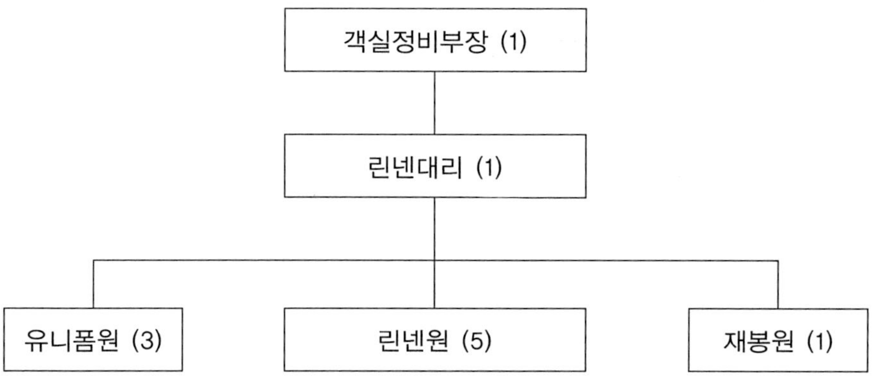

[그림 6-1] **조직도**

(1) 린넨 정비부장

▌표 6-1▐ 린넨 정비부장의 직무

Position Title	Linen Manager	Time	9 : 00~18 : 00
Position Summary	호텔의 모든 린넨류와 고객용 세탁 및 유니폼의 관리 · 공급 · 감독하는 업무를 담당하고, 호텔의 상품(객실 및 식음료)판매상황을 파악하며, 수요나 재고량을 파악하여야 하고, 유니폼의 청결상태 유지(회수율)에 신경을 써야 한다.		

Duties & Responsibilities
• 고객세탁물 청결상태 점검 및 고객불만사항 해결 • 객실린넨류, 영업장린넨류 세탁 · 발주사항 점검 • 직원 유니폼 구매발주와 입고현황관리 • 고객세탁물, 직원 유니폼, 린넨류의 세탁비 정산(1일 · 월별 · 연간) • 유니폼과 객실 · 식음료 린넨류 재고관리(재고조사, 창고관리) • 린넨원 · 유니폼원 · 재봉원의 업무교육과 근태관리 • 원활한 근무분위기와 정기적인 대청소에 의한 적정환경 유지 • 린넨실 비품 · 시설 보수관리 • 업무용품 · 인쇄물 · 소모용품 재고조사와 구매관리 • 유니폼과 객실 · 식음료 린넨류 폐품처리, 재활용품 선별관리 • 유니폼과 객실 · 식음료 린넨류 구매 · 비용예산 작업 • 객실 · 식음료 영업장의 린넨류 적정배치 · 관리상태 점검 • 객실 · 식음료 린넨류 입고량 조절과 유니폼 입고현황 파악 • 린넨원 · 유니폼원 · 재봉원의 스케줄 조정과 적절한 휴가 시행 • 고객세탁물 접수 · 수거 · 배달 • 고객세탁과 유니폼 및 객실 · 식음료 린넨류 등의 기록 확인 · 정리

(2) 린넨 클럭

린넨 클럭(linen clerk)은 린넨이나 섬유에 대한 풍부한 지식을 가지고 있어야 한다. 세탁 과정에서 가장 중요한 것이 분류작업이므로 분류가 잘못되어 세탁물의 파손이나 탈색이 되었을 경우, 고객으로부터 불편의 원인이 되기 때문에 철저한 관리를 하여 고객이 맡길 당시 린넨의 원상태를 유지하도록 해야 한다.

표 6-2 린넨 클럭의 직무

Position Titlelinen Agent	Linen Clerk	Time	8 : 00~21 : 00
Position Summary	린넨 클럭은 각 영업장에서 필요로 하는 모든 종류의 린넨상태 파악과 수요예측 재고량을 항시 파악하고 있어야 한다. 각 영업장에서 필요시 즉시 사용 가능한 상태가 될 수 있도록 품질 유지에서 신경을 써야 하며, 하자발생시 즉시 분류하여 대고객 서비스 전단계에서 최선을 다하여야 한다.		
• 객실 린넨류 1일 2회 공급(각 층 린넨실 및 out house) • 린넨류 세탁납품분 물량확인과 운반적치 • 영업장 린넨류 수불업무 • 린넨류 세탁 청결유지(재세탁물 반송) • 린넨류 재사용과 폐기분리업무 • 1일 린넨류 세탁물량 집계확인 • 린넨창고 정리와 재고관리 • 린넨류 월 1회 재고조사업무 • 고객세탁물을 품목별로 선별 후 laundry bill에 기록 확인 • 린넨실 정리 · 정돈과 청결한 청소상태 유지 • 고객세탁물 수거 배달(각 층 린넨실 및 out house) • 1일고객세탁물 영업일보 작성, PC에 입력			

2) 부서별 린넨업무

(1) 객실 린넨 수급

가) 세탁물 수거 및 발주

① 세탁물 수거는 2개조로 나누어서 전일 각 층별로 룸 메이드가 객실 청소시 수거 · 정

리하여 세탁물 의뢰전표에 기록한 품목 · 수량을 확인하고, 전표와 함께 세탁물을 운반용 린넨 콘테이너에 담은 후 다음 수거층으로 이동한다.

② 수거해 놓은 세탁물은 수동으로 조작한 엘리베이터에 싣고 세탁물 의뢰전표를 확인 · 회수한 후 세탁물 전용실로 운반한다.

③ 세탁물 전용실로 운반되어 온 세탁물은 잘 정돈하여 적재준비를 한 후 로딩덕으로 운반해 발주차량에 적재작업을 한다.

④ 세탁물 운반과정 중 린넨류가 파손되거나 때가 묻지 않도록 주의하여 운반한다.

⑤ 오전에 발주차량에 보내고 남은 세탁물은 오후 세탁물 발주차량에 보내야 하므로 세탁물 전용실의 복도에 잘 정돈해 놓는다.

⑥ 전객실층의 세탁물 수거작업이 완료되면, 린넨 담당자는 각 층에서 회수한 의뢰전표를 모아 집계한 후 세탁물 발주서를 2부 작성하여 린넨 실책임자가 서명한 후 1부는 세탁공장에 보내고, 1부는 린넨실에 보관한다.

▌사진 6-1▐ 린넨류 카트

나) 세탁물 공급

① 린넨담당자는 오전에 각 층별로 수거한 세탁물 중 오리털 이불 · 패드 등은 창고에서 규격별로 출고하여 세탁물 전용실의 복도 불출작업장소로 운반하고, 기타 일반물품

도 불출장소로 운반한다.

② 오전에 각 층별로 수거한 세탁물 의뢰전표에 의하여 품목 · 수량 · 규격별로 분류하여 세탁물 의뢰전표와 함께 린넨 컨테이너에 담아 엘리베이터 입구까지 운반한다.

③ 엘리베이터를 수동으로 조작 · 운행하여 세탁물 의뢰전표를 확인한 후 해당 객실층으로 운반 · 불출하고, 세탁물 의뢰전표를 회수한다.

④ 수급량 부족으로 미불출이 발생하게 되면, 수량을 세탁물 의뢰전표에 기재하고, 차기 불출시 보충 공급한다.

⑤ 보충공급이 불가능할 시에는 부족분은 각 층별로 균등하게 배분하여 공급한다.

다) 세탁물 납품 및 정리

① 세탁공장에서 납품된 세탁물은 린넨실로 운반하여 부분별 · 종류별로 분류하여 정리한다.

② 세탁물 납품시 공장에서 작성 · 발송한 납품전표를 2부 수령받아 품목별 수량에 대한 확인작업을 실시한다.

③ 세탁물의 품목별 수량에 이상이 없는 경우 린넨 실책임자가 서명하여 1부는 공장으로 반송하고, 1부는 린넨실에 보관한다.

라) 세탁물 반출 및 반입

(가) 반 출

세탁물 반출시에는 린넨실에서 발급한 반출 · 반입확인증 3부 중(1부는 린넨실 보관용) 2부를 받아(안전실 제출용, 총무부 회송용) 안전실 제출용 1부를 현장안전요원에게 제출하고 세탁물을 반출한다.

(나) 반 입

① 세탁물 반입시에는 세탁물이 도착하는 즉시 총무부 회송용 1부를 현장안전실 직원에게 제출하여 확인 · 서명을 받은 후 회수하여 린넨실 담당자에게 제출한다.

② 린넨실 담당자는 총무부 회송용 반입증을 서무를 통하여 총무부에 제출한다.

마) 객실 린넨 사용전표

객실 린넨 사용전표를 통해 린넨의 수량과 정보를 총괄할 수 있기 때문에 모든 린넨의 작성에 있어서 반드시 전표를 작성한 후 업무를 처리한다.

양식 1 **객실 린넨 사용전표**

Room Linen Laundry

FL:		Date:
Items	QTY	Remarks
Bed Sheet		
Pillow Case		
Bath Towel		
Face Towel		
Wash Cloth		
Bath Mat		
Bed Pad		
Duckdown Spread		
Sheet		

Total		
Inspection		Maid

Delivery Man

(2) 식음료와 헬스 린넨 수급

① 세탁물 접수와 발주

ⓐ 각 영업장의 담당자가 수거해 온 세탁물을 품목 · 수량 · 규격 · 색상별로 수량을 확인하고, 세탁의뢰전표를 2부 작성하여 1부는 세탁공장에 보내고, 1부는 린넨실

에 보관한다.

ⓑ 세탁물 접수작업의 수량확인시 회사기물(포크 · 나이프 등)이 세탁공장으로 유출되지 않도록 분리작업을 철저히 한다.

▌양식 2▌ **식음료 린넨 사용전표**

F & B Linen Laundry

Section:		Date:
Items	QTY	Remarks
테이블 크로스 140 × 140(W)		
테이블 크로스 150 × 150(W)		
테이블 크로스 880 × 230(W)		
냅킨 52 × 52		
물 수건 28 × 28		
테이블 스커트		

Total		

Attendant

ⓒ 접수된 세탁물은 잘 정돈하여 객실용 세탁물과 병행하여 로딩 덕으로 운반하여 발주차량에 적재한다.

ⓓ 반출확인증은 객실용 세탁물에 포함된다.

ⓔ 오전발주차량에 보내고 남은 세탁물은 객실용 세탁물과 병행하여 오후 세탁물 차량에 보내야 하므로 세탁물의 전용실 복도에 잘 정돈하여 놓는다.

ⓕ 긴급을 요하거나 특수한 품목은 사내 세탁소에서 절차에 따라 처리한다.

② 세탁물 공급

ⓐ 세탁물 접수량만큼 불출하여 세탁물의뢰전표에 품목별 수량을 기재한다.

ⓑ 수급량의 부족으로 미불출이 발생하게 되면 세탁물의뢰전표에 부족량을 기재하고, 차기 불출시 보충하여 공급한다.

ⓒ 보충공급이 불가능할 시에는 부족분은 각 층별로 균등하게 배분하여 공급한다.

③ 세탁물납품 정리 : 객실세탁물과 함께 세탁공장에서 납품된 세탁물은 린넨실로 운반하여 품목별 · 종류별로 분류하고, 수량확인작업은 객실용 세탁물과 동일하게 실시한다.

④ 세탁물의 반출 · 반입 : 객실용 세탁물을 포함하여 정리한다.

⑤ 식음료 및 헬스 린넨 사용전표 : 식음료 및 헬스 린넨 사용전표를 통해 린넨의 수량과 정보를 총괄할 수 있기 때문에 모든 린넨의 작성에 있어서 반드시 전표를 작성한 후 업무를 처리한다.

▌양식 3▐ 헬스 린넨 사용전표

Sauna Health Club Linen Laundry

Sauna & Health Club:		Date:
Items	QTY	Remarks
매트		
바디 타월		
라운지 타월		
가운		
운동복 하의		
운동복 상의		
Wash Towel		

Total		

Attendant　　　　　　　　　　　　　　　　Section

2. 유니폼 관리

호텔에서의 유니폼은 고객에게 서비스를 준비할 종업원들의 신원을 확인해 주고, 나아가 그들의 위신을 높여 주거나 소속감을 높여 주는 역할을 한다. 특히 서비스의 종류나 지위에 따라 서로 다른 종업원들에게 상이한 이미지를 주기 때문에, 대부분의 호텔종업원은 유니폼을 착용하고 근무를 하므로 유니폼의 관리도 효율적으로 하여 최소한의 비용으로 최대의 효과를 볼 수 있도록 해야 한다.

1) 유니폼 관리의 중요성

유니폼은 호텔의 명성이나 이미지에 매우 중요한 역할을 하는 것이기 때문에 유니폼을 착용하는 호텔종업원들은 항상 청결한 상태의 유니폼을 착용하고 서비스를 제고하도록 해야 한다. 유니폼의 착용은 호텔을 방문하는 고객들에게 서비스를 기꺼이 제공할 준비가 되어 있다는 묵시적인 표시이기 때문에 고객에게 신선감을 줄 수 있도록 해야 한다.

▌사진 6-2▌ **유니폼**

유니폼은 서비스를 제공하는 종업원이 근무시간에 항상 착용해야 하므로 최소한 1인당 3벌은 준비되어야 하기 때문에 많은 예산이 투입된다. 더욱이 최근에는 고객들에게 보다 만족을 주기 위하여 최신형 패션(fashionable)의 유니폼을 선택하고, 서비스의 성격이나 분야에 따라 상이한 형태의 디자인으로 유니폼을 제작하기 때문에 생각보다 많은 비용이 든다.

또한 유니폼은 고객에게 신선감을 줄 뿐만 아니라 종업원들이 서비스를 제공할 경우 업무를 보다 효율적으로 수행할 수 있게 제작이 되어야 한다. 즉 호텔에서는 편안하고 기능적이며 매력적인 유니폼을 선정하고, 구매와 제작을 위해서는 호텔의 전반적인 재정상태와 유지와 대체부담을 고려해야 한다. 특히 유니폼 선정시 각 부서의 특성을 고려한 유니폼의 직물선택이 매우 중요하다.

예를 들어, 벨맨 유니폼은 기동성이 요구되고, 빠른 회전의 유니폼의 경우는 다림질이 필요 없는 직물선택을 하며 시간을 절약하고 내구성을 유지할 수 있는 것이어야 하며, 조리부서의 유니폼은 통풍이 잘되고 흡수성이 강한 면제품을 선택함으로써 제한된 구역 내에서 고열의 기물작업을 수행할 수 있을 것이다.

또한 주방(kitchen)에서 요리를 하는 종업원들은 땀을 많이 흘리기 때문에 혼합된 직물보다는 면제품이 더욱 효과적일 것이다. 추운 지방에서는 울(wool)이 적합하지만, 울은 드라이클리닝을 해야 하기 때문에 관리비용이 많이 들고, 레이온은 다른 합성물질과 결합하면 항구적인 견직물이 되지만, 반드시 다리미질을 해야 하기 때문에 경비가 추가된다. 따라서 호텔에서 광범위하게 채택되고 있는 유니폼의 직물은 폴리에스테르로서 이 직물은 상쾌하고 매끄러우면서 착용하기 편안하고, 보관이 쉬우며, 영구적인 면에서 가장 선호하는 직물이다.

2) 유니폼 관리

일반적으로 호텔에서는 린넨 룸의 관리자와 유니폼관리를 동일지역에서 관리하는 곳이 대부분이지만, 효율적인 관리를 위해서는 린넨실과 유니폼관리를 분리하여 업무권한을 분산시켜 집중 관리하는 것이 효과적이다. 또한 종업원이 유니폼을 개인적으로 보관해 두는 것을 방지하고, 유니폼 손상을 방지하여 비용을 절감하기 위해서는 더러워진 유니폼을 접수한 다음에 새것으로 교환해 주어야 한다.

이러한 방법은 일반적으로 종업원 개개인에게 필요한 유니폼의 보유량은 호텔예산이나 업무직종에 따라 정해지지만, 특별한 경우를 제외하고 1인당 4벌을 초과해서는 안 된다. 주방이나 객실정비부서 및 접객부서(front of the house) 종업원들에게는 고객접촉과 이동이 많으므로, 유니폼 수량이나 질 및 사이즈에 맞추어서 제작 · 구입하고 지급해야 한다. 유니폼의 순환사용 중인 것과 예비유니폼에 대한 수량 파악은 적어도 연간 3~4회 정도는 수행되어야 한다. 각 종업원들에게 지급된 유니폼의 수와 사용할 수 있는 유니폼의 수를 점검하는 것도 사용 중인 유니폼과 예비량에 대한 통제수단이 된다. 손상되어 더 이상 사용할 수 없는 유니폼은 종업원에 의해 작성된 이유서를 작성하여 첨부하는 것도 중요한 요소이다.

또한 종업원의 이직과 신입사원의 유니폼에 대한 사항을 지속적으로 파악하여 유니폼의 관리비용 지출을 줄여야 한다. 대규모 호텔에서는 종업원들의 유니폼문제가 매우 복잡하여 관리하기가 쉬운 일이 아니다. 유니폼을 배부하고, 사이즈 · 형태의 결정과 재고정리 및 수선에 많은 시간과 경비가 투입되고 있다. 유니폼 관리실에서는 유니폼을 옷걸이에 걸어 두거나, 어떤 것은 접어서 부문별 · 사이즈별 · 성별 등으로 보관을 한다.

3) 유니폼 수급

(1) 세탁물 접수

종업원 개인별로 품목과 수량 및 지명 유니폼 여부를 확인하고, 접수증을 발행 · 교환하며, 종업원은 직접 접수대장에 부서명(업장) · 성명 · 품명 · 수량을 적고 서명한다.

(2) 세탁물 불출

불출 요구시 세탁물접수증을 회수 · 확인한 후 불출한다. 세탁물접수증을 제출하지 않거나 분실한 자는 별도로 미제시대장에 기록하고 서명한 후 유니폼을 불출한다.

(3) 세탁물 발주

사내 세탁소 담당자와 상호명 · 품명 · 수량을 확인하고, 세탁물발주전표를 2부 작성하여 1부는 사내 세탁소, 1부는 유니폼실에 보관하며, 사내 세탁소 담당자에게 세탁물을 인계한다.

(4) 세탁물 납품과 정리

① 사내 세탁소 담당자와 상호 · 품목 · 수량을 확인하고, 세탁물 납품전표를 2부 작성하여 1부는 사내 세탁소, 1부는 유니폼실에 보관하고 세탁물을 인수한다.
② 납품된 세탁물은 부서별 · 종류별로 구분하여 정리한다.

(5) 세탁물 지급과 반납

① 종업원 1인당 2벌씩 고정적으로 유니폼을 지급하며, 개인별 지급카드에 품명 · 수량 · 입고일을 기록하고 서명을 한다.
② 퇴직 또는 다른 부서로 이동할 경우 유니폼을 반납하여야 하며, 미반납시 사규에 따라 처리한다.
③ 유니폼 내구년수 : 유니폼은 그 종류에 따라 각기 다른 내구년수를 갖고 있다. 각 종류별 내구년수에 기초하여 유니폼을 지급한다.
ⓐ 양복 상 · 하, 작업복 상 · 하의(순모, 혼방, 합성): 2년
ⓑ 와이셔츠, 블라우스류(면, 실크, 합성) : 1년
ⓒ 한복(공단, 갑사) : 6개월
④ 미반납자 변제금 처리 산출방법 : 유니폼을 반납하지 않은 자의 경우 변제금을 납부하여야 한다. 변제금을 산출하는 근거는 다음과 같다(각 호텔마다 사규에 의한다).

산출방법

- 변제금 = 구입단가 − 감가상각비
- 감가상각비 = 착용기간÷내구년수×구입단가

양식 4 유니폼 사용전표

Uniform Individual Laundry

Date:

Department:

Section:

Position:

Name:

Item	QTY	Remark
Total		

Linen Attendant

월 일	부 서	성 명	남 자			여 자				비 고
			코트	바지	---	자켓	스커트	블라우스	---	

3. 세탁물 관리

고객의 요청에 따라 오더 테이커(order taker)와 룸 어텐던트(room attendant) 및 룸 메이드(room maid) 등에 의해서 세탁물이 접수가 되면, 세탁물을 수거한 후 수량과 종류를 확인하여 기록하고 세탁실로 보낸다. 세탁실에서는 분류품목에 따라 처리하여 세탁을 한다. 세탁물을 접수할 경우에는 자세히 살펴보아 고객의 불평을 예상하여 천의 색상이나 사태를 점검한다. 만약 세탁물의 흠집이나 탈색을 발견하였을 경우에는 즉시 고객에게 확인시켜 양해를 구해야 한다.

1) 세탁물의 접수와 수거

(1) 세탁물 접수

① 고객으로부터 세탁물에 대한 의뢰를 받으면 order list에 객실번호, 접수시간, 세탁물 분류표시, 접수자 서명 등을 기입한다.

② 고객(G), 룸 메이드(R), 객실관리부서(H/K), 프런트 데스크(F/D)로부터 접수된 세탁물은 order list에 각각을 구분하여 표시한다.

③ 고객으로부터의 특별 서비스요구가 있을 경우 order대장에 SP(special service)로 표시하고, 요청시간이 1시간 내인지, 4시간 내인지를 확인하고 기록한다. 상기사항은 즉시 배달담당자(delivery man)에게 전달한다.

④ 세탁 후 보관을 요구하는 경우 order대장에 기록하고, receiving clerk에게 전달한다.

⑤ 세탁물 접수가 완료되어 빌이 넘어 오면 POS terminal에 요금을 입력시킨다. 이 때 special 및 discount 요금을 확인하면서 빌에 객실번호 · 고객명이 CRT의 화면과 동일한지 확인한다.

⑥ 빌은 1조 3매(original, order, laundry)로 되어 있는데, order bill을 정리원에게 전달한다.

⑦ 당일 매출일보를 작성하여 original bill과 함께 수납과로 제출한다. 이 때 POS list와 매출일보 간에 차액이 발생된 것은 없는지 확인한다.

▌양식 5▌ order 접수대장

월 일

객실 No.	구분	접수 시간	접수자	배달 시간	Bill No.	배달자	비고

(2) 세탁물 수거

일반적으로 고객세탁물은 일반 서비스(regular service)와 빠른 서비스(express service) 등 크게 두 가지로 나뉜다. 일반 서비스는 오전시간에 맡긴 세탁물은 당일 오후 6시에 배달이 되며, 12시 이후에 맡긴 세탁물은 익일 아침에 배달되는 서비스이다. 빠른 서비스는 고객의 사정으로 인하여 빠른 서비스를 원할 때 제공되는 서비스로서 3시간 정도가 소요된다.

▌양식 6▌ 세탁 빌지(일반 서비스)

LAUNDRY & VALET | **REGULAR SERVICE** 一般サービス (DIAL "6" FOR SERVICE)

000785

LAUNDRY LIST お洗濯物

ITEMS		PRICE	No.	AMOUNT
양복상의	JACKET 上着	15,500		
양복하의	TROUSER/LONG 長ズボン	14,500		
양복반하의	TROUSER/SHORT 半ズボン	12,500		
셔츠	SHIRTS シャツ	13,000		
스포츠셔츠	SPORTS SHIRTS スポーツシャツ	10,000		
파자마	PAJAMA パジャマ	14,000		
레인코트	RAIN COAT レインコート	30,000		
드레스	DRESS ドレス	17,000		
상내의	UNDER SHIRT アンダーシャツ上	4,300		
팬티	UNDER PANTS パンティ	4,300		
손수건	HANDKERCHIEF ハンカチ	2,500		
양말	SOCKS(PAIR) 靴下	4,000		
화장복	BATHROBE バスローブ	12,000		
스커트	SKIRT スカート	14,000		
브라우스	BLOUSE ブラウス	12,000		
스웨터	SWEATER セーター	16,000		
나이트가운	NIGHT GOWN ナイトガウン	13,000		
슬립	SLIP スリップ	8,000		
브래지어	BRASSIERE ブラジャー	4,500		
TOTAL				

CHILDREN (Under 12 years old) 子供用

ITEMS		PRICE	No.	AMOUNT
양복하의	TROUSER/LONG 長ズボン	7,500		
양복반하의	TROUSER/SHORT 半ズボン	6,000		
셔츠	SHIRT シャツ	6,500		
스커트	SKIRT スカート	7,000		
브라우스	BLOUSE ブラウス	6,000		
상내의	UNDER SHIRT アンダーシャツ上	3,000		
팬티	UNDER PANTS パンティ	3,000		
양말	SOCKS(PAIR) 靴下	2,500		
TOTAL				

▫ **Regular Service**

Same Day : Articles collected before 11:00 a.m. will be returned by 6:00 p.m. the same day.

Next Day : Articles collected between 11:00 a.m. and 4:00 p.m., will be returned by 10:00 a.m. the next day.

▫ 一般サービス

午前11時前に出された洗濯物は、当日午後6時までに配達致します。
午前11時から午後4時までに出された洗濯物は翌日午前10時までに配達致します。

DRY CLEANING LIST ドライクリーニング

ITEMS		PRICE	No.	AMOUNT
양복한벌	SUIT 背広上下	33,000		
양복상의	JACKET 上着	17,000		
양복하의	TROUSER/LONG 長ズボン	16,000		
조끼	VEST チョッキ	9,000		
넥타이	NECKTIE ネクタイ	7,000		
오바코트	OVERCOAT オーバーコート	34,000		
스웨터	SWEATER セーター	16,000		
셔츠	SHIRT シャツ	18,500		
레인코트	RAINCOAT レインコート	34,000		
스커트	SKIRT スカート	15,000		
드레스	DRESS ドレス	31,000		
브라우스	BLOUSE ブラウス	18,500		
나이트가운	NIGHT GOWN ナイトガウン	31,000		
TOTAL				

NOTICE

Please fill in the blanks with full name, room number, quantity of each article and service desired. Unless quantity is specified, our count must be accepted as correct. We cannot be responsible for shrinkage or fastness of color, nor for valuables left in or on garments. Any claim concerning the finished articles must be reported (with this list) within 24 hours.

お願い

お名前、お部屋番号、品目の点数及びご希望の仕上がり時間をご記入願います。点数のご記入がない場合は係員が数えて記入致します。縮み、色あせ、変色等の恐れがある場合は、予め係員にお申し付け下さい。ポケット内に貴重品が残っていないか充分ご点検下さい。仕上がりについてお気づきの点がございましたら、24時間以内にこのリスト表を添えてお申し出下さい。
ご会計の際、10％の税金が加算されます。

PRESSING プレス

ITEMS		PRICE	No.	AMOUNT
양복한벌	SUIT 背広上下	19,000		
양복상의	JACKET 上着	10,000		
양복하의	TROUSER 長ズボン	9,000		
오바코트	OVERCOAT オーバーコート	18,000		
원피스	DRESS(1PCS) ドレス (ワンピース)	15,000		
투피스	DRESS(2PCS) ドレス (ツーピース)	19,000		
넥타이	NECKTIE ネクタイ	4,000		
와이셔츠	SHIRT ワイシャツ	9,000		
조끼	VEST チョッキ	6,000		
브라우스	BLOUSE ブラウス	10,000		
레인코트	RAINCOAT レインコート	18,000		
스커트	SKIRT スカート	9,000		
TOTAL				

Name お名前

Date 日付

Room No. お部屋番号

Signature サイン

TOTAL PIECES: 合計 点

Special Instructions:

Sub Total

Additional charge

Valued Added Tax 10%

TOTAL CHARGE 合計請求金額 :

Subject amount will be reflected in your room account
代金はお部屋代と一緒に請求させていただきます。

Sheraton Grande Walkerhill SEOUL

21 Gwangjang-Dong Gwangjin-Gu Seoul 143-708 Korea
TEL 82 2 4555 000 Fax 82 2 452 6867 www.walkerhill.com
Regd No. : 207-81-00314
Jong-Moo Hahn, President

▫ Starch ▫ のり ▫ On Hanger ▫ ハンガー ▫ Folded ▫ 折り畳む

▌양식 7▌ 세탁 빌지(빠른 서비스)

LAUNDRY & VALET | **EXPRESS SERVICE** (3 HOUR SERVICE) 特別サービス (3時間以内の仕上げサービス) (DIAL "6" FOR SERVICE)

000368

LAUNDRY LIST お洗濯物

ITEMS		PRICE	No.	AMOUNT
양복상의	JACKET 上着	31,000		
양복하의	TROUSER/LONG 長ズボン	29,000		
양복반하의	TROUSER/SHORT 半ズボン	25,000		
셔츠	SHIRTS シャツ	26,000		
스포츠셔츠	SPORTS SHIRTS スポーツシャツ	20,000		
파자마	PAJAMA パジャマ	28,000		
레인코트	RAIN COAT レインコート	60,000		
드레스	DRESS ドレス	34,000		
상내의	UNDER SHIRT アンダーシャツ上	8,600		
팬티	UNDER PANTS パンティ	8,600		
손수건	HANDKERCHIEF ハンカチ	5,000		
양말	SOCKS(PAIR) 靴下	8,000		
화장복	BATHROBE バスローブ	24,000		
스커트	SKIRT スカート	28,000		
브라우스	BLOUSE ブラウス	24,000		
스웨터	SWEATER セーター	32,000		
나이트가운	NIGHT GOWN ナイトガウン	26,000		
슬립	SLIP スリップ	16,000		
브래지어	BRASSIERE ブラジャー	9,000		
TOTAL				

CHILDREN (Under 12 years old) 子供用

ITEMS		PRICE	No.	AMOUNT
양복하의	TROUSER/LONG 長ズボン	15,000		
양복반하의	TROUSER/SHORT 半ズボン	12,000		
셔츠	SHIRT シャツ	13,000		
스커트	SKIRT スカート	14,000		
브라우스	BLOUSE ブラウス	12,000		
상내의	UNDER SHIRT アンダーシャツ上	6,000		
팬티	UNDER PANTS パンティ	6,000		
양말	SOCKS(PAIR) 靴下	5,000		
TOTAL				

▫ **Special Service**

3 Hour Service : Available 9:00 a.m.~6:00 p.m. only 100% surcharge added

▫ 特別サービス

3時間内のサービス追加料金100％加算
午前9時から午後6時までの間ご利用いただけます。

DRY CLEANING LIST ドライクリーニング

ITEMS		PRICE	No.	AMOUNT
양복한벌	SUIT 背広上下	66,000		
양복상의	JACKET 上着	34,000		
양복하의	TROUSER/LONG 長ズボン	32,000		
조끼	VEST チョッキ	18,000		
넥타이	NECKTIE ネクタイ	14,000		
오바코트	OVERCOAT オーバーコート	68,000		
스웨터	SWEATER セーター	32,000		
셔츠	SHIRT シャツ	37,000		
레인코트	RAINCOAT レインコート	68,000		
스커트	SKIRT スカート	30,000		
드레스	DRESS ドレス	62,000		
브라우스	BLOUSE ブラウス	37,000		
나이트가운	NIGHT GOWN ナイトガウン	62,000		
TOTAL				

NOTICE

Please fill in the blanks with full name, room number, quantity of each article and service desired. Unless quantity is specified, our count must be accepted as correct. We cannot be responsible for shrinkage or fastness of color, nor for valuables left in or on garments. Any claim concerning the finished articles must be reported (with this list) within 24 hours.

お願い

お名前、お部屋番号、品目の点数及びご希望の仕上がり時間をご記入願います。点数のご記入がない場合は係員が数えて記入致します。縮み、色あせ、変色等の恐れがある場合は、予め係員にお申し付け下さい。ポケット内に貴重品が残っていないか充分ご点検下さい。仕上がりについてお気づきの点がございましたら、24時間以内にこのリスト表を添えてお申し出下さい。
ご会計の際、10％の税金が加算されます。

PRESSING プレス

ITEMS		PRICE	No.	AMOUNT
양복한벌	SUIT 背広上下	19,000		
양복상의	JACKET 上着	10,000		
양복하의	TROUSER 長ズボン	9,000		
오바코트	OVERCOAT オーバーコート	18,000		
원피스	DRESS(1PCS) ドレス (ワンピース)	15,000		
투피스	DRESS(2PCS) ドレス (ツーピース)	19,000		
넥타이	NECKTIE ネクタイ	4,000		
와이셔츠	SHIRT ワイシャツ	9,000		
조끼	VEST チョッキ	6,000		
브라우스	BLOUSE ブラウス	10,000		
레인코트	RAINCOAT レインコート	18,000		
스커트	SKIRT スカート	9,000		
TOTAL				

Name お名前

Date 日付

Room No. お部屋番号

Signature サイン

TOTAL PIECES: 合計 点

Special Instructions:

Sub Total

Additional charge

Valued Added Tax 10%

TOTAL CHARGE 合計請求金額 :

Subject amount will be reflected in your room account
代金はお部屋代と一緒に請求させていただきます。

Sheraton Grande Walkerhill SEOUL

21 Gwangjang-Dong Gwangjin-Gu Seoul 143-708 Korea
TEL 82 2 4555 000 Fax 82 2 452 6867 www.walkerhill.com
Regd No. : 207-81-00314
Jong-Moo Hahn, President

▫ Starch ▫ のり ▫ On Hanger ▫ ハンガー ▫ Folded ▫ 折り畳む

자료: Sheraton Grande Walkerhill Hoterl

표 6-3 세탁물 종류별 업무

Regular Service	• 11 : 00 이전에 접수된 세탁물은 당일 18 : 00까지 배달된다. • 11 : 00 이후 16 : 00까지 접수한 세탁물은 다음날 10 : 00경에 배달된다. • 16 : 00 이후 접수된 세탁물은 다음날 오전 11 : 00까지 접수된 세탁물과 같이 배달된다.
Special Service	• 접수된 후 3시간 내에 세탁하여 배달해야 하며, 9 : 00~18 : 00에 접수된 세탁물만이 당일 배달된다. • 18 : 00 이후에 접수되는 세탁물은 다음날 9 : 00까지 접수된 세탁물과 같이 배달되니 유념해야 한다.

세탁물을 수거할 때에 유의해야 할 사항은 다음과 같다.

① 고객세탁물은 객실번호를 확인한다.
② 명세서에 기록된 수량과 실제 세탁물을 대조 · 확인한다.
③ 특기사항을 기록한다.
④ 배달시간을 정확하게 기록한다.

양식 8 Laundry report

순번	Room No.	품목	Amount	Vat	Total	통보자	접수자	접수 시간	Pick-up			Delivery			비고
									이름	시간	장소	이름	시간	장소	

▌양식 9▐ Laundry Slip 작성요령

객 실 번 호		고 객 명			일 시		오전
							오후
품 명	수 량	색 상	상 표	특 징	구 분	단 가	금 액
수거담당자	시 간		인도담당자	시 간		합 계	
	서 명			서 명		확 인	

세탁물을 수거할 시 세탁물에 구멍이나 탄 자국, 찢긴 곳이나 떨어진 단추가 있다면 [양식 10]의 laundry release 카드에 기입을 하여 고객에게 전달한다. 세탁물을 수거할 때 표식작업을 병행하여 추후 발생할 수 있는 문제에 대비해야 한다.

▌양식 10▐ Laundry Release Card

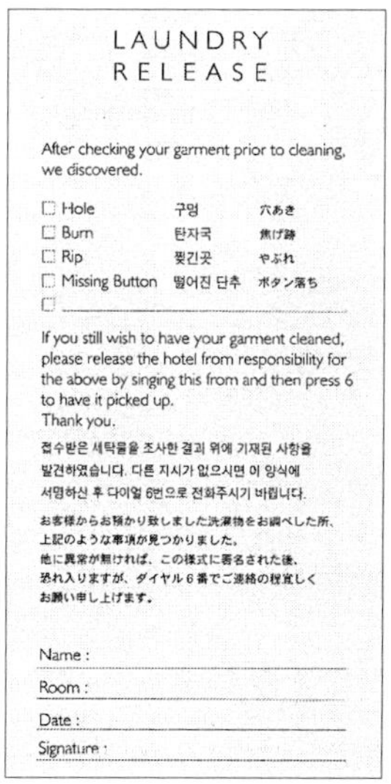

LAUNDRY
RELEASE

After checking your garment prior to cleaning, we discovered.

- ☐ Hole 구멍 穴あき
- ☐ Burn 탄자국 焦げ跡
- ☐ Rip 찢긴곳 やぶれ
- ☐ Missing Button 떨어진 단추 ボタン落ち
- ☐ ____________

If you still wish to have your garment cleaned, please release the hotel from responsibility for the above by singing this from and then press 6 to have it picked up.
Thank you.

접수받은 세탁물을 조사한 결괴 위에 기재된 사항을 발견하였습니다. 다른 지시가 없으시면 이 양식에 서명하신 후 다이얼 6번으로 전화주시기 바랍니다.

お客様からお預かり致しました洗濯物をお調べした所、上記のような事項が見つかりました。他に異常が無ければ、この様式に署名された後、恐れ入りますが、ダイヤル6番でご連絡の程宜しくお願い申し上げます。

Name : ____________
Room : ____________
Date : ____________
Signature : ____________

▌표 6-4▐ 고객세탁물 처리 시 유의사항

객실에서 고객이 요청한 세탁물처리	• 객실번호를 확인하고 초인종을 누른다(2~3회). • 인사를 한다(good morning laundry service, sir). • 세탁이 완료되어 배달예정시간을 알려 드린다. • 인사를 정중히 하고, 객실문을 조용히 닫는다. • 수거한 세탁물은 린넨실의 수거장소에 집결한다. • 객실출입대장에 항목별로 빠짐없이 기록한다.
외출 중인 객실의 세탁물처리	• 세탁빌이 정확하게 작성되었는지 객실번호와 품목을 확인한다. • 세탁빌이 없는 세탁물은 세탁물 택(tag)에 객실번호와 수거시간을 기록한다. • 세탁물 백에 빌이 들어 있어도 객실번호를 고객이 기재하지 않는 경우가 있으므로 빌은 꼭 꺼내어 확인한다.

2) 분류와 표시

수거해 온 세탁물에는 하나하나에 객실번호를 정확하게 기입하여 수거대상에 기록한다. 그리고 세탁물의 종류(물세탁/드라이크리닝, 일반/빠른세탁)에 따라 분류한다.

3) 세탁

세탁물에 따라 다른 세탁방법이 있는데, 가장 대표적인 것이 물세탁과 기름세탁(드라이크리닝)이다.

(1) 물세탁

① 표식되어 인계받은 세탁물의 이상 유무를 확인하고, 주머니 검색작업을 하면서 이물질을 제거한다.

② 의류의 파손 · 탈색 등 이상 상태를 발견하면 즉시 접수자에게 알리고, 세탁시 파손 우려가 있는 단추 · 액세서리 등이 부착된 의류는 손세탁 내지 분리세탁을 하며, 불가능할 때에는 별도의 양식서에 기재하여 반품 처리한다.

③ 낡은 의류는 손세탁 내지 망에 넣어 세탁하고, 불가능할 때에는 별도의 양식서에 기재하여 반품 처리한다.

④ 세탁시에는 속옷류 · 셔츠류 · 유색의류 등으로 구분하여 세탁한다.

⑤ 옷깃과 소매부위는 부드러운 브러시로 때를 제거한 후 기계에 투입한다.

⑥ 양말 · 브래지어 · 레이스 같이 작고 섬세한 세탁물은 망에 넣어 세탁한다.

⑦ 세정작업이 종료되면 기계내부를 점검하여 핀 · 못 등 이물질로 인한 세탁물손상을 사전에 방지한다.

⑧ 유색의류와 무색의류는 색깔의 오염방지를 위하여 분리하여 세탁한다.

⑨ 내의류는 거의 면제품인 경우가 많기 때문에 고열(70~80도)로 세탁한다.

⑩ 세정과정이 끝나면 건조할 것과 건조하지 않을 것을 구분하고, 와이셔츠류는 다림질담당자에게 인계하며, 기타 품목은 건조하여 다림질담당자와 정리대로 넘긴다.

⑪ 특별세탁물은 고객이 요구하는 시간 내에 배달될 수 있도록 세탁 처리한다.

⑫ 기계를 운전 중일 경우에는 다른 곳으로 가선 안 되며, 세탁이 되는 것을 지켜보도록 한다.

▌사진 6-3▌ **대형세탁기**

(2) 기름세탁(드라이클리닝)

① 표식되어 인계받은 세탁물의 이상 유무를 점검하고, 주머니 검색작업을 실시한다.

② 오점 제거는 기계에 투입하기 전에 제거하고, 수분을 완전건조한 후 세탁한다.

③ 오점제거시 실크류 · 가죽류와 같이 의류에 손상이 발생할 것 같은 경우에는 고객에게 내용을 충분히 설명한 후 세탁해도 좋다는 허락을 받고 세탁하도록 한다.

④ 세탁물은 색상별 · 재질별로 분류하여 세탁하도록 한다.

⑤ 기계의 부하량에 맞게 세탁하도록 하며, 초과 투입하여 세탁해서는 안 된다.

⑥ 특별세탁물은 고객이 지정한 시간 내에 배달할 수 있도록 처리한다.

⑦ 세탁이 종료되면 의류를 점검하면서 다림질 담당자에게 인계한다.

4) 다림질

① 다림질은 물세탁 다림질과 기름세탁 다림질로 구분하여 처리한다.

② 업무개시 전 각 기계의 점검과 청소를 실시한다.

③ 작업 도중에는 잡담을 가능한 한 하지 않는다.

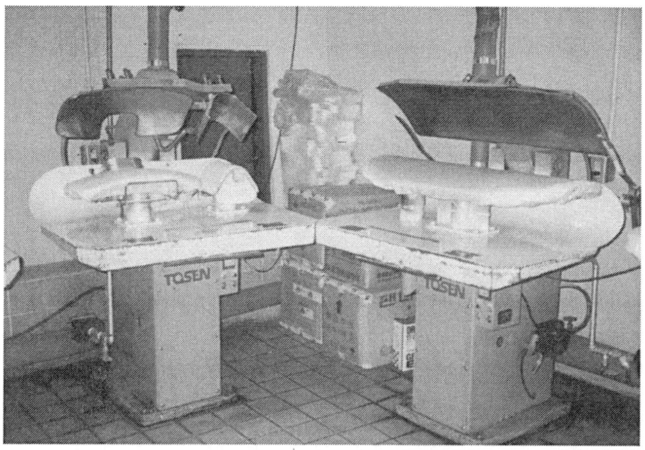

▌사진 6-4▌ 호텔 내의 다림질 기기

④ 세탁물의 오점이 발견되면 담당자에게 의뢰하여 재제거토록 한다.
⑤ 의류 · 단추 등의 파손을 확인한다.
⑥ 주름이 이중으로 생기지 않도록 주의하여 다림질한다.
⑦ 모피 · 세므 · 가죽 · 비로도류의 세탁물은 다림질에 특별한 주의를 기해야 한다. 특히 스팀을 넣거나 기계로 누르면 안 된다.

5) 정리와 포장

① 세탁과정 후 정리대에 넘어 온 세탁물을 정리한다.
② 양말 정리작업시 짝이 안 맞거나 섞이지 않도록 주의하여 정리한다.
③ 선반에 영수증 빌과 laundry basket를 객실층 별로 놓고 정리된 각 세탁물을 객실번호에 맞추어 laundry basket에 투입한다.
④ 정리가 완료되면 세탁물 점검을 실시한다.
ⓐ 세탁상태의 양호 · 불량을 확인한다.
ⓑ 세탁물의 수량을 확인한다.
ⓒ 객실번호를 재확인한다.
⑤ 수량이 부족한 세탁물은 완료세탁물과 분리하여 한쪽으로 분리해 놓는다.
⑥ 특별세탁물은 우선적으로 정리하여 정리대장에 기록한 후 배달원에게 조속히 인계한다.
⑦ 물세탁물 중 옷걸이에 세탁물이 있을 시에는 별도의 리스트에 객실번호 · 품목을 기재한 후 포장한다.

▌양식 11▌ **세탁물 정리대장**

월 일	객실 No.	성명	수량	Bill No.	시간	정리자	Item

6) 세탁물 서비스 배달

세탁물을 마무리 테이블로 운반 후 품목과 수량을 확인하고, 객실번호별 목록과 확인 작업을 하여 호텔에서 규정하고 있는 표준규격으로 포장을 한다. 세탁물의 표장도 세탁물의 가치를 높이는 데 중요한 역할을 하므로 신중하게 다루어야 한다. 포장시에는 건조상태와 다리미질 상태 및 파손 여부 등을 철저히 확인한다.

▌표 6-5▐ 고객세탁물의 포장과 배달요령

- 양말이나 속옷 종류는 비닐봉투에 넣는다.
- 접어서 1차로 포장된 와이셔츠종류도 다시 비닐에 넣는다.
- 세탁물량에 따라 적당량을 분할해서 봉투에 넣는다(옷이 구겨지지 않을 정도의 적당량).
- 세탁 빌은 객실번호가 잘 보이도록 봉투에 넣는다.
- 양복이나 겉옷은 옷걸이에 걸린 상태(공장에서 포장)로 객실번호의 부착 여부를 확인한다.
- 봉투에 넣는 세탁물이 없는 객실의 빌은 옷걸이에 부착한다.
- 대부분 한 객실의 세탁물이 봉투와 옷걸이의 두 종류로 포장되므로 세심한 주의를 기울여야 한다.
- 세탁물의 포장은 한 개의 객실단위로 한다.
- 린넨 운반 카트의 앞쪽으로부터 층별의 순서로 적재한다.
- 옷걸이에 걸린 세탁물의 하단에 같은 객실번호의 봉투에 담긴 세탁물을 적재한다.
- 별관의 세탁물은 별관별로 구분하여 세탁차량 운전기사에게 인계한다.
- 운전기사가 해당별관의 데스크에 전달하면 벨멘 혹은 룸 메이드가 객실로 전달한다.
- 세탁물 배달은 요구가 있는 객실부터 우선적으로 한다.
- 세탁물 운반카를 이용하여 위층에서 아래로(아래층에서 위층으로), 또한 층별로 배달한다.
- 세탁물 운반 카트는 각 층의 린넨실 앞 공공지역에 두고 한 방씩 배달한다.
- 세탁물 운반 카트에서 세탁물을 운반할 때는 다른 방끼리 세탁물이 섞이지 않도록 하고, 옷걸이와 봉투의 세탁물이 누락되지 않도록 주의한다.
- 옷걸이에 걸린 세탁물은 Closet(옷장)에 걸고 봉투에 담긴 것은 침대 위나 Dressing Table 위에 놓는다.
- 객실문 앞에서 고객이 세탁물을 받으면 직접 인계하고, 조용히 문을 닫는다.
- DND 표시가 걸려 있는 객실은 배달을 하지 말고 린넨실로 갖고 내려 온 후 객실번호를 적어 사무실에 인계한다.
- 세탁물을 배달 갔을 때 완전 청소된 방은 룸 체인지나 체크아웃의 경우가 있으므로 사무실로 확인 · 의뢰한다.
- 세탁물 배달이 완료되면 객실출입일지에 기록하고 담당자의 서명을 한다.

제 7 장 마스터키·분실물·고객요청 관리

Flow Chart

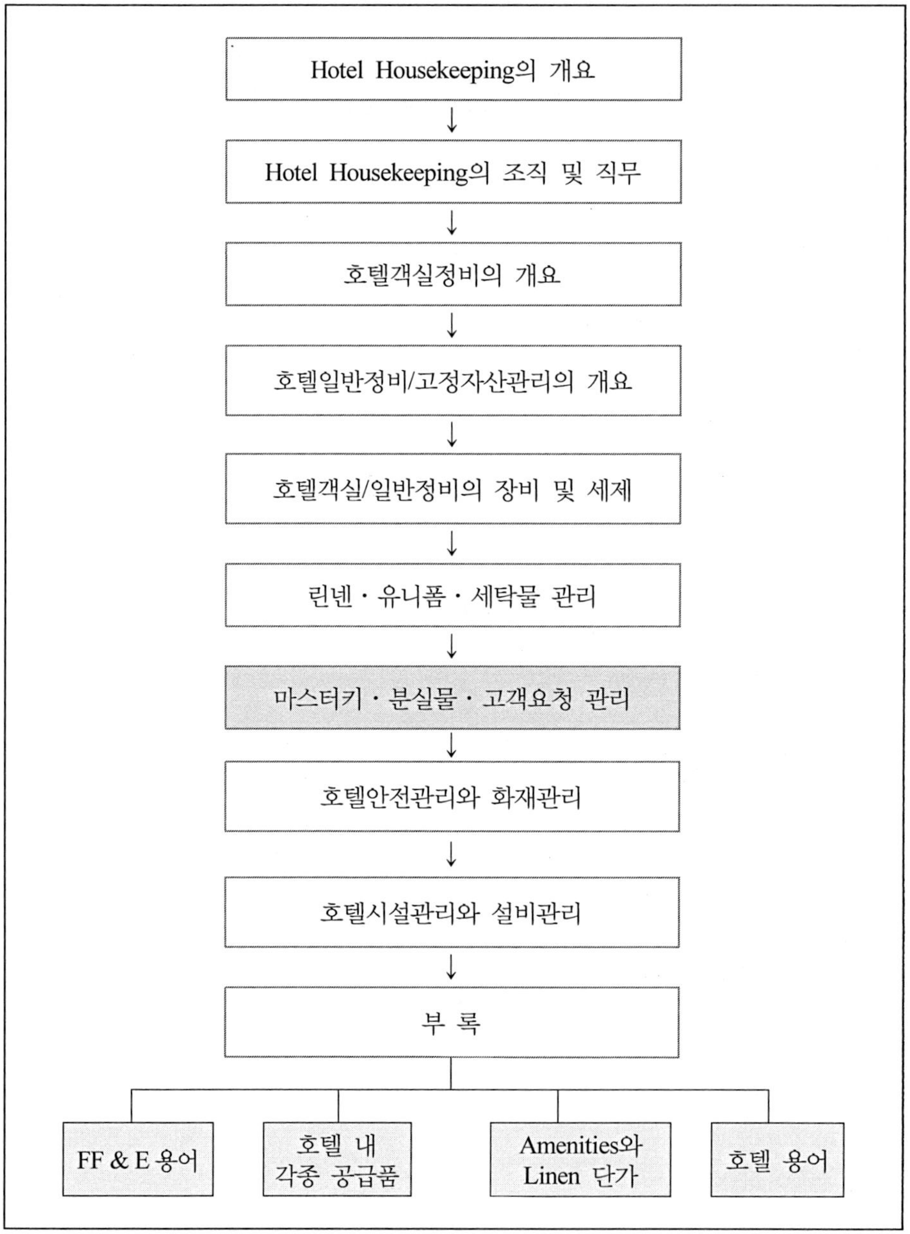
Hotel Housekeeping의 개요
Hotel Housekeeping의 조직 및 직무
호텔객실정비의 개요
호텔일반정비/고정자산관리의 개요
호텔객실/일반정비의 장비 및 세제
린넨 · 유니폼 · 세탁물 관리
마스터키 · 분실물 · 고객요청 관리
호텔안전관리와 화재관리
호텔시설관리와 설비관리
부 록
FF & E 용어
호텔 내 각종 공급품
Amenities와 Linen 단가
호텔 용어

제 7 장 마스터키·분실물·고객요청 관리

1. 마스터키 관리

그랜드 마스터키(grand master key)는 전객실 출입을 가능하게 하며, 플로어 마스터키(floor master key)는 한개 층의 객실 출입을 가능하게 하는 주요 기능을 지니고 있다. 그러므로 객실을 관리하는 부서로서는 master key를 사용함으로써 업무의 효율성을 제고할 수 있으며, 신속한 대고객 서비스를 제공할 수 있다.

반면, 고객은 본인 이외에 직원이 객실을 출입할 수 있다는 것에 불신감을 가질 수 있으므로 master key를 남용하여서는 안 되며, 만약 master key를 분실할 경우 고객의 신변위협과 재산의 손실을 가져올 수 있으므로 master key 관리의 중요성을 명심하여야 한다.

결국, master key를 사용하는 직원은 key를 사용함으로써 편리한 반면, 사고발생 시 이에 대한 모든 책임을 져야 한다.

1) 마스터키 사용범위

(1) Grand Master Key

07:00 ~ 09:00 전객실 미니바 점검시 담당 room maid 및 room attendant만이 사용한다.
22:00 ~ 07:00 야근시 room attendant만이 사용한다.
room spot check시 Housekeeping 과장 또는 대리만이 사용한다.

(2) Floor Master Key

담당 층 점검원 및 room maid만이 사용한다.
단, 사용시간은 07:00 ~ 22:00까지 가능하다.

2) 관리지침

(1) 오더테이커

가) 불출

〈Grand Master Key〉

- 오더테이커가 직접 key box에서 꺼내어 지급한다.
- grand master key 관리대장에 수량 및 사용자명을 기록한 후 서명을 받는다.

〈Floor Master Key〉

- 점검원 출근시 오더테이커가 직접 층별 근무자 수만큼 key box에서 꺼내 지급한다.
- 점검원에게 직접 불출하는 것을 원칙으로 하나 부재시에게 선임 maid에게 지급한다.
- 지급시에는 floor master key 관리대장에 수량 및 사용자명을 기록한 후 서명을 받는다.

나) 회수

〈Grand Master Key〉

- 사용 후 오더테이커에게 반납하고, grand master key 관리대장에 서명한다.

- 오더테이커는 회수한 키를 직접 key box에 보관한다(key 이상유무 확인).
  (단, 야근시에는 room attendant가 업무 대행한다.)

〈Floor Master Key〉

- 점검원(선임 메이드)의 업무 종료 후 담당 메이드에게 key를 회수한 후 직접 오더테이커에게 반납한다.
- 반납시 지급수량과 일치하는지 floor master key 관리대장과 확인한 후 서명한다.
- 오더테이커는 회수한 키의 수량을 확인한 후 직접 key box에 보관한다.

다) 보관 및 인수인계

- key box는 항상 잠그고, 필요시 열고 사용한다.
- 다음 조와 업무 인수인계시 필히 master key 수량을 확인 후 인수자 및 인계자란에 서명한다.

(2) 점검원 / 룸메이트

가) 사무실에서 key를 인수해 갈 때 해당층 근무인원에 맞게 필요한 수량만 가져간다.
나) floor master key 관리대장에 필히 key 수량을 기록하고 인수자란에 서명한다.
다) 메이드에게 지급시 key 번호를 메이드 report에 적어 담당 메이드에게 직접 건네준다.
라) Key는 지급받은 즉시 허리 벨트에 건다.
마) Key는 지급 후 반납할 때까지 절대로 몸에서 떠나서는 안 된다.
바) 층에서 작업이 진행될 경우 직접 문을 열어주고, 협조하여야 하며 절대로 key를 타인에게 주어서는 안 된다.
사) 사무실에 반납시 오더테이커와 key 수량을 확인한 후 floor master key 관리대장에 서명한다.
아) master card key가 부러지거나 휘어진 상태에서는 계속 사용하지 말며, 즉시 사무실로 반납하여 재발행을 받는다.

자) master card key는 자석과 절대로 가까이 하지 말고, metal key와도 분리하여 사용한다.

차) 누구든지 용무가 뚜렷하지 않은 타인을 위해서 master key를 사용해서는 안 되며, 고객일지라도 front desk에서 확인절차 후 열어줄 수 있도록 유도한다.

(3) Night Room Attendant

가) 야간 근무시 오후 근무자인 오더테이커에게 key를 인수하고, 즉시 key 수량을 확인 후 인수자란에 서명한다.

나) grand master key는 항상 본래의 목적에만 사용하여야 한다.

- extra bed service
- mini bar 점검
- guest supply service
- laundry pick-up service
- 기타 고객서비스

다) 퇴근시 오전 근무자인 오더테이커에게 key를 인계하며, 인계자란에 서명한다.

라) 기타 일반적인 사항은 '점검원 / 메이드' 지침과 동일하다.

3) 책임한계

가) master key가 지급되어 있는 동안 발생한 특이상황은 본인 스스로 책임을 지며, 상황이 조기에 수습되도록 최대한 협조 노력한다.

나) master key를 분실했을 경우 신속하게 부서장에게 보고하며, 그에 대한 책임은 면할 수 없다.

다) 분실 후 보고지연으로 발생한 고객의 재산 손실은 본인이 변상하여야 한다.

2. 습득물 및 분실물 처리

호텔 내에서 발생되는 제반 습득물은 호텔객실관리부서에서 관리 · 보관하고 반환한다. 접수받은 행정담당은 물품을 고객에게 찾아 돌려 줄 수 있는 방법을 모색한다. 호텔 각 업장이나 로비 등 공공장소에서 습득물이 발견되면 호텔객실관리부서에서 신고를 받아 관리한다. 특히 객실에서 고객이 퇴실한 후 이를 발견하면 룸 메이드가 신고를 한 후, 습득물 및 분실물을 접수 · 보관하도록 하며, 오더일지에 객실번호 · 신고자 · 품목 · 수량을 기록하고 보관한다. 나중에 고객의 요구가 있을 시까지 습득물을 일정기간 보관하며, 고객의 요구가 있다면 우편발송 또는 고객이 원하는 장소로 습득물을 발송하여 준다.

① 습득물 문의전화 응대시 날짜 → 객실번호 → 성함 → 두고 가신 물건의 확인 → 물건이 있으면 고객주소와 전화번호를 받는다 → 우송 또는 퀵서비스 등으로 고객에게 보내 드린다.

② 분실물을 확인하고, 주소와 전화번호를 팩스로 받는다.

③ 분실물 확인이 바로 안 되는 경우, 전화번호를 받고 확인한 후 나중에 고객에게 전화를 드린다.

④ 소포 우송시 받을 수 있는 예정일을 고객에게 알려드린다.

⑤ 소포 우송은 호텔에서 지불하며, 퀵서비스인 경우(국내)는 고객이 지불한다.

1) 분실물 관리

가. 호텔 내에서 발견된 모든 습득물은 그 관리를 맡고 있는 책임부서에 접수되며, 기록 및 보관을 유지한다.

나. 분실물은 총지배인으로부터 위임받아 객실관리에서 보관한다.

다. 분실물은 손님에게 반환될 수 있도록 노력해야 하며 불가시 호텔 내 절차에 따라 처리한다.

* 국내법 : 민법 253조에 의거 관할경찰서 1년 보관 후 국가재산에 귀속함

2) 발견 신고

(1) 객실

- room maid는 퇴숙한 객실에 들어가면 우선 손님이 잊고 가신 물건이 없는지 확인한다(옷장내부, 선반, 드레서 서랍, 냉장고 내부, 금고내부, 게임테이블 위, 커튼 뒤, 나잇테이블 위, 침대주변, 욕실 등).
- 분실물은 통상 중요 품목으로 카메라, 현금, 시계, 보석류, 여권, 비행기 티켓, 수표 등이며 일반 품목으로는 옷, 신발, 책, 술, 담배, 우산, 가방 등이다.
- 사소한 물건이라도 주의 깊게 살펴보고, 판단이 모호한 것은 점검원 및 사무실과 의논한다.
- 분실물을 발견한 시점이 손님이 바로 check out한 것으로 판단되면 즉시 front나 객실관리 사무실로 연락해서 분실물을 신고하고 지체 없이 사무실로 가져온다.
- 아무리 하찮은 물건이라도 maid 카트나 린넨실에 방치하는 등 소홀히 다루어서는 안 된다.
- 객실 휴지통을 비울 때도 주의 깊게 살핀다.
- 당일 check out한 손님으로부터 분실물 확인 요청을 받으면 일단 장부를 확인하고, 접수가 되어있지 않으면 room maid, 점검원에게 연락하여 세밀히 재확인하여 책임 있는 답변을 해야 한다.

(2) 영업장(공공지역)

- 영업장 및 공공지역에서 습득한 분실물은 해당 지배인에게 보고하고, 객실관리로 이관시킨다.
- 영업장은 자체적으로 log book에 기록하여 손님 문의시 신속히 처리한다.
- 공공지역에서 발견한 분실물은 손님을 확인하기가 불가능 하므로 내용물을 세밀히 관찰하여 참고할만한 자료(영수증, 신분증, 증명서 등)을 찾아 객실손님 유무를 컴퓨터에 조회한다.

3) 접수 및 보관

(1) 접수

- 분실물은 신고와 함께 즉시 장부에 기록한다.
- 장부에 습득일자, 품목, 객실번호, 습득자를 기록하며 주기적으로 손님 인적사항을 기록한다.
- 손님 인적사항은 손님성명, 투숙일자, 주소, 전화번호, 예약자 등이다.
- 분실물 tag에 일련번호, 품목, 습득 일자, 객실번호, 습득자를 기록한다.
- 분실물은 봉투에 담아 작성한 tag을 부착하여 해당되는 보관함에 넣는다.
- 분실물 중 시간을 지체할 수 없는 특별한 물건이나 중요한 물건에 한해서는 긴급히 처리한다.

(2) 보관

- 고가 및 중요도에 따라 일반품목, 중요품목으로 구분, 보관한다.
- 일반품목은 만 3개월, 중요품목은 만 1년 보관 후 절차에 따라 처리한다.
- 보관 물품 중 고객이 확인된 것은 일반 품목일지라도 추가로 연장한다.

4) 불출 절차

(1) 분실물 확인 후 손님이 찾으러 올 시점에 사전에 보관함에서 꺼내 놓는다.

(2) 손님은 객실관리 사무실 위치를 모르며, 혹시 안다하더라도 back office의 깨끗하지 못한 부분이 노출됨으로 가능하면 F/desk, B/desk로 안내하여 분실물을 찾아갈 수 있도록 한다.

(3) 손님 도착시 분실물을 가져가 손님에게 인도하고, tag에 손님서명을 받아 장부에 부착한다.

▌양식 1▌ **양식** Lost & Found tag

LOST & FOUND

Article 品目 :

Where Found 拾得場所 :

Found By 拾得者 :

Date Found 拾得日 :

Received By 受取者 :

Date 日付 :

Guest Tel. No お電話番号 :

Guest Signature 署名 :

(4) 중요품목에 한해서는 손님의 인적사항을 자세히 기록한다(주민증, 운전면허증 copy).

(5) 불출은 24시간 처리한다.

5) 폐기

(1) 보관기간에 따라 월, 년 단위로 한다.

(2) 총지배인에게 품의 득한 후 처리한다.

(3) 분실물 중 옷 종류는 불우이웃 돕기에 기증하고, 나머지는 습득자에게 반환한다.

(4) 폐기 품목 작성시 중요 품목으로 금고 보관품 및 손님과 확인이 된 품목은 제외한다.

6) 고객문의 처리

(1) 체크아웃한 고객은 여러 통로로 확인요청을 한다(고객전화, 편지, fax, 예약자, 친구 등).

(2) 고객의 체크아웃 시점부터 통상 1개월 이내에 확인요청이 온다.

(3) 고객이 문의하여 오면 고객이 제시하는 투숙료를 근거로 장부를 확인한다(투숙기간 · 객실번호 · 성명 · 고객형태 등).

(4) 고객의 투숙자료에 따라 장부에 보관 중이라면 송부절차에 따라 처리하고, 없다면 투숙자료의 착오를 염두에 두고 철저히 확인하여 최대한 성의 있고 정확한 답변을 한다.

(5) recheck-in시까지 보관요구시 장부에 기록하며, 별도의 표기를 하여 찾기 쉽게 한다.

(6) 고객이 습득물 유무결과에 동의 · 이해하지 않고 계속 요구시 고객관리를 위해 총지배인에게 보고한다.

(7) 폐기 후 고객의 요청이 있을 때에는 습득물 처리규정에 따라 처리했음을 통지하고 이해를 구한다.

표 7-1 **습득물 처리사례**

습득물 처리건
1. 습득된 날짜 : 200×년 11월 16일 2. 습득된 장소 : 1103호 객실 3. 습득된 내용물 : 지갑(미화 70달러, 각종 카드, 신분증 등) 4. 최초습득자 : Maid 박×× 5. 분실자 인적사항 : Amiran, Mohsen(국적: 미국) 6. 습득물 접수장 : 김×× 7. 처리내용 : 11월 16일 습득되어 Housekeeping에서 습득물 처리 후 보관하고 있다가 11월 18일 밤 11시 40분쯤에 고객이 미국에서 직접 전화하여 근무자와 통화해 습득된 물건이 있음을 알려드림. 고객께서 1주일 안으로 김철수 고객께서 찾으러 올 것이라고 말씀하심(김철수 고객이 동생이라 함). 11월 19일 15시 30분경에 호텔로 직접 찾으러 오심. 근무자가 고객의 신분증을 확인한 후 습득물을 건네 드리고 사인을 받음. 고객께서 고마움의 표시로 최초에 발견하신 분에게 20달러를 꼭 전해 달라고 전해 주심. 근무자가 고맙지만 당연한 일을 한 것이라고 정중하게 사양했으나 고객께서 꼭 부탁한다고 간곡히 말씀하셔 20달러를 받아 최초습득자에게 전달하였음. 또 고객께서는 투숙기간동안 매우 즐거웠으며 자주 들릴 예정이라고 말씀하시며 기뻐하셨음.

3. 고객요청 접수

언제 어디서나 고객의 요구사항이 있다면 신속하고 정확하게 요구사항을 해결해 주어야 하는 것이 호텔 서비스업무 중 가장 중요한 일이다. 호텔객실에 묵고 있는 고객이 요구사항을 무선 또는 유선으로 접수했다면 호텔객실관리부서로 곧장 연결되어 업무를 처리하게 된다. 대부분의 호텔객실투숙고객의 요구사항 중 가장 빈번한 내용은 객실 내에서 필요한 물품을 요청하는 경우가 많다.

최근 들어, 세계적으로 환경문제의 중요성이 강조되면서 객실용품 중 1회용품에 대한 객실내 비치가 금지되어 있어 칫솔과 치약 및 일회용 면도기 등이 제공

되지 않기 때문에 여행시 깜박 잊고 세면용품을 안 갖고 투숙한 고객들이 발생한다. 그러므로 이러한 고객들은 칫솔 · 치약 · 면도기 등에 대한 요구가 빈번하다. 이를 위해 미니바를 통해 판매되고 있으나 미니바 점검 · 보충시 신속히 보충되지 못하였다면 바로 고객이 이를 요청하게 된다. 이외에도 면봉, 타월, 어린이용 침대, 보조침대, 다리미 세트, 커피메이커, 청소요청, 어린 아이 돌보기 등 수많은 요구사항을 접수하게 된다.

면봉이나 타월류의 경우는 추가요청이 가장 많으며, 가족여행이 활성화되고 있는 최근에는 어린 아이를 동반하는 가족들이 증가하면서 아기침대의 요청뿐만 아니라 잠시 부부동반 외출 및 업무가 있을 경우 어린 아이를 돌봐 줄 사람을 요구하기도 하여 호텔 내에서는 유아방을 운영하는 곳도 있다.

이외에도 여행을 위해 가방 속에 의상을 접어 넣어 가지고 와서 접힌 곳만을 다리기 위하는 고객들에게 다리미 세트를 빌려 주기도 한다. 몇몇 호텔에서는 옷장 속에 다리미판과 다리미를 갖추어 놓고 있는 호텔들도 있지만, 대부분 호텔객실관리부서에 요청을 하게 되면 무료 또는 소정의 요금을 부과하고 빌려 주기도 한다.

고객이 호텔객실 내에서 커피와 차를 즐겨 하는 경우, 특급호텔의 경우 일정 양의 커피와 차를 무료로 제공하고 있지만, 많은 양의 커피와 차를 요청하는 경우도 있다.

청결을 중요시하는 고객 중에는 틈틈이 객실의 청소를 요청하는 경우도 접수된다.

이렇게 객실과 직접적으로 관련된 고객요청도 있지만, 객실영업부서 · 식음료 영업부서 · 시설관리부서 · 인사부서 등 호텔 내부에서도 청소요청과 긴급상황발생 등의 업무가 접수된다. 이럴 때에는 업무기록장(log book)에 빠짐없이 기록하여 담당자에게 연락을 하여 하나하나 고객이 요청한 문제를 해결해 나아가야 한다.

일반행정업무가 바빠서 고객요청사항을 미루게 되면 내 · 외부고객의 불만이 커질 수 있

기 때문에 업무 중 '고객요청사항'을 가장 먼저 해결해야 함을 명심해야 한다.

호텔의 어느 부서를 막론하고 서비스에 대한 기본예절을 익히고 실천하게 되어 있으므로 호텔객실관리부서에 걸려 오는 전화는 행정요원이든 또는 린넨담당이든 일반적으로 전화로 업무를 접수하거나 회신을 해 주어야 하기 때문에 각별히 어법이나 목소리의 톤을 조절하여 최대한 상냥하게 접수 및 회신하여야 하고, 원칙에 따라 업무가 완료된 후 반드시 고객에게 확인하는 것을 잊어서는 안 된다.

▌양식 2▐ 고객요청카드

Preference Form (HSKP)

Date : Name :

Guest Name:(Mr □ Mrs □ Ms □) Room No.

• Input Amenity Preference :

• Smoking □ (Brand :) Non Smoking □

• Daily Newspaper : Korean □ ( ) English □ ( )

• Humidifier □ Notebook □ Internet □ Video □ Fax □ CDP □

• Preferred Mini Bar Item :

• Pillow Type: Feather (Low □ / High □) Korean Style Pillow □ Foam (Latex) □

앞 면

※ Remark

Sheraton Grande Walkerhill SEOUL

• Make-Up Require Time & Remark

• Complaint

• Appearance Feature/ Other Remark in Room

뒷 면

자료: Sheraton Grande Walkerhill Hotel

▌양식 3▐ Guest Preference Card

·Dep:

·Name:

Guest Preference Form

·Date:

·Room No.:

·Guest Name:

·Comments:

앞 면

·Height:

·Weight:

·Color of Hair:

·Description:

뒷 면

자료: Sheraton Grande Walkerhill Hotel

▌양식 4▌ **업무기록장 1(order taking memo)**

Order Taking Memo

NO.________ ______월 ______일

No.	접수시간				
1					
2					
3					
4					
5					
6					
7					
8					
9					

▌양식 5▌ **업무기록장 2(log book)**

Guest Request Item Log Book

Room	Item	Date/Time Out of Linen Room	Initial	Data/Time Into Linen Room	Intial

자료: Sheraton Grande Walkerhill Hotel

어느 부서든지 고객의 요청사항이 있을 시에는 고객으로부터의 각종 의뢰를 받아 각 담당자에게 지시한다. 고객을 대할 때에는 고객의 입장에서 응대를 하여야 하며, 말씨에 각별히 유의하여야 한다. 고객의 의뢰사항이면 어떠한 사소한 것까지 기록을 하여야 한다.

▌양식 6▐ Order Taking Memo 3

Order Taking Memo

	담 당	대 리	부 장
공람			

No. 월 일

RM No.		시간	내 용	처리	재확인	접수자	담당
1							
2							
3							
4							
5							
6							
7							
8							
9							
10							
11							
12							
13							
14							
15							
16							
17							
18							
19							
20							
21							
22							
23							

자료: Sheraton Grande Walkerhill Hotel

▌양식 7▐ ××××년도 Order Taking 분석자료

구 분	내 용	1월	2월	3월	…	11월	12월	월평균	총계
시설	전구, 객실전원 나감		22	15	…				
	변기, 욕조배수 불량								
	객실 내 소음, 팬코일 소음, 누수								
	옷장 문, 서랍 불량								
	1일평균 Order수		0.78	0.35					
비품 용품	재떨이 요청		17	31					
	TV화면, 리모컨 불량								
	미니바 준비불량								
	객실 비품준비 불량								
	Amenity 준비 불량								
	1일평균 Order수		0.5	1					
서비스 기타	세탁물 배달지연, 세탁 불량		1	1					
	금고 Erro								
	청소시간 지연 및 불량								
	1일평균 Order수		0.03	0.03					
총 계			40	43					
1일 평균 투숙률			63.9	57.7					
1일평균 Order 건수			1.42	1.38					

자료: Sheraton Grande Walkerhill Hotel

| 양식 8 | ××××**년도 월별** Rm.**에서** Order, Complaint **내용**

1월 Order Memo 분석

내 용	건 수	비 고
욕조고장, 전구 Off, TV 등(객실)		
Set-up될 객실용품 중 빠진 부분에 대한 것 등(객실용품)		
Complaint(서비스에 대한 불평)		

2월 Order Memo 분석

내 용	건 수	비 고
욕조고장, 전구 Off, TV 등(객실)		
Set-up될 객실용품 중 빠진 부분에 대한 것 등(객실용품)		
Complaint(서비스에 대한 불평)		

3월 Order Memo 분석

내 용	건 수	비 고
욕조고장, 전구 Off, TV 등(객실)		
Set-up 될 객실용품 중 빠진 부분에 대한 것 등(객실용품)		
Complaint(서비스에 대한 불평)		

고객 요청사항 시 처리사례

다음은 고객의 가습기 요청이나 VTR 설치에 대한 요청이 있을 시 처리하는 방법에 대한 예이다.

■ 고객의 가습기 요구시 객실에 설치하기

- 가습기 예약시 방안에 미리 비치한다.
- 객실이 건조한가를 미리 파악한다.
- 신체허약자나 노약자 고객의 예약상황을 사전에 파악하여 미리 준비한다.
- 고객에게 가습기사용법을 설명한다.
- 고장난 가습기에 대해서는 A/S를 의뢰한다.
- 가습기 내부를 청소한다.
- 적당량의 물을 담는다.
- 가습기의 강약을 맞추어 준다.
- 침대로부터 1m 이상의 간격을 유지한다.
- 고객의 얼굴로 직접 분사되지 않도록 방향을 조절한다.

■ 고객요구시 VTR 설치하기

- 고객이 작동하기 용이한 장소에 VTR을 설치한다.
- VTR 전압이 객실에 맞는지 확인한다.
- 설치 후 케이블 TV도 작동이 되는지 확인한다.
- 설치 후 고객에게 사용법을 설명한다.
- 설치 후 실제로 테이프를 돌려 확인한다.
- 여유분의 VTR을 확보한다.
- 고장난 VTR은 A/S를 의뢰한다.
- VTR 크리너로 미리 닦아 화질에 이상이 없도록 사전 조처한다.
- 화질의 선명도를 점검한다.
- VTR 조작법을 항상 숙지한다.

고객의 주문이 객실의 업무가 아니더라도 타부서에 관련된 업무내용일 때에는 정중하게 그 취지를 알리고 즉시 관련부서로 연결을 도모한다. 고객의 요청처리는 고객으로부터의 요청을 우선시하며, 점검자의 객실점검 중 발생되는 객실 내의 고장과 수선에 관련된 요구사항은 시설부로 바로 통보하여 신속하게 처리될 수 있도록 하여 객실의 수리로 인해 판매할 수 없는 객실로 분류되지 않도록 신속히 처리한다.

만약 고객의 요청사항을 처리한 것에 대해 고객이 지속적인 불만사항이 발생한다면, 물품에 관련된 불만인지, 아니면 시설에 관련된 불만인지, 서비스에 관련된 불만인지를 분류하여 문제해결을 위해 더욱 공손하고 정중하게 불만사항을 처리한다. 특히 시설 · 소모품 등으로 인해 발생되는 것들은 관련부서와 연계하여 신속히 처리될 수 있도록 만전을 기한다.

이러한 사항에 대해 오더 테이커는 월별 · 고객요청사항별로 분류를 해 기록하여 어떠한 내용으로 고객들의 불만이 많았고 요청사항이 많았는지를 분석하여 추후 고객 서비스를 위해 미리 준비 · 대비할 수 있도록 처리해야 한다. 또한 고객요청처리에 대한 내용뿐만 아니라 불만내용도 분류하여 기록하고, 이를 정보화하여 타부서와도 공유하여 보다 효율적이며 양질의 서비스를 제공할 수 있도록 하여야 한다.

제 8 장 호텔안전관리와 화재관리

Flow Chart

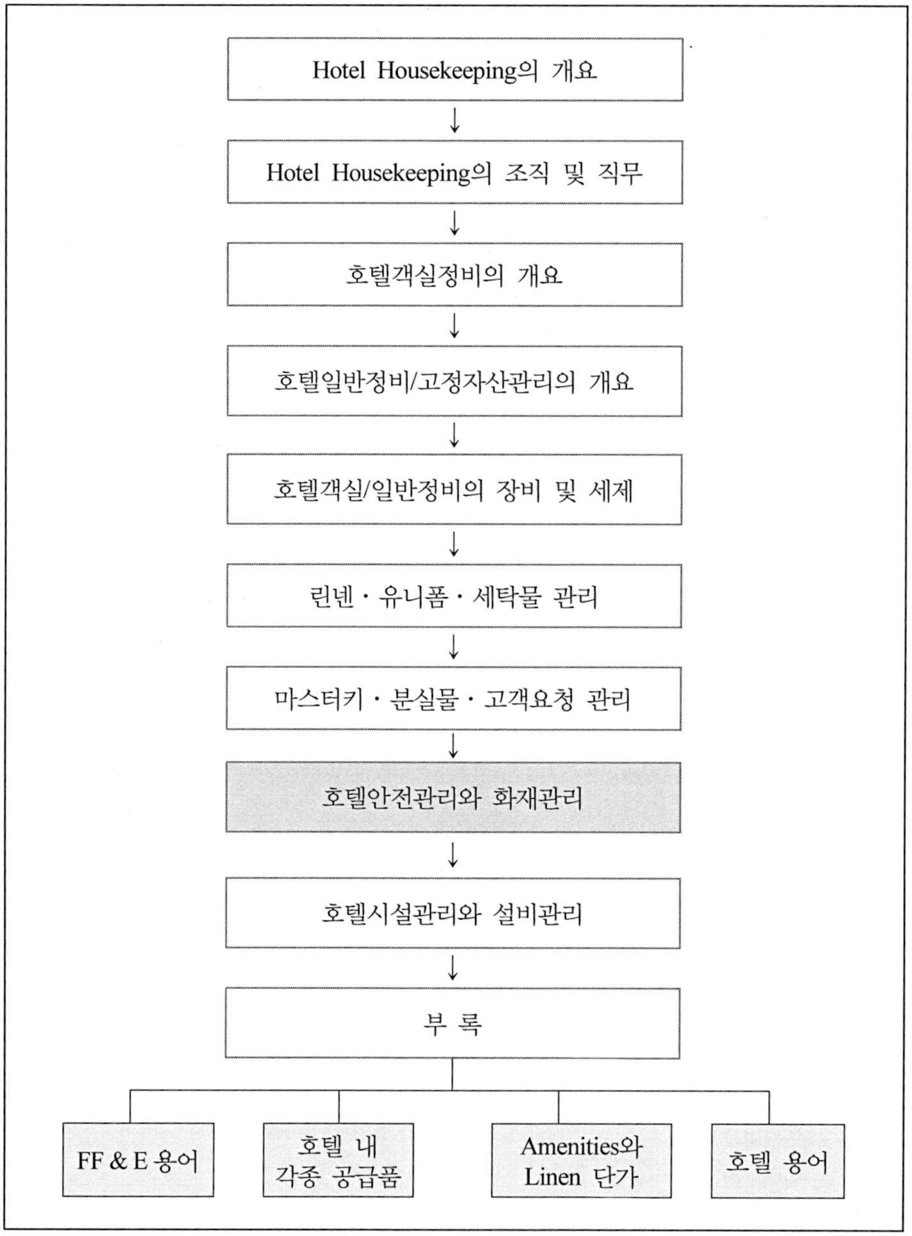
Hotel Housekeeping의 개요
Hotel Housekeeping의 조직 및 직무
호텔객실정비의 개요
호텔일반정비/고정자산관리의 개요
호텔객실/일반정비의 장비 및 세제
린넨 · 유니폼 · 세탁물 관리
마스터키 · 분실물 · 고객요청 관리
호텔안전관리와 화재관리
호텔시설관리와 설비관리
부 록
FF & E 용어
호텔 내 각종 공급품
Amenities와 Linen 단가
호텔 용어

제 8 장

호텔안전관리와 화재관리

1. 호텔안전관리의 목적

호텔을 경영하는 데에 있어서 호텔은 많은 책임을 갖고 있지만, 그 중 호텔 고객과 직원 그리고 호텔 건물 및 시설 등의 안전에 대하여 많은 관심을 기울이고 있다. 이 안전은 1년 365일, 하루 24시간 끊임없이 이루어져야 되므로 호텔은 이에 소홀함이 없도록 항상 노력해야 한다.

따라서 호텔은 고객에게 환대(hospitality) 정신에 입각한 안전한 호텔 분위기를 제공해야 하는데, 이 같은 분위기를 만들기 위해서는 호텔의 각 부서원들의 조직적이고 근면한 근무자세가 필요하며 무엇보다도 안전을 위한 프로그램(security program)이 있어야 한다. 이 안전 프로그램은 경영방침에 따라 세워지게 된다. 결국 호텔 안전에 관한 목적은 첫째, 호텔의 건물, 시설 등 재산의 보호를 위해, 둘째, 호텔 고객의 신변보호 및 소지품의 도난 및 분실 방지를 위해, 셋째, 호텔 직원의 근무 분위기에 때한 보호를 위해 존재한다.

호텔의 안전부서는 고객에게 안락한 호텔 분위기를 제공하기 위해 고객 소지품의 도난,

분실, 화재 그리고 그 밖의 비상사태 등에 대비해 항상 이를 처리하기 위해 만반의 준비 태세를 갖추고 있어야 한다. 특히 화재 시에 대비하여 장비의 준비 및 비치 등의 모든 제반사항을 완비하고 있어야 한다.

호텔은 고객과 직원 모드를 위해 안전에 대한 관심을 갖고 있어야 한다. 고객에게 안전한 환경을 제공하는 것은 호텔의 안전프로그램과 조직화된 부서가 수행할 수 있어야 한다. 호텔의 안전관리 부서는 고객에 대한 환대를 이끌어 내는데 중요한 역할을 하며 다음과 같은 업무에 책임을 다하려야 한다.

① 고객과 직원안전
② 객실 키 안전관리
③ 화재안전시스템
④ 폭탄위협 대안
⑤ 비상사태 대책
⑥ 고객훈련 계획
⑦ 비상연락망 대책

2. 호텔안전관리부서의 역할

호텔의 안전부서는 고객에게 안락한 호텔 분위기를 제공하는 데에 있어서 중요한 역할을 수행하는 부서이다. 이 부서의 직무 역할로는 객실 키(key)의 관리, 소방 대피 업무, 비상시 대피 업무, 호텔 직원 교육업무, 고객 재산의 보호, 분실물 처리업무 등이 있다. 이같은 업무들은 비교적 겉으로 나타나지 않는 일들로서, 예를 들어 호텔에서 범죄가 발생한다든지 그 밖의 예기치 않은 상황이 나타날 경우에만 처리된다. 다시 말해서, 이 부서는 고객이 명백히 필요로 하는 긴급상황이 발생되거나 호텔의 손익에 관련되는 사건이 나타나지 않는 한 그 업무활동이 다른 부서들처럼 외부에 쉽사리 들어나지 않는다는 말이다. 그러나

이 부서는 고객 소지품의 도난, 분실, 화재 그리고 그 밖의 비상사태 등에 대비해 항상 이를 처리하기 위한 만반의 준비 태세를 갖추고 있어야 한다.

특히 호텔의 프런트 오피스 직원들은 이같은 상황이 발생되면 대부분 이에 관여하게 되는데, 이는 이부서의 업무 특성상 직원들이 늘 고객과 접촉하고 또 여러 고객들이 지불하는 요금들의 최종 정산이 이루어지는 중심부서이기 때문이다.

호텔의 안전부서 직원들은 항상 신속하고 효율적으로 발생하는 상황에 대비하고 있어야 한다. 간혹 이 부서를 어떤 일이 발생되어야만 활동하는 부서라는 의미로 능동적이 아닌 수동적인 부서라 간주하기도 한다. 그러나 이 부서는 실제로는 능동적으로 활동하는 부서로서 많은 중요한 일을 담당하고 있다.

안전부서의 부서장은 노련하고 경험 많은 직원으로 기용되어져야 하는데 왜냐하면 이부서의 역할이 다만 고객뿐만이 아닌 호텔 직원들, 호텔 재산 등의 모든 부문과 연결되어 있기 때문이다.

이 부서의 목표는 철저한 계획과 대비를 통해 발생될 수 있는 위급한 상황을 미리 예방하는 것이며, 불가피하게 이 같은 상황이 발생되는 경우에는 미리 신속히 대처하여 원만한 해결을 꾀하는 것이다. 오늘날과 같이 사건 사고가 빈번히 발생하고 또한 이에 관련되는 법률적인 소송이 자주 일어나는 사회에서는 잘 조직된 안전부서를 갖고 있는 것이 매우 중요하다.

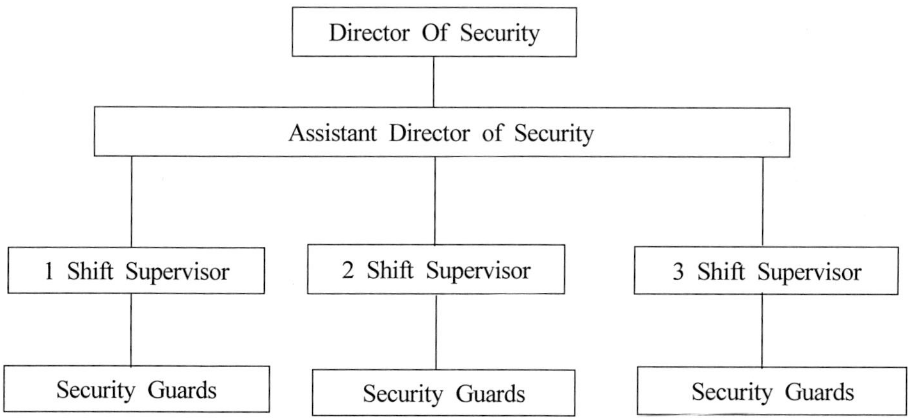

[그림 8-1] **안전관리부서의 조직도 사례**

3. 호텔객실의 안전관리

호텔의 안전부서의 조직 구성은 호텔 내의 다른 부서들의 조직과 비슷하게 이루어져 있다.

이 부서의 부서장(the director of security)은 호텔 고객과 직원을 위한 안전한 분위기 조성을 책임지며 그에 관련하는 모든 직무를 총 관장하는 역할을 담당하고 있다.

이를 위해서는 필요한 인력, 기술, 24시간의 원활한 부서운영을 위한 예산 등이 이 부서에서 확보되어져야 한다.

규모가 큰 호텔의 경우에는 부서장 밑에 부부서장(the assistant director of security)을 두어 부서장의 유고시에 대비하거나 역할을 분담하고 있기도 하다.

안전부서의 부서장은 업무 활동 상황을 총 지배인에게 반드시 보고하며, 또한 다른 부서의 부서장들과도 항상 상호 협조체제를 구축하고 있다.

이 부서의 직원들은 1일 3교대 근무시간 기준으로(예를 들어, 오전 6시에서 오전 3시까지, 혹은 3시부터 오후 11시까지, 혹은 오후 11시부터 다음날 오전 6시까지) 근무를 하는데 근무 중에는 호텔의 시설, 고객안전, 직원 안전 등을 위해 수시로 순찰을 하기도 한다.

안전부서는 업무 내용이 호텔 내의 각 부서들의 부서장들, 직원들 그리고 고객들과 긴밀히 연결되어 있다.

따라서 어떠한 상황이 발생했을 시 이를 해결하기 위한 신속하고 효과적인 대응조처를 계획하고 실천하는 것이 성공적인 업무수행의 근본이 되는 것이다.

4. 호텔안전부서의 업무

1) 객실 안전부서의 업무

객실은 가장 빈번하게 범죄 활동의 표적이 되는 곳으로써 호텔의 안전부서가 가장 신경을 기울이는 곳이다. 객실 내에 있는 비품 및 소모품들의 도난사건이 발새하기 쉽고 또한 투숙객의 소지품이 없어지는 경우가 생기게 된다. 그리고 무엇보다 중요한 것은 투숙객을 노리는 범죄의 우려가 높은 지역이 바로 객실인 것이다.

그러므로 객실의 안전을 지키기 위해 안전대책의 수립이 반드시 필요하다. 이를 위해 호텔 지배인들이나 안전부서 직원들은 호텔객실 안전장치로써 객실문에 바깥을 볼 수 있는 작은 구멍(peephole)을 설치하고, 보다 튼튼한 2중 잠금장치를 가설하는 등 객실의 안전을 위해 많은 노력을 기울이고 있다.

또한 객실 내의 유리창에 데칼코매니아(유리에 무늬를 넣음) 방법을 쓰거나 포스터를 부착하는 등 외부로부터의 시선 차단에 노력하며 2중 유리나 컬러유리를 사용하여 안전유지에 만전을 기하고 있다. 모든 호텔 직원들에게는 또한 객실의 안전을 위해 일정한 규칙을 정해 놓아 이를 기준으로 하여 고객과 접근하도록 교육시키고 있다. 우선 예를 들어, 프런트 직원들에게는 허가되지 않은 제3자에게 호텔 투숙객의 고객 등록 내용을 공개하지 않도록 교육시킨다. 가령 신분을 밝히지 않는 낯선 사람이 전화를 걸어 특정 고객의 객실번호를 물어보면, 직원(교환원)은 객실번호를 알려주지 않고 먼저 객실에 연락하여 고객의 확인 후 연결시켜 준다. 또한 어떤 사람이 프런트 데스크에 접근하여 객실 키를 달라고 할 때, 프런트클럭은 키를 내주기 전에 반드시 그 사람의 신분 확인을 하여야 한다. 만일 그렇지 않고 무턱대고 키를 주게 될 경우 예기치 않은 도난사건 등이 발생할 수 있기 때문이다. 메시지 전달의 경우에도 마찬가지이다. 모든 직원들은 호텔의 로비나 객실이 위치해 있는 복도 근처에서 이른바 목적 없이 서성거리는 사람들에 대해서는 반드시 의심을 하고 예의 주시해야 한다. 또한 하우스키핑 직원들은 객실 청소시 그들이 사용하는 카트 위에 낯선 사람이 손에 닿을 수 있게끔 함부로 객실 마스터 키 등을 놓아두어서는 안 된다.

2) 호텔 출입자들의 통제 및 관리업무

호텔은 객실 등의 호텔시설을 사용하는 고객뿐만 아니라, 일반 대중에게도 공공시설을 개방하고 있다. 예를 들어, 호텔 로비, 호텔 주차장 등이 그 예이다. 따라서 항상 많은 사람들이 출입하는 로비지역을 중심으로 하여 늘 안전문제가 대두되는 실정이다. 호텔경비를 담당하는 안전부서 직원들은 이에 따른 제반 감시 대책을 세워 놓아야 불의의 사로를 미연에 예방할 수 있다. 간혹 어떤 호텔의 경우에는 외부인의 자유로운 호텔의 출입을 제한하여 안전 예방을 취하기도 한다. 그러나 이 경우에는 지나치게 경직되고 제한된 호텔 분위기가 연출되므로 바람직스럽지 못하다. 한편 객실과 복도는 투숙객이 아닌 일반인에게 공개되는 장소가 아니므로 투숙객, 호텔직원 그리고 방문객 등을 제외하고는 출입을 제한시킬 필요가 있다. 이같은 외부인의 무단 침입의 경우에는 호텔측이 퇴장시킬 수 있는 법적인 권한을 가지며 이에 불응 시에는 관할 파출소에 신고하여 강제 퇴장조치를 시킬 수 있다. 그러나 공공장소인 호텔 로비 등의 경우에는 이같은 조치를 적용시키기 힘들므로 항상 출입자들의 동태를 파악할 필요가 있는 것이다.

3) 호텔 재산의 보호업무

바람직스런 호텔경영을 위해 호텔의 안전부서는 항상 호텔의 재산(즉 호텔시설 및 금전 등)의 안전을 위한 보호 업무에 충실해야 한다.

모든 호텔에서는 항상 금전의 거래가 이루어진다. 즉 고객으로부터 사용된 객실, 식당 등의 사용료가 징수되고 그 밖의 물품의 구매, 판매 등의 모든 거래에 현금 및 각종 통화가 거래수단으로 사용되고 있다. 따라서 호텔 내의 금전거래를 안전하게 지키기 위한 보호 절차 및 지침이 세워져 있게 마련이다.

특히 호텔에서 현금을 비롯한 각종 통화가 빈번히 거래되는 부서 및 업장에서는 항상 신경 써야 할 절차로서의 안전업무가 있다. 예를 들어, 프런트 클럭이나 회계원들은 항상 현금을 다루고 있기 때문에 이들은 금전의 거래 때마다 항상 금전통(cash drawer)을 닫아두고, 또한 금전통 속에는 사용될 최소한의 잔돈만을 보관하게끔 교육시켜야 한다. 이를 위한 도난 감시기능으로써의 TV모니터 감시시스템이나 경보(alarm)시스템을 빈번한 금전거래가 이루어지는 업장을 중심으로 설치하기도 한다.

또한 전 직원들은 그들이 호텔 로비나 프런트 데스크 부근에서 불필요하게 장시간 서성거리는 의심이 가는 사람을 발견하면 안전부서로 즉시 연락을 하고 경우에 따라 필요한 조치(경찰에 신고)를 취해야 한다. 특히 프런트 데스크 직원의 경우 야간 근무시에 특히 이같은 상황의 발생에 항상 대비하고 있어야 한다.

4) 고객 재산의 보호업무

호텔은 투숙객을 비롯한 모든 호텔 고객의 재산을 보호해야 할 책임을 갖고 있다. 고객이 갖고 있는 귀중품, 소지품을 비롯해 타고 온 차량 등은 소중한 고객의 재산으로써 고객이 호텔에 머무는 동안에 고객의 소유물이 도난당하거나 혹은 훼손되면 큰 문제가 될 것이다.

여기서는 맡겨진 고객의 귀중품을 관리하는 귀중품 보관업무에 관해서 살펴보기로 한다.

귀중품 보관용 금고(safety deposit box)는 호텔의 프런트 오피스나 혹은 그 부근의 장소에 설치되어, 귀중품을 소지한 고객의 요청이 있을시 사용을 허락하는 안전한 보호장치이다.

이 귀중품 보관금고는 일반고객의 접근이 용이하지 않은 장소에 설치해 놓고, 사용자는 호텔에 투숙하는 고객으로 제한하고 있다. 이 금고는 사용고객이 원하는 시간에 언제든지 이용할 수 있도록 하며 이의 관리는 프런트 데스크(front desk) 직원 중 담당자가 맡아서 수행하게 되어있다. 일반적으로 귀중품 보관 금고를 열 때에는 두 개의 키를 사용하는데 한 개의 키는 고객이 보관하고, 또 다른 한 개, 즉 control key는 금고 관리자가 보관하여, 금고를 열 때는 이 두 개의 키를 반드시 동시에 사용해야 한다. 만약 고객이 키를 분실하게 되면 정해진 금액을 호텔 측에 배상해야 하고, 그 고객의 금고는 증인의 입회 하에 기구(drill)를 사용하여 강제로 열 수밖에 없다.

따라서 프런트 클럭은 고객에게 금고 키를 건네주기 전에 반드시 금고 키 분실배상에 관한 호텔 규칙을 설명해 주어야 한다. 금고를 열 때마다 고객은 반드시 서명을 해야 하고, 그 때마다 담당직원은 금고를 처음 사용할 때 고객이 사용했던 서명과 동일한가를 반드시 확인해야 한다. 금고를 마지막으로 사용한 후, 고객은 키를 반드시 반납하고 금고사용 종료 서류에 서명을 한 후 담당자의 확인을 거쳐야 한다.

5. 호텔의 직원 안전

호텔은 다른 사업분야와 비교해 볼 때 인적 구성비율이 훨씬 높다. 즉 호텔에 근무하는 직원들의 숫자가 많다는 뜻이다. 따라서 이들 직원들로 인해 각종사고, 안전사고 등이 발생하기 쉽다.

특히 좁은 공간 즉 프런트 데스크, 식당 주방 및 주방 옆의 공간 등에서는 많은 직원들이 작업을 하기 위해 분주히 움직이고 있다. 또한 호텔 시설의 수리 및 정비를 담당하는 영선부서 직원들 차량 주차를 담당하는 주차대행 서비스 직원들 또한 담당 업무의 특성상 항상 분주하게 마련이다. 따라서 이들 직원들에게는 항상 사로의 발생 위험이 존재하고 있다.

근무 중 항상 고객과 접촉을 하는 일성 종업원들(front line employees)은 그들의 업무를 통해서 일어날지도 모를 위험을 미리 예측할 수 있다. 즉 그들은 고장난 장비를 취급할 수도 있고, 복잡한 연회장을 헤치고 지나가야 하고, 혼잡한 부엌으로부터 주문된 음식을 갖고 나와야 하며, 바쁜 호텔 로비와 복도를 카트를 사용하여 지나가야 하며, 고객 체크아웃 시에 고객으로부터 많은 불평을 들어야 한다. 따라서 이들 호텔 직원들은 이같은 상황으로부터 보호를 받아야 한다.

따라서 호텔측에서는 일선 직원들, 지배인급들로 구성된 소위 직원 안전대책위원회를 구성하기도 한다. 이 위원회에서는 장기적인 측면의 직원 안전대책을 마련하여야 한다. 또한 이 위원회의 임원 구성은 호텔내의 각 부서의 직원들을 총 망라해서 이루어져야 한다. 또한 모든 직원들의 의견을 수렴하고, 정기적인 회의도 개최해야 한다.

각 부서의 부서장들은 산하 부서 직원들에 대한 안전에 깊은 관심을 갖고, 이들을 위한 안전 절차를 세워놓아야 한다. 왜냐하면 안전한 작업 환경에서 일하는 직원들이 최대의 작업 성과를 올릴 수 있기 때문이다.

또한 안전 훈련 프로그램이 각 부서별로 개발되어 실시되어야 한다. 특히 경비, 각종 기계 작동, 위생, 화학약품 사용, 자재운반, 장비 이동 등의 작업들을 담당하는 직원들을 위해서는 이 같은 안전 훈련 프로그램의 실시가 반드시 필요하다. 이 프로그램의 수단으로 오리엔테이션, 영상자료, 유인물, 책자 등이 사용되며, 이들은 직원들의 작업수행을 보다 안전하게 이끌기 위한 지침 자료로 활용될 수 있다. 또한 안전 훈련은 정기적으로 실시되어야 하는데 실시 시기는 직원들의 업무에 지장을 받지 않은 시간대에 부서별로, 작업특성별로 나누어 실시되어야 훌륭한 성과를 거둘 수 있다. 물론 호텔측은 이 같은 안전에 관한 프로그램 실시를 위한 예산을 충분히 편성하고 확보하여야 한다.

6. 비상시의 대처요령

1) 일반적인 비상대처

호텔은 비상사태, 즉 화재, 강도, 자연재해인 홍수, 지진, 폭풍, 정전 등이 발생 될 경우를 대비하여 소중한 재산과 인명을 보호하기 위한 비상 대처방안을 세워 반드시 문서화 시켜 놓아야 한다.

이같은 대비 절차는 정기적으로 전 직원들에게 교육을 통하여 환기시켜져야 한다. 이 같은 교육의 중요성은 새삼 강조해도 지나치지 않다. 교육을 통해서 직원들은 어떠한 비상상황이 발생하더라도 당황하지 않고 능동적으로 대처할 수 있게 된다.

호텔 직원의 근무 도중 어떠한 안전이 필요한 상황이 발생되면, 안전 담당 부서에 즉시 연락이 취해져야 하는 등의 비상 연락 체계가 확립되어 있어야 한다. 비상연락체계를 만들 때는 첫째, 호텔 내의 전 부서 모든 직원들의 연락처 및 전화번호를 파악하고 있어야 하며, 둘째, 연락을 취하는 경우 빠른 시간 내에 전 직원들에게 빠짐없이 알려져야 하고, 셋째, 이같은 비상 연락 체계의 효과적인 설계 및 활용에 영향을 미치는 여러 요인들, 즉 호텔 조직체계, 근무시간 편성, 조직원들의 애사심 들이 조화롭게 이루어져야 한다.

2) 비상대처의 요령과 절차

호텔에 투숙한 고객이나 직원들에게 위급한 상황이 발생되는 경우에는 적절한 절차에 의해 해결을 꾀하여야 한다. 다음은 이 같은 대처 절차를 나타낸 것이다.

① 위급한 상황이 접수되면 접수를 받은 직원은 이성을 갖고 냉정하게 대처한다.
② 발생한 위험의 상황 및 내용을 근무 중인 비상연락 책임자에게 알린다.
③ 또한 프런트 데스크 클럭에게 알려, 현대의 투숙객의 명단 및 인원 그리고 투숙한 객실번호들을 확보한다.
④ 비상연락 체계 속의 각 부서 책임자들에게 즉시 연락을 취한다.
⑤ 비상사태 책임자의 지휘 하에 부서장 긴급회의를 갖는다.
⑥ 상황에 따라 고객들을 우선적으로 대피시킨다.
⑦ 필요한 전화번호(관할 경찰서, 소방서, 전기회사, 가스회사, 수도회사, 구조대, 적십자사, 호텔 소유자, 총지배인 등)들을 확보하고 있어야 한다.

3) 화재 경보시스템

몇몇 호텔의 프런트 오피스는 화재시의 경보시스템의 작동 및 관리에 대해 책임을 갖는다. 이 경우 프런트의 직원들은 경보시스템의 용도를 정확히 알고 있어야 하며, 또한 이 장치가 작동하지 않을 경우의 대처방법도 알아야 한다. 경보 장치가 작동하지 않는 가운데 위급한 상황(예 화재)이 계속될 때에는 귀중한 재산 및 인명의 피해가 생기기 쉽게 된다.

오늘날 대부분의 국가에서는 호텔의 화재에 대비하여 모든 호텔의 객실 안에 화재시 연기를 감지할 수 있는 연기 감지기(smoking detector)를 설치할 것을 의무화 하고 있다. 만일 객실에 있는 연기 감지기가 작동을 하지 않는다면, 호텔직원은 어떻게 대처해야 될 것인가? 따라서 모든 호텔 직원들은 화재시에 그들이 수행해야 할 각자의 책임이 무엇인가를 정확히 인식하고 있어야 하고, 호텔은 이들 직원들에게 정기적인 교육 등을 통해 책임 및 역할을 주지시켜야 한다.

7. 도난방지

호텔에서 발생되는 도난사고는 두 가지 형태로 나눌 수 있다. 하나는 호텔의 재산이 종업원 · 고객 · 도둑에게 도난당하는 경우와 고객의 재산이 도둑에게 도난당하는 경우이다.

호텔은 고객이 체크인할 때 등록카드에 현금과 귀금속을 프런트에 보관하도록 안내하고 있으나, 도의적인 면에서나 도난예방 및 투숙고객의 안전 · 보안을 책임지고 있는 이상 도난을 비롯한 제반 사고의 경과에 대한 책임을 면할 수는 없다.

1) 고객에 의한 호텔재산 분실

분실되는 물건의 종류는 시트 · 타월 · 베갯잇 · 모포 및 각종 객실비품을 들 수 있다. 이러한 분실액수가 객실판매이익을 초과하게 되는 경우가 있으므로 객실관리부서의 직원들은 도난방지에 최선을 다하지 않으면 안 된다. 호텔객실관리부서에서는 고객이 호텔물품을 갖고 퇴숙하는 것을 알았을 때 프런트에 통보하여 룸 클럭으로 하여금 조사하도록 한다. 이 때 고객의 기분을 상하지 않도록 정중하게 물어 보며, 확증이 있을 때에는 고객에게 가방을 열어 보도록 요청한다. 만약 가방을 열어서 물품이 발견되지 않았다면 호텔의 신의나 고객에 대한 평판이 좋지 않고 호텔에 미치는 영향이 크므로 신중히 고려하지 않으면 안 된다.

2) 고객재산 도난

미국의 수많은 호텔에서 고객의 재산에 대한 도난사건이 자주 발생하여 경영자들은 크게 골치를 앓고 있다. 호텔은 좀도둑들의 온상지로 가장 알맞은 장소로 생각되어지기도 한다. 또 누구든지 도둑질이 가능하고 쉬운 장소로 보고 있는 것은 고객이 문을 잠그는 것을 잊었다든지, 룸 메이드가 문을 완전히 닫지 않았던지, 또는 프런트에서 고객을 확인하지 않고 열쇠를 주었다든지 하는 것이 원인이 되고 있다. 호텔의 경영자는 종업원들의 철저한 교육을 통하여 안전대책을 강구하여 사고를 미연에 방지하여야 호텔의 신뢰와 안전을 자랑할 수 있다.

(1) 내부에서의 도난방지

① 호텔 종업원을 채용할 때 인적사항과 신원조회를 철저히 한다.

② 룸 메이드, 벨맨, 영선과 직원, 룸서비스 등 종업원이 객실을 출입할 때 시간・용건・객실번호・종업원명을 기록한다.

③ 열쇠관리를 철저히 한다. 룸 메이드가 사용하는 열쇠는 반드시 사용 후 사무실에 반환하여 Master Key는 사용명세서를 기록해 둔다. 열쇠의 사용에는 규정을 만들어 상사의 긴급명력을 받은 자 외에는 그 누구도 사용할 수 없도록 해야 한다.

④ 모든 종업원은 객실 복도에 서성거리는 수상한 사람을 발견하였을 때에는 즉시 해당부서에 보고한다.

(2) 투숙객에 의한 도난방지

① 예약 없이 투숙하는 고객 중 간혹 좀도둑이 있으므로 등록시 여권과 주민등록증을 확인하여 등록하도록 한다.

② 등록시 룸 클럭과 벨맨은 수하물의 수량과 의심되는 부분을 확인하며, 룸 메이드는 객실 내에 펼쳐져 있는 고객의 물건상황을 세밀히 관찰하여 이상한 점이 있을 경우에는 즉시 상사에게 보고한다.

③ 고객이 투숙한 객실의 열쇠를 반환하지 않았을 경우에는 고객의 인상・성명・객실번호・참고사항을 파악하여 기록해 놓는다. 열쇠를 분실했을 때에는 즉시 객실열쇠를 교체한다.

투숙객이 열쇠를 반환하지 않고 가지고 외출했다가 일어난 도난사고의 사례

상용으로 한국에 온 고객이 투숙객의 열쇠를 가지고 외출하여 어느 파티에 참석했다. 윗옷을 벗어서 옷걸이에 걸어 놓고 파티는 절정에 이르렀다. 그 시간 호텔의 그 투숙객 객실에 도둑이 들어와 고객의 물건을 전부 가지고 달아나려다 종업원의 불심검문에 잡혔다. 도둑은 파티에 참석한 고객의 호주머니에서 객실열쇠를 훔쳤던 것이다.

---

④ 열쇠는 재산보호의 1차적인 관건이므로 언제든지 행방을 확인하여야 한다. 프런트 캐셔는 투숙객의 정산 즉시 열쇠의 반환을 최종적으로 확인하도록 한다. 반납이 안될 경우 룸 클럭은 즉시 새로운 열쇠를 만들어야 한다.

⑤ 고객에 의한 도난사고는 외출할 때 객실문을 완전히 잠그지 않았을 경우 발생한다. 종업원은 수시로 순찰을 하고, 열려 있는 객실문을 닫아 주어야 하며, 자동열쇠장치를 부차로 가하면 더욱 효과적이다.

(3) 외부로부터의 도난방지

① 고객을 노리는 불량배가 호텔 주변에는 많다. 고객의 객실번호만을 알고 이름과 재실 여부를 알아내고자 호텔 교환실을 이용하는 경우가 많다. 교환은 전화안내의 제공시 객실번호만 알고 고객의 성명과 행방을 알려고 하는 문의는 불량배의 소행으로 간주하고 절대로 알려 주어서는 안 된다.

② 룸 클럭은 고객을 민감하게 식별하여 객실열쇠를 본인이 아닌 타인에게 잘못 전해 주어 사고가 발생하지 않도록 하여야 한다.

③ 현관 직원은 로비를 배회하는 수상한 자를 관찰하여 프런트 지시 없이 객실을 올라가지 못하도록 한다.

④ 호텔마다 비상구 표시를 반드시 하고 있다. 평상시에 엘리베이터를 이용하지 않고 비상구를 이용하는 사람은 일단 요주의인물로 간주하고 주의 깊게 관찰해야 한다.

⑤ 일반적으로 호텔의 도난사고는 아침 10 : 00 ~ 11 : 00 사이와 오후 5시 이후 외출시간에 많이 발생한다. 이 시간은 호텔종업원에게는 가장 바쁜 시간이고, 고객은 외출하는 때이므로 침입자에 대한 관심이 소홀하다. 이러한 때를 대비하여 불규칙한 순찰을 강화하고, 객실관리부서의 종업원에게 객실문을 철저히 닫도록 하며, 열쇠를 갖고 있지 않은 고객은 프런트에 조회한 후 문을 열어 주도록 한다.

⑥ 전문적인 좀도둑은 이미 열쇠를 받은 후이다. 그 열쇠로 해당객실에 들어가고자 고객의 객실재실 여부를 교환에게 물어 오는 경우가 많다. 그러므로 안전대책의 일환으로 고객이 체크아웃함과 동시에 새로운 열쇠를 제작하는 것도 도난방지방법의 하나라고 볼 수 있다.

8. 인사사고

신속하고 원만한 사고취급절차는 고객에게 긴장감과 역경을 덜어 주며, 호텔에 고마움을 느끼게 하고, 종업원의 친절에 만족하도록 하게 한다.

① 부상 · 발병 · 사망의 각종 긴급사태시는 지배인에게 그 내용을 상세히 보고한다. 원인 및 긴급사태가 자연발생적인 것인지, 가해 원인이 있는지를 조사한다. 피해자의 성명 · 인적사항과 증인의 성명 · 인적사항을 기록한다.
② 사고현장의 정확한 일시 · 장소 등을 기록하고 보고한다.
③ 사고발생시 신속히 행동함으로써 고객과 호텔의 안전을 도모하도록 한다.

1) 응급처치 요령

① 사고발생시 의사가 올 때까지 임시구조로 응급처치를 한다.
② 환자를 안정시켜야 한다.
③ 병세경과를 주시한다.
④ 의사가 도착하면 증상을 알려 준다.
⑤ 교환에게 의사를 부르거나 구급병원차를 불러 병원으로 옮긴다.
⑥ 환자가 출혈시는 출혈부분에 지혈대를 감아야 하며, 지혈대를 감을 수 없을 때에는 손으로 상처부분을 누르며 의사가 도착했을 때 의사의 지시를 받는다.
⑦ 경화상일 때에는 우선 많은 물로 씻는다. 중화상일 때에는 화상부위를 손으로 만지거나 물집을 터뜨리지 말고 의사의 지시를 받는다.
⑧ 사지의 골절일 때에는 지혈하고, 부목을 대서 안정을 찾는다.
⑨ 늑골의 골절일 때에는 놓아두고, 속히 의사를 부른다. 머리를 다쳤을 때에는 지혈처리가 가능하면 조심스럽게 지혈하고, 의사를 부르거나 병원으로 옮긴다.
⑩ 등을 다쳤을 때에는 환자가 움직이려고 하면 척추를 건드리지 않게 조심시켜야 하며,

의사를 부르거나 병원으로 옮긴다.

⑪ 눈에 티가 들어갔을 때에는 안약을 넣거나 눈물을 많이 흘리도록 하며, 깨끗한 음료로 씻어낸다.

2) 종업원 안전수칙

① 근무 중 종업원이 다쳤을 경우에는 중경상을 불문하고 즉시 감독자에게 보고하여 응급처리를 받는다.

② 직무의 내용과 안전수행방법을 익힌다.

③ 고장 · 파손된 장비와 기계들을 속히 보고한다. 불완전한 시설과 사고의 우려성이 있는 비품 · 시설의 위험성을 즉시 보고한다.

④ 높은 곳에서 일할 때에는 반드시 사다리를 이용하여 욕조 · 변기 · 의자 등을 대용품으로 사용하지 않는다.

⑤ 작업시에는 적합한 작업복과 신발을 착용하여 안전하게 한다.

⑥ 물건을 쓰는 적절한 방법을 익히며, 힘으로 무리하게 시도하지 않는다.

⑦ 어두운 방에 들어가기 전에는 불을 반드시 켜야 하며, 젖은 손으로 스위치를 만지지 않는다.

⑧ 청소용 도구를 복도 · 통로 · 계단에 방치하여서는 안 된다.

⑨ 진공청소기를 복도 가운데 방치하여 통행을 방해하면 안 된다.

⑩ 객실내 부서진 기구 · 장비가 있으면 즉시 보고하여 치우도록 한다.

⑪ 걸음걸이 · 말소리를 조심하며, 복도의 떨어진 휴지 등을 보는 대로 줍는다.

⑫ 선반에 물품이나 장비를 보관할 때에는 너무 높이 쌓지 않는다.

⑬ 사물함과 룸 메이드 대기실은 항상 깨끗이 정돈하고, 위험성 있는 기물은 치워 놓는다.

⑭ 금연표시와 규칙을 항상 잘 지키며, 꽁초를 보는 대로 재떨이에 버린다.

9. 보안

1) 보안의 목적과 신고체제

보안이란 국가의 안전보장을 위하여 국가가 보호를 필요로 하는 인원과 비밀문서 · 자재 · 시설 · 지역을 보호하는 소극적 예방활동, 국가안전보장을 해치고자 하는 간첩 · 태업 · 전보 · 불순자들에 대하여는 이를 경계하고 방지하며 탐지 · 조사 · 체포 · 제재하는 등 적극적인 예방활동을 말한다.

호텔보안의 궁극적인 목적은 각종 위해행위로부터 국민과 고객의 생명을 보호하고 각종 파괴행위로부터 국민과 고객의 재산을 보호함으로써 국민과 고객의 안전보장과 외국고객의 안전과 관련한 국제문제에 있어서 국가와 호텔의 지위를 유리하게 하는 데 그 목적이 있다.

호텔의 객실근무 중 사고발생에 따른 신고체제는 다음과 같은 요령에 의해서 행동한다.

2) 객실관리근무 중 착안사항과 숙지사항

① 객실정비시 세밀한 관찰

ⓐ 객실 내 이상한 물건과 냄새

ⓑ 휴지통에 버려진 물건

② 필요 이상으로 객실청소를 거부하는 자

③ 휴대품 보관에 필요 이상 신경을 쓰는 자

④ 객실통로에 불필요하게 서성이는 자

호텔종업원으로서 공통적인 숙지사항은 다음과 같다.

(1) 보안상 특이점

① 무기류 또는 무기로 추정되는 물건을 휴대하고 있을 때

② 서류봉토나 일용물품 및 가방 외에 폭발물로 인정되는 물건을 지참할 때
③ 종업원에게 짐을 맡기지 않고 본인이 짐을 챙길 때
④ 작은 짐으로 무게가 있거나 있어 보일 때
⑤ 포장지로 싼 물건이 내용과 다른 경우일 때
⑥ 총회 참석자가 투숙한 객실부근을 배회하거나 행동이 이상할 때
⑦ 일반투숙객이 총회 참석자를 미행할 때
⑧ 호텔 구석과 화장실에 장기간 머물고 있거나 이유 없이 자주 왕래할 때

(2) 안전상의 특이점

가) 폭발물 설치용의 장소

① 움직여지는 부분
② 움직이지는 않으나 식별하기 곤란한 지점
③ 벽 · 천장 · 카펫 등에 뜯은 흔적이 있는 부분
④ 압력이 가해지는 부분
⑤ 관심의 대상이 아닌 지점
⑥ 설비의 중심부
⑦ 호텔 벽 가까이에 장시간 방치된 자동차
⑧ 운전자가 없는 무단 방치차량

나) 폭발물 식별요령

① 시계소리 : 시한장치
② 배선 : 외부전원 시한장치
③ 연계철선
④ 가벼운 기계장치 포장 : 원격조정 · 시한장치 등
⑤ 사물의 비정상적인 상태 위치

10. 호텔 안전기록대장

안전을 해치는 각종 사고들을 줄이기 위해서 호텔측이 취할 수 있는 중요한 절차 중의 하나는 현재까지 호텔이 직면하고 있는 특별한 모든 문제점들을 가능한 한 파악하는 것이다. 이를 위해서 호텔은 과거부터 현재에 이르기까지의 안전관련 사고・사건들의 상세한 내용과 발생일자 및 대처결과 등을 기록한 대장을 갖고 있어야 한다. 다시 말해서 상세한 사건일지가 필요하다는 말이다.

즉 호텔재산의 파괴・손상, 직원의 상해, 고객의 피해나 상해, 그 밖의 사고들의 내용이 전부 기록된 문서가 필요한 것이다. 이 대장 속에는 사고의 날짜와 시간이 기록되어져야 하고, 고객이나 직원 혹은 호텔의 손실이 발생된 경우에는 손해금액이 적혀져야 하며, 전체사고의 내용이 시간대별로 기록되어져야 한다.

이 대장의 기록은 언제, 어디서, 누가, 무엇을, 어떻게, 왜의 육하원칙에 의거하여 자세히 적혀져야 하며, 사고에 관련된 사람과 목격자 등의 관련인물・인적사항・주소가 기록되어져야 한다. 다시 말해서 사고의 해결에 도움이 될 수 있는 관련된 모든 사항이 전부 포함되어야 한다는 말이다. 또한 이 대장에는 그것을 기록한 날짜와 직원의 서명이 포함되어 있어야 한다.

또한 안전기록대장은 기밀문서로 취급해서 특별한 상황인 경우가 아니면 외부로 누출시켜서는 안 된다. 즉 호텔의 안전기록대장은 그 호텔의 과거 운영모습을 일부분이나마 담고 있는, 공개하고 싶지 않는 비밀문서인 것이다.

11. 소방안전

1) 화재 안전관리

화재 안전계획은 호텔이 위치한 도시의 화재 안전 규칙들로부터 시작된다. 이 같은 규칙들은 구성물질, 인테리어 디자인 직물, 입구와 비상구의 구조물, 공간 제한, 발연 경보 설치와 유지, 자동소화장치 설치와 유지, 화재 훈련 테스트 그리고 화재경보기 작동과 유지등을 규정할 것이다. 이 같은 광범위한 규칙들은 고객 안전을 보장하기 위해서 개발되었다. 이를 시행함에 재정적인 투자가 요구되겠지만 반드시 필요하다 하겠다.

프런트 오피스 지배인과 안전부서의 부서장은 효과적인 소방 안전과 대피를 위한 프로그램을 개발하여 이를 전 직원들에게 교육시켜 만일의 사태에 대비하여야 한다.

소방 안전 계획은 호텔이 위치하고 있는 지역 당국과의 소방 안전규칙을 제정하고, 이에 따른 장비의 준비 및 소방시설의 비치 등의 모든 제반 사항을 완비 하여야 한다. 즉 호텔 건물 건축 시에 투입되는 건축자재, 호텔 내부의 실내 구조 및 재료, 호텔 출입구의 형태 및 숫자, 비상시에 대피할 수 있는 대피 통로의 유무, 화재경보기의 설치 및 유지, 물 뿌리기 시스템(sprinkler)의 설치 및 유지, 소방 훈련의 실시 등의 내용들이다. 이 같은 모든 규칙들은 고객의 안전을 보장하기 위해 개발된 것이다.

호텔 고객들은 의식적이건 무의식적이건 간에 투숙하는 동안에 안전한 환경속에서 지내기를 원한다. 어떤 고객은 투숙할 객실에 화재경보기가 있는지 확인을 한 후에만 투숙하기도 한다. 그러나 대부분의 고객들은 소방 안전보다는 다른 것에 관심을 갖고 있어 화재시의 대피 절차 등에 대해서는 아예 무관심하기까지 한다.

호텔객실의 안쪽 문에는 화재 등의 비상시에 대피할 수 있는 대피 요령 및 이 객실의 위치 그림이 그려져 있어 가장 가까운 비상탈출구가 어느 쪽에 있는지에 관해 쉽게 알 수 있다. 비교적 세심한 고객은 자기 객실이 비상구에서 얼마나 떨어져 위치하고 있는가를 체크하기도 한다. 프런트 오피스 지배인은 호텔의 안전을 위해 그리고 고객과 직원의 안전을 위해 간단한 화재 안전 계획 프로그램을 개발해야 하며, 이를 정기적으로 직원들에게 훈련 및 대비를 시켜 비상사태에 대비하여야 한다. 이레 이에 따른 유의사항은 다음과 같다.

① 모든 객실과 공공장소에 연기 감지기(smoke detector)를 설치한다.

② 정기적으로 연기 감지기의 작동상태를 테스트해보고, 그 결과를 기록해 둔다.

③ 지역의 소방 안전 규칙에 의해 요구되는 각종 소화장비, 작동상태, 화재경보기 작동

상태를 시간대 별로 기록해 둔다.

④ 정기적으로 연기 감지기와 화재 경보기의 상태를 검사, 확인한다.

⑤ 객실이 위치한 지역, 공공지역, 작업지역 등지의 가까운 화재대피 출구를 지정하여 호텔 내의 각 지역에 게시해 놓는다.

2) 화재 안전계획

화재 안전계획은 고객의 생명을 다루는 문제로서 호텔의 전사적인 계획 개발이 필요하다. 따라서 안전관리 부서는 호텔직원들과 고객들에게 객실의 화재안전관련 게시판이나 교육을 통하여 위험한 상황에 대처하도록 해야 한다.

다음은 화재 안전관리에 대한 개괄적인 내용이다.

① 고객 객실과 공공장소에 중앙과 연결되어진 경보장치 설치

② 정기적으로 경보장치 유지 및 최근 테스트 기록유지

③ 소방법에 의한 화재 경보의 설치, 유지, 테스트

④ 지속적인 화재 경보시스템 모니터

⑤ 공공장소, 근무지역, 객실, 복도 등의 공간에 화재 시 비상 계획과 비상구의 위치 개시

⑥ 고객과 종업원을 위해 화재 시 철수 절차와 화재 안전지침 및 소화기의 위치 교육

3) 화재 안전 직원교육

화재 비상구, 소화기의 위치, 화재경보기와 빌딩 철수의 방법에 대에 직원들에게 제공되는 훈련 프로그램은 호텔 고객서비스 차원에서 이루어져야 한다. 호텔직원들이 호텔의 전 지역의 비상구, 소화기, 화재경보기의 위치에 대한 지속적인 교육과 비상교육을 통하여 효과를 점검하여야 한다. 예를 들어, 1101호 객실을 청소하고 있다면 가장 가까운 비상구는 어디인가? 당신이 레스토랑에 있다면 가장 가까운 소화기는 어디에 있는가? 등 반복되는 간단한 질문들은 직원들에게 화재 안전의 중요성을 일깨워준다. 이 같은 비공식적인 훈련 과정에는 조직적인 과정과 화재 시 이용하는 적합한 도구 이용정보 등을 포함한다.

4) 사고관리 대처

호텔에서 사고발생 시의 대응은 매우 신속하게 이루어져야 한다. 사고에 대한 대처능력이 떨어질 경우 고객의 생명까지도 잃게 할 수 있는 경우가 발생됨으로 호텔 이미지는 물론 대 고객서비스에 있어서도 많은 문제점이 발생된다.

화재에 대한 사전 관리는 다음과 같다.

① 소화전, 표시등, 호스의 정돈상태, 관리 비상등 및 유도등의 작동상태
② 비상구(방화문)관리 : 비상계단 및 출입문에 불필요한 물품방치 여부
③ 객실 내 비상 물품 관리(방독면, 비상로프)
④ 운반기구 손상여부 체크 및 관리, 전기기구의 전선 피복점검, 콘센트 관리

5) 화재발생시 행동요령

(1) 신속 · 정확한 상황(화재)통보

방재실에서 담당한다.

① 상황이 부여되면 당황하지 말고 침착하게 행동한다.
② 화재의 신고는 침착하게 건물의 위치 및 명칭을 알기 쉽게 알려 주어야 하며, 훈련시에는 반드시 '훈련에 의한 신고'라는 것을 밝혀야 한다.
③ 아울러 신고자의 인적사항 등도 정확하게 알린다.
ⓐ 화재발생 사실
ⓑ 발화건물의 소재지와 명칭
ⓒ 연소상황과 연소건물
ⓓ 목표가 되는 주위의 건축물
ⓔ 기타 부상자 또는 구조자의 유무와 위험물
④ 신고가 끝났다고 해서 안심하지 말고 즉시 자체 초기진화에 임한다.

⑤ 2인 이상이 화재현장에 있으면 반드시 1인은 신고와 구내 통보를 하고, 나머지 1인은 자체 초기진화에 임한다.

(2) 화재 초기의 안전조치

① 전기에 의한 화재의 발생이면 우선 발화층 전원을 차단한다.

② 유류에 의한 화재라면 분말소화기 · 모래 등을 사용하여 최단시간 내에 소화한다.

③ 가스폭발에 의한 화재라면 재폭발지역의 가스 밸브를 차단하고, 신속히 초기진화에 임하여야 한다.

④ 초기소화가 불가능하다고 생각될 때에는 의복이나 귀중품을 찾느라고 시간을 지체하지 말고 즉시 밖으로 대피한다.

⑤ 인명을 구하거나 귀중품을 꺼내기 위해서 무모하게 불 속으로 뛰어 들어가지 말고 소방관에게 재빨리 알려서 구출하도록 한다.

⑥ 대부분의 호텔은 고층 건물로 지어졌기 때문에 엘리베이터를 이용하려 하지만, 절대로 엘리베이터를 사용해서는 안 된다.

▌사진 8-1▐ **소화기**

⑦ 건물 내에서 화재를 당하였을 경우, 문틈으로 연기가 새어 나온다면 이미 유독가스와 연기가 차 있다는 증거이므로 문을 열어서는 안 되며, 바깥 창문을 이용하여 구조를 요청한다. 특히 호텔의 경우는 객실·복도까지도 카펫이 깔려 있어 화재의 확산이 급속히 이루어지며, 화상에 의한 것보다 유독가스에 의해 사망에 이르는 경우가 더욱 높다. 따라서 욕실 등 물이 있는 곳으로 가서 타월 등에 물을 적셔 입을 막아 유독가스를 조심한다.

(3) 침착한 소화활동

① 소화작업은 침착하게 진행해야 한다. 이 때 소화요원은 무계획적으로 행동하지 말고 우선 화재현장의 상황을 정확히 판단한 후 신속히 행동해야 한다.
② 화점으로 접근할 때에는 낮은 자세를 취하여야 한다.
③ 소화 작업은 가능한 한 화점에 가깝게 접근하여 불꽃을 중심에 두고 포위하여 사방에서 동원 가능한 소화기구 또는 시설을 최대한 활용하여 집중적으로 소화 작업을 행하며, 이 때 작업은 불꽃의 아랫부분을 끈 후 윗부분을 끈다.
④ 불길을 잡을 수 없을 때에는 다른 장소로 한 걸음 한 걸음씩 후퇴하면서 화재가 더 이상 확대되지 않도록 연소방지에 주력한다.
⑤ 현장주위에 불길이 옮겨 붙을 우려가 있는 가연성 물질은 신속히 제거한다.
⑥ 발화건물의 외벽 등에 주수하면 벽이 무너질 위험이 있으므로 항시 감시하며 벽 등이 떨어지는 것을 주의한다.

(4) 피난요령

① 평소에 피난통로 및 비상구를 숙지하였다가 냉정하게 피난방법을 결정해야 한다.
② 피난할 때에는 자세를 낮추어 젖은 수건으로 코를 감싸고 호흡량을 적게 하여 민첩하게 행동하여야 한다.
③ 화점과 먼 풍향의 반대방향으로 연기가 체류하는 막다른 곳을 피하여 탈출한다.

(5) 인명구조 활동

① 구조자를 확인하였을 때에는 전자메카폰 등을 이용하여 안심시키고, 피난통로 또는 비상구의 위치 등을 정확히 알려 준다.

② 인명구조를 위해 옥내로 진입할 때에는 로프 · 손전등 · 갈고리 · 물수건 등을 휴대하고 계단 · 난간 · 벽체를 따라 진입하되, 비상시 탈출구를 찾아 놓아야 한다.

③ 높은 열과 유독가스가 발생할 경우에는 함부로 들어가지 말고 창문 등을 부수어 공기를 소통시켜야 한다.

④ 막다른 곳과 화장실 · 계단입구 등을 중점을 두고 인명 색출을 실시한다.

⑤ 부상자가 발생한 경우 상처를 확인하고, 상처가 다치지 않도록 유의하면서 신속히 안전한 곳으로 구출하며, 의료요원에게 인도한다.

⑥ 구출한 환자는 응급조치를 한 후 신속히 병원으로 후송하여야 한다.

⑦ 구조원은 가급적 2인 1조로 활용한다.

(6) 소방관과의 협력

소방대가 도착하면 자위소방대와 소방관과의 연결을 잘지어 소방활동의 전체에 공백이 생기지 않도록 한다.

① 진입해야 할 문 등의 개방

② 화점으로 유보

③ 필요한 정보의 제공: 구조자의 유무, 화재의 상황, 위험물이나 고압가스의 유무, 소방대상물의 관계자료, 수용인원 등

(7) 교통통제 요령

① 소방차가 오면 모든 차량과 보행인은 통로 한쪽으로 유도하여 소방차의 소통을 원활하게 해 준다.

② 좁은 길목에서 제 차량은 통행을 금지시키거나 또는 우회진행토록 유도한다.

③ 소화작업 요원과 이에 관계되는 사람 이외에는 현장출입과 통행을 금지시켜야 한다.
④ 화재현장에서 꺼낸 물건은 도난당하지 않도록 잘 감시하여야 한다.
⑤ 불이 어느 정도 진화되어 소화작업에 지장이 없다고 인정되면 즉시 교통통제를 해제 한다.

제 9 장

호텔시설관리와 설비관리

Flow Chart

Hotel Housekeeping의 개요

↓

Hotel Housekeeping의 조직 및 직무

↓

호텔객실정비의 개요

↓

호텔일반정비/고정자산관리의 개요

↓

호텔객실/일반정비의 장비 및 세제

↓

린넨 · 유니폼 · 세탁물 관리

↓

마스터키 · 분실물 · 고객요청 관리

↓

호텔안전관리와 화재관리

↓

호텔시설관리와 설비관리

↓

부 록

- FF & E 용어
- 호텔 내 각종 공급품
- Amenities와 Linen 단가
- 호텔 용어

제 9 장 호텔시설관리와 설비관리

1. 호텔시설관리

1) 호텔시설관리의 개념

호텔시설은 고가의 고정자산이다. 호텔의 자산인 건축물 · 시설을 관리하는 것은 호텔의 경제적 가치를 보존하고 고객을 위하여 쾌적한 환경조성을 통하여 호텔기업을 지속적으로 보존하기 위한 것이다. 일반적으로 호텔의 개수와 보수(renovation)는 호텔업의 초기투자비용이 많은 관계로 시설관리에 투자하는 것이 매우 어려운 실정이다.

그러나 호텔 간의 경쟁이 치열해지고 가속화되면서 시설의 고급화 추세와 고객의 욕구가 변화함에 따라 객실이나 부대시설의 시설관리는 중요하다. 또한 호텔의 인적 서비스가 거의 대등해져 결국 고객들은 호텔에 대한 평가를 시설과 가격기준으로 하기 때문에 타 호텔과의 경쟁우위에 서기 위해서는 지속적인 호텔의 재투자와 개수 · 보수를 통한 시설관리가 필요하다.

2) 호텔시설관리의 조직 및 업무

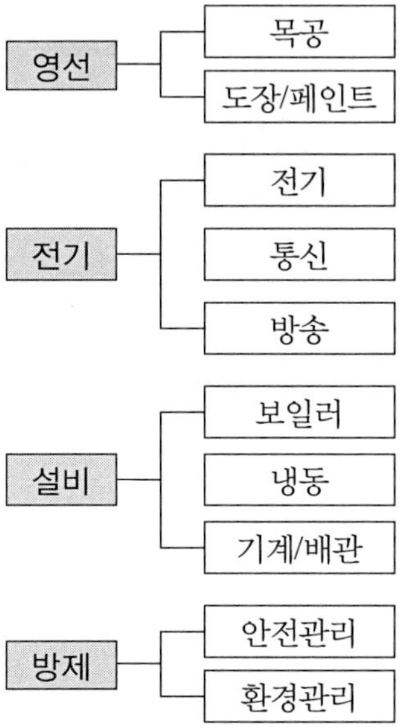

(1) 영선(Building & Repairs section)

영선담당은 목공, 도장공, 도배동, 미장공 등으로 구성된다. 호텔의 객실과 식음료시설 및 부대시설의 벽지도배와 호텔 건물의 도장 그리고 침대, 식탁, 의자 등과 같은 가구와 객실문, 창틀 등의 수선과 도장업무를 담당하고 있다.

(2) 전기(Electricity Section)

전기담당은 전기안전관리책임자, 전문기사 및 전기 기계공으로 구성된다. 변전실, 발전실, 전기배선, 조명시설, 전기기계, 통신기계의 유지 및 보수업무를 담당하고 있다. 이 밖에도 세부적으로 객실 내의 조명, TV, PC, 팬코일(fan coil), 냉장고, 콘센트와 호텔의 모든 업장의 전기, 조명, 엘리베이터와 음향시설 조정과 유지관리를 하고 있다.

(3) 설비(Heat & Plumbers Section)

설비담당은 열관리사, 보일러기사, 냉동기사, 배관공 등으로 구성되며, 이들은 보일러,

원동기, 냉동기, 급수관리, 욕조시설, 배관시설, 저장시설, 황경관리, 연료저장탱크 등의 안전 운영 및 유지관리를 책임진다.

(4) 방제담당(Fire & Emergency Section)

방제담당은 재해로부터 사전예방과 긴급사고 발생 시 응급처치를 담당한다. 화재안전을 위해 방화관리자를 두며, 방화물 관련 정기검진과 자동화재경보기, 전기누전탐지기, 비상방송기기, 건물 내의 소화시설, 비상탈출용 기계 등의 유지관리와 소방훈련 업무를 담당한다.

3) 호텔시설유지의 중요성

호텔의 모든 시설물을 오랫동안 사용하기 위해서는 깨끗하고 안전하게 유지하며 관리하는 것이 중요하다. 호텔의 내부뿐만 아니라 외부의 유리와 벽체를 수시로 세척하고 기계, 가구, 비품, 집기 등 유형자산의 수명연장을 위해 관리에 소홀이 해서는 안 된다. 또한 전기시설, 냉・난방시설, 냉장고, 주방설비, 각종 운동기구 등도 계획에 의한 철저한 관리를 하여야 한다.

호텔시설관리는 고객측면과 경영자측면에서 유지관리의 중요성을 찾아 볼 수 있다. 먼저 고객측면에서는 고객은 고객이 지급한 금액에 대한 정당한 서비스를 제공받아야 한다. 항상 쾌적한 공기의 순환시설, 온도에 맞은 냉・난방시설과 냉온수시설 및 객실 내부에 설치된 각종 기기(TV, PC, Fax, 냉장고, 드라이기 등)는 물론이고 고객이 필요로 하는 기자재를 활용할 수 있는 지원시설 등은 문제없이 작동되어야 한다. 고객의 입장에서는 이런 것이 잘 구비가 되어 만족을 했을 때에는 별다른 반응이 없으나 불편을 느낄 때에는 불만으로 이어져 결국 고객이탈로 연결이 되기 때문이다.

그리고 경영자의 입장에는 높은 매출이익보다 당장 지급해야 하는 제반 비용을 줄여야 한다는 효율경영을 추구하게 된다. 매달 지급해야 하는 수도세, 전기세, 제반 시설이용료 등 각종 사용료와 건물과 시설, 설비의 보수와 유지를 위한 유지관리비를 줄이려는 노력이 필요하게 된다. 호텔시설관리는 지속적으로 관리하여 고객만족을 극대화시키며 동시에 비용절감의 효과도 누릴 수 있도록 해야 한다.

▌양식 1▌ 유지 · 보수점검 리스트

MAINTENANCE CHECKLIST

☐ CHECKED ▨ NEEDS REPAIR ■ REPAIR COMPLETED ROOM NO.

AIR CONDITIONERS

☐ 1. Switches/controls/valves check operation

☐ 2. Thermostat dial positioned, works correctly

☐ 3. Thermostat probe secure, calibrated, working

☐ 4. Filter---clean

☐ 5. Fan & fan motor—clean, lubricated, secure

☐ 6. Evaporator and condenser—clean

☐ 7. Condensation pan & drain—clean

☐ 8. Exterior grll—clean, maintained to complement building exterior

☐ 9. compressor—clean

☐ 10. Check for leaks in refrigeration system

☐ 11. Check electric plug, receptacles, cord

☐ 12. Heating unit, clean & operating correctly

ELECTRICAL

☐ 13. Lamp switches on/off-3 way working correctly

☐ 14. Lamp sockets & swivels, tight, in good repair

☐ 15. Lamp shades, clean, no holes, secure

☐ 16. Light bulb—replace burned, check wattage

☐ 17. Plugs, cords & connections, repair as needed

☐ 18. Lamp base/body in good repair

☐ 19. Light switches on/off—working and in good repair

☐ 20. Switch & outlet wallplates good repair and match in color

☐ 21. Wall sockets/receptacles operate, no shorts

☐ 22. Timer switches work correctly, knob secure

☐ 23. Heat lamps, correct wattage, clean, good repair

☐ 24. All light fixtures are clean, dust free, complementary to room decor

TELEVISION

- ☐ 25. Audio—clear(radio and television)
- ☐ 26. Visual—in focus(check each station)
- ☐ 27. Knobs—replace, if necessary
- ☐ 28. Fine tune—color contrast, horizontal, vertical
- ☐ 29. Antenna—cable connections secure
- ☐ 30. Chassis/screen—clean, dust free, no apparent damage security mounts secure

TELEPHONE

- ☐ 31. Overall appearance & condition—clean, good repair
- ☐ 32. Dialing instructions—replace if faded
- ☐ 33. Defects (good connections, audio good, bell works, etc.) report to telephone company

FURNITURE

- ☐ 34. Drawer handles, knobs tight, good repair and drawer guides lubricated
- ☐ 35. Mattresses and box springs, good repair, turned clean, etc.
- ☐ 36. All furniture surfaces—stains, scratches, damages, repair
- ☐ 37. Chairs (cushions, legs, brace springs) repair/replace as needed
- ☐ 38. Tables/desks—tops and bases tight, stable and in good repair
- ☐ 39. Headboards—secure, clean top and front
- ☐ 40. Nightstands—stable, stain and scratch-free
- ☐ 41. Bed box/bed rails and casters clean and in good repair
- ☐ 42. Pictures secure, clean, good condition, color coordinated with room

WINDOW AND MIRRORS

- ☐ 43. Window guides and latches clean, work easily
- ☐ 44. Window trim clean, caulk in good repair
- ☐ 45. Drapery hardware (rod, pulls, cord, mounting, pin, hooks) all in good repair
- ☐ 46. Mirror(s) condition, hangers secure, no scratches or mars

SLIDING DOORS/WINDOWS

- ☐ 47. Tracks clean and in good repair
- ☐ 48. Guides, wheels are clean to slide freely
- ☐ 49. Doorstop and bumpers present so doors close quietly and securely
- ☐ 50. Latches—primary and secondary security—are effective

DOORS, ENTRANCES

☐ 51. Handles—check and secure
☐ 52. Lock cylinder, key hole, condition & operation
☐ 53. Hinges, hinge pins lubricated, secure
☐ 54. Door chain/dead bolt, securely attached, and working correctly
☐ 55. Lock striker and check plates secure to prevent unauthorized entry
☐ 56. Door frame, bumpers, replace as necessary
☐ 57. Weatherstripping in good repair, replace as needed
☐ 58. Threshold is sccure, replace rubber inserts if needed
☐ 59. Door fit(security, energy and noise control) smooth and tight
☐ 60. Peepholes correctly installed, clean
☐ 61. Door condition---check for holes, need of cleaning, repair
☐ 62. Door stops in place to prevent damage to handle or wail

BATHROOM/VANITIES

☐ 63. Bathtub safety strips, clean and in good condition
☐ 64. Tub and lavatory drain, plugs, popups, strainer clean and working
☐ 65. Shower head secure, clean, has correct spray pattern
☐ 66. bath tile and walls---check for loose tiles, grout holes, need for caulking
☐ 67. Toilet flush and drain---no excess noise, leaks
☐ 68. Toilet tank, tank top, clean, no cracks, secure to base
☐ 69. Seat, hinges, bumpers all in good repair---replace if in doubt
☐ 70. Toilet seal---check evidence of leaks
☐ 71. Hot, cold faucets---check for leaks.
☐ 72. Shower/mixing valve doesn't leak
☐ 73. Chrome fixture appearance is bright---clean/replace if needed
☐ 74. Shower rod, curtain, clean, chrome or plastic sleeve
☐ 75. Basin "P" trap is clean, no leaks
☐ 76. Tub and basin appearance is free of scratches
☐ 77. Toilet paper holder, properly mounted, clean
☐ 78. Facial tissue holder secure and clean
☐ 79. Soap dish & grab bars are secure, good repair
☐ 80. Towel racks---fastened securely, good repair
☐ 81. Vanity top/cabinet not marred, clean, attractive

자료: Martin, 1998.

4) 호텔시설의 유지와 보수

호텔객실관리부서에서 호텔시설의 관리 · 유지 · 보수는 자산관리측면에서 매우 주요한 업무 중 하나이다. 호텔시설의 유지 · 보수는 호텔에 있어서 계속해서 이루어지는 일련의 과정이다. 이것은 시간적 요소와 목적과의 연계성을 가지고 호텔시설 유지팀에서의 경영이익측면에서 다루어야 한다. 호텔의 예방유지 · 보수는 아주 명확하고 다양한 체크리스트가 있어야 가능하며, 빠른 시간 안에 개선할 수 있는 것부터 시작해야 하며 여기에는 다음과 같이 4가지가 있다.

① 객실시설 유지
② 비품시설 유지
③ 작업순서에 따른 일상적인 개수와 보수
④ 비상시의 시설 유지

이상의 네 가지의 경우 모두 호텔 내에서는 호텔자산의 손 · 망실(lost & damage)관리로 보고 있다. 따라서 고객에 의해 호텔자산이 분실되었거나 파손된 것은 값의 고저를 막론하고 신속히 호텔객실관리사무실에 보고하여 보상받도록 하고 있다.

① 룸 메이드나 점검자는 호텔의 재산이 분실되거나 파손이 발생하면 신속히 사무실로 보고하여 오더 테이커가 damage 접수를 한다.
② 객실담당지배인이 확인하고 damage charge 여부를 결정한다.
③ damage charge를 받아야 할 경우 레포트를 작성한다.
④ executive housekeeper의 사인을 받은 후 고객과 연락하여 금액을 받는다.
⑤ 고객입장에서 생각하고 damage charge 여부를 결정한다.
⑥ 카메라로 사진을 찍어서 증거를 남긴다.
⑦ 객실번호 → 고객성함 → 주소 → 파손부위 및 금액의 순으로 레포트를 작성하고 카메라로 찍어 참고자료로 붙인다.
⑧ executive housekeeper가 부재중일 경우 당직지배인의 사인을 받아서 프런트 데스크

로 전달한다.

⑨ 변상금액은 참고자료를 참고한다. 레포트와 Folio를 프런트 데스크로부터 받아 따로 보관한다.

[양식 2] 호텔 자산의 손·망실보고서

LOSS & DAMAGE OF HOTEL PROPERTY

Name of guest: Mr. Kim, Han Gook

Room Number: 1002

Address & phone number:

Date Article was found damaged : 200x.8. 24

Damage discovered by: Lee, Dae Han(Room maid)

Date: 200x. 8. 24 Time: . 17 : 00 PM.

Value(Estimated): ₩ 330,000

The article listed below were lost ( ) damaged (○) during occupancy

Of guest

Article of Loss & Damaged: Night Table 담뱃불 자국
Dresser Table 담뱃불 자국
Game Table 담뱃불 자국

Article ( ) can be repaired. Estimated cost ₩

(○) must be replaced. Estimated cost ₩ 300,000

V.A.T ₩ 30,000

Guest to be assessed: ₩ 330,000

Acknowledgement(Signature):

Exec. Housekeeper:

Rooms Director:

호텔에서는 항상 호텔시설의 손・망실로 인해 판매할 수 없는 영업장에 대한 DNS(Do Not Sales)현황에 대한 기록을 보유한다. 판매 불가능한 객실에 대한 사항에 관해선 Out of Order 또는 DNS 처리를 하여 각 층에 통보하고, 그에 대한 사항을 보고처리한다.

다음은 호텔 내에서 전열기구와 금고의 고장이 발생하여 수리를 하여야 할 경우 처리하는 과정에 대한 예이다.

판매할 수 없는 시설(DNS)에 대한 용어

■ 샴푸 관련

- 카펫 샴푸 : CC코드만
- 소파, 암체어 샴푸 : Reason 란에 Sofa, Arm Chair Shampoo 등으로 걸기
- 커튼 세탁 : DR 코드 + Curtain
- 스포팅 : CC코드 + Spotting

■ 코 킹

BTH 코드 + Caulking(욕조코킹, 세면대 코킹 다 통일)

* 실리콘과 코킹은 같은 의미라고 함 → 코킹으로 통일하기

■ 칠

- PA코드 + 욕실 천정 칠 : Bath Room Painting
- 창틀 칠 : Window Painting

■ 그 밖의 단어

- 대청소 : General House Cleaning
- 욕조 : Bath Tub
- 폭업 : Pop Up
- 휀코일 : FAN/Air Conditioner(Fan coil이란 단어 없음)
- 세면대 : Basin/Washbowl(basin이 더 호텔용어에 적합)

---

5) 호텔시설의 일상관리

① 대리석의 일상관리는 매일 흙 · 먼지 · 물기 등을 중성세제를 묻혀 세척하고, 주기적 관리를 철저히 하여 지속적으로 광택을 유지한다. 또한 대리석은 항상 물기가 없도록 완전히 제거하여야 하며, 세제를 잘못 사용하면 대리석이 변색될 우려가 있으므로 주의하여야 한다.

② 카펫은 진공청소기와 샴푸 작업에 의하여 항상 청결하게 유지시킨다.

③ 가구류 관리는 오점과 물기를 닦아낸 후 광택을 낸다.

④ 벽지관리는 청소타월에 더운 물을 묻혀 조심스럽게 닦아내고, 먼지가 묻었을 때는 진공청소기로 흡수한다.

⑤ 금속류 관련 관리는 금속부위에는 광택제 · 세제를 사용해서는 안 되며, 청소 타월로 깨끗이 오점을 닦아내고 광택을 낸다.

⑥ 유리와 거울은 세제를 이용하여 깨끗하게 닦으며, 얼룩이 없도록 한다.

⑦ 세면대 · 욕조 · 변기는 더운 물로 닦아낸 후 청소타월로 물기를 완전히 제거한다.

6) 호텔시설의 개보수관리

리노베이션(renovation)은 환경변화와 고객의 필요에 대응하기 위하여 끊임없이 호텔시설에 변화를 주고 쾌적한 환경을 조성하여 호텔의 긍정적인 이미지를 창출하는 매우 주요한 업무이다. 현대의 호텔에서는 편안한 숙식제공은 물론, 고객이 호텔에 머무는 동안 최고의 환경을 제공하여야 한다. 호텔에서는 수익성을 위한 리노베이션이 기본적으로 수행되어야 함에 따라 정확한 시장조사와 투자비용이 고려되어야 한다. 호텔시설의 노후화는 고객에게 친근한 이미지보다는 오래되고 낡은 이미지를 전달함에 따라 빠르게 변화하는 고객의 욕구에 맞추기 위해서는 지속적인 리노베이션이 이루어져야 한다.

리노베이션을 통한 대 · 내외적 호텔 이미지 제고로 최고 호텔로의 도약 발판을 마련할 수 있으며, 호텔 내의 판매시설과 서비스시설 등을 기존의 부대시설 운영의 질 향상과 고객요구에 부합할 수 있도록 개선함에 따라 수익성 극대화를 도모할 수 있다. 또한 경쟁호텔과의 대외경쟁력 확보를 할 수 있다.

일반적으로 개보수나 증축공사는 다음과 같은 이유에서 추진된다.

① 시장경쟁력을 계속 유지하기 위한 투자
② 시장경쟁력을 개선하기 위한 투자
③ 호텔 시설물을 확장하기 위한 투자
④ 호텔 시설물의 효율적인 운전을 위한 투자
⑤ 호텔 시설물의 안전을 유지하고 개선하기 위한 투자
⑥ 노후된 장비를 고체하기 위한 투자

시장경쟁력을 계속 유지하기 위한 투자는 호텔의 재무상태의 분석에 영향을 받기보다는 일전기간마다 투자하는 경향이 있다. 호텔 개보수의 경우 대체로 5년 단위로 카펫, 벽지, 페인트, 의자나 소파의 천갈이 등을 교체하게 된다. 또한 10년 단위로 각종 시스템, 주반장비, 배관, 식당장비, 컴퓨터 및 TV 등을 교체하게 된다. 시장경쟁력을 개선하기 위한 투자는 영업장의 내부 인테리어를 변경하거나 내부 가구들을 모두 교체하는 것을 생각할 수 있는데, 투자액에 대한 회수기간을 사전에 충분히 검토한 후 실시하여야 한다. 호텔 시설물을 확장하기 위한 투자는 호텔을 처음 건축할 때의 개념과 마찬가지로 타당성조사를 통하여 투자대비 이윤을 면밀히 분석해야 한다. 호텔 시설물의 효율적인 운전을 위한 투자는 시설부와 관련된 사항으로 주로 에너지 비용 절감을 위한 투자로 볼 수 있다. 객실에 관련된 개보수공사는 보통 투자액 대비 회수기간이 3~4년 이내이면 경제성이 있다고 본다. 이런 경우 비교적 다른 분야보다 투자의 우선권을 갖고 있다. 호텔 시설물의 안전을 개선하기 위한 투자와 노후된 장비를 교체하기 위한 투자는 꼭 필요한 투자이다.

개보수나 증축공사는 공사규모나 호텔조직에 따라 차이는 있겠지만, 대부분의 경우 시설관리부서의 책임 하에 프로젝트를 구성하여 시행한다. 이러한 공사들은 호텔영업을 하면서 작업을 해야 하기 때문에 호텔영업에 지장을 주지 않도록 기술검토를 철저히 하여 공정스케줄에 차질이 없도록 해야 한다. 특히 공사기간 동안의 소음문제, 페인트 냄새 등의 문제와 함께 용접작업에 의한 화재발생, 작업자들의 안전사고 발생, 기존 시스템과의 연결문제

등이 모두 시설 관리부서에서 관리 감독해야 될 사항이다.

대부분의 경우 공사를 실시하게 되면 단수 혹은 정전상황이 발생되기 때문에 주로 심야대에 작업을 해야 하며 객실관리부서와 협조하여 투숙객과 호텔 이용객에게 사전에 안내를 하여 불편함이 없도록 해야 한다. 또한 외부업체 작업자들의 경우 호텔의 내부사정을 알지 못하기 때문에 동선관계, 영업장의 출입금지문제와 도난사고가 발생되지 않도록 사전교육이 필요하며 매일 작업일지를 제출하도록 하녀 작업 상황을 파악하도록 한다.

2. 호텔설비관리

호텔에서의 설비관리라 함은 고객이 호텔에 머무는 동안 쾌적하고 안락한 공간을 제공하기 위해 작동되어야 하는 보일러, 급수, 위생시설, 공기조화, 냉·난방, 냉동·냉장시설, 전기, 조명, 음향, 통신, 에너지관리 시스템, 방제 시스템 등의 장비를 원활하게 관리는 것을 의미한다. 따라서 시설관리라 함은 호텔의 건물·비품 등에 대한 관리라고 할 수 있고, 설비관리라 함은 호텔 시설물에 장착되어 있는 장비들을 관리하는 업무라고 할 수 있다. 호텔건물에 장착된 설비를 잘 관리하기 위해서는 건축물의 설계단계에서부터 효율적인 에너지관리가 될 수 있도록 시스템을 구축하고 전문가를 적절히 배치하여 호텔의 안전과 효율적인 비용관리에 신경을 써야 한다.

호텔건물에 있어서의 설비는 일반건물과 마찬가지로 국내 건축법과 소방법 및 관련법규에 근거하여 건축한다. 다만 호텔의 특성상 식품냉장·냉동설비와 세탁을 위한 폐수설비 및 연회행사를 위한 음향설비·조명설비 등이 추가로 도입된다.

일반적으로 건물시스템을 설계하기 위해서는 첫째, 건물시스템의 부하계산, 둘째, 시스템의 개략설계와 장비선정, 셋째, 연간 에너지 사용량 추정, 넷째, 라이프 사이클 비용 추정, 다섯째, 장비배치 검토, 여섯째, 최종설계의 단계를 걸쳐 이루어진다. 이러한 절차 없이 호텔건물을 설계하여 운영을 하게 되면, 호텔영업이 이루어진 후 이러한 시설물에 장착된 설비를 바꾸기가 어려워 추후 막대한 비용이 지출될 수 있다.

대표적인 예로 지방의 한 특급호텔의 경우, 건물의 미관과 실내의 자연스러움을 위해 커피숍과 라운지의 천정을 유리로 하였는데, 여름에 높은 외부온도로 인해 아무리 에어컨 시설을 잘 해도 온도를 낮추는 데 어려움이 발생하여 에너지비용이 추가로 소비되는 상황이 나타나게 되었다. 이외에도 상・하수도의 배관설비가 잘못 설계되어 중앙주방의 바로 윗층에 공중화장실을 배치하였다. 호텔이 개관한 후 오랜시간이 흘러 정화조로 연결된 파이프가 삭아 구멍이 나자 호텔의 위생을 제일로 해야 하는 중앙주방의 천정으로 오물이 흘러내려서 음식물에 영향을 미치게 되었다. 이로 인해 호텔은 많은 손해를 본 경우의 사례도 있다. 따라서 시설물과 설비에 대한 사전의 철저한 준비와 설계는 전문가와 협의하여 만들어져야 한다.

최근의 대부분의 호텔들은 건물을 효율적으로 운영하기 위해 자동화 시스템을 도입하고 있다. 자동화 시스템의 장점으로는 실내의 온도・습도 등의 자동조절로 실내 분위기를 상쾌하게 만들어 주는 역할, 객실・영업장의 에너지 활용을 점검하여 최적의 상태로 만들어 주면서도 비용을 절감해 주는 역할, 그리고 사고・정전・화재 등의 비상시에 적절한 대응을 할 수 있어 안전을 확보할 수 있도록 해 주는 역할, 이러한 내용으로 인해 많은 인원이 관리해야 할 일을 자동시스템이 대치하여 행하게 됨으로써 인력절감 효과를 가져 올 수 있다.

1) 설비자동화시스템의 구성

모든 실내 온도・습도・조도 및 에너지관리 등으로 자동으로 하는 설비자동화시스템의 경우는 검출부・조절부・조작부로 나뉘어 각기의 작업을 수행한다.

(1) 검출부

이는 일반적으로 센서라고 부르는 것으로 실내온도나 습도를 제어하기 위해 검출한다.

(2) 조절부

설정온도 · 습도와 검출온도 · 습도를 비교하여 제어편차를 적게 하도록 조작부에 신호를 보내어 적절하며 효율적인 온도와 습도를 유지할 수 있도록 제어한다(중앙처리장치).

(3) 조작부

조절부로부터 신호를 받아 조작량을 변환하여 제어대상에 작동시키는 장치를 말한다. 전자 개폐기와 전자밸브 및 전동 모터와 같이 제어대상에 구체적인 조작량을 주는 구동기를 의미한다.

2) 설비관리 계획

적절하며 효율적인 호텔시설 · 설비의 운영을 위해서는 연중 설비관리에 대한 사전계획을 수립하여 이행하여야 한다. 일반적으로 호텔에서는 시설 · 설비관리에 대한 부분은 호텔 내의 노사문제라든지 전문성의 문제로 인하여 외부의 업체에 외주를 주어 용역에 의해 호텔시설 · 설비의 관리가 이루어지고, 이에 대한 계획수립과 총괄적인 관리만 호텔객실관리부서에서 담당하는 경우가 많다. 따라서 호텔의 전반적인 운영의 흐름과 그에 따른 세부적인 수행계획은 다음의 내용을 중심으로 하여 수립한다.

① 보일러 세관작업: 법규상 연 1회 실시
② 냉동기 점검
③ 정화조 탱크 청소
④ 가스설비 점검: 가스안전공사
⑤ 사우나 욕조수 수질검사: 법규상 2년 1회 실시
⑥ 주방용 냉각탑 화학검사: 법규상 연 2회 실시
⑦ 시수 탱크 청소
⑧ 수처리설비 필터 교체작업: 지하수 처리, 세탁폐수, 중수도 설비
⑨ 지하수 수질검사
⑩ 오 · 폐 · 중수 수질검사: 1~5종으로 구분하여 종마다 규제가 각기 달리 적용된다(호

텔 내의 세탁업무와 직결된다).

⑪ 전기시설 안전점검: 전기안전공사 법규상 2년 1회

⑫ 건축물 안전점검

ⓐ 일상점검(법규상 연 2회)

ⓑ 정기점검(법규상 3년 1회)

ⓒ 정밀안전진단 점검(법규상 10년 1회)

⑬ 소방시설 정밀점검: 법규상 연 2회

⑭ 주방 · 세탁실 배기덕트 청소

⑮ 위키토키 검사: 법규상 2년 1회

⑯ 엘리베이터 유지 · 관리계약: 법규상 연 1회

⑰ 곤도라 유지 · 관리계약

⑱ 조경 유지 · 관리계약

⑲ 전화교환설비 유지 · 관리계약

⑳ 방역작업 연간 계약

▌사진 9-1▐ **보일러실**

이상과 같이 설비관리를 위해 연간 계획을 수립하여 실행하여야 할 것이 있는 반면, 보일러, 자동제어 시스템, 저수조, 기계실, 펌프실, 전기일반, 변전설비, 가스배출 설비에 대해서는 1일 점검계획을 수립하고 점검표를 작성하여 만약의 비상상황에 항상 대비하여야 한다. 특히 설비에 관련된 부분의 고장은 고객 서비스에 있어서 막대한 영향을 미치게 되고, 수리하는 데 투여되는 시간이 많기 때문에 신속하고 정확한 정보공유는 필수적인 요소라고 할 수 있다. 따라서 각 부문별 세부관리계획과 점검은 꼼꼼하게 이루어져야 한다. 이러한 내용을 외부의 용역업체가 담당을 한다고 하더라도 호텔객실관리부서에서는 총괄적인 운영을 위해 항상 정보를 공유하고 협의를 하여 최상으로 관리될 수 있도록 행정적인 업무를 처리해 준다. 이외에도 호텔의 설비를 관리하는 용역업체와의 계약과 재계약 및 기간연장 등과 같은 업무도 병행하여야 한다.

3) 냉·난방과 환기시스템 관리

호텔의 실내는 항상 쾌적하고 상쾌한 상태가 유지되어야 하기 때문에 냉·난방시스템은 매우 중요한 설비관리 중의 하나이다. 그리고 대부분의 특급호텔의 경우는 외국인들의 방문이 많기 때문에 각 나라사람들의 기온에 대한 감각적 온도가 다르기 때문에 건축법상에서 규정하고 있는 적정온도를 맞추어 주되, 각 고객의 특성에 맞춰 조절할 수 있는 기능을 첨부하여 구성한다.

▌사진 9-2▌ **에어컨 물탱크**

냉·난방시스템은 단순히 실내 온도의 조절이란 부분뿐만이 아니라, 실내 공기와 환기 시스템과도 연계된다. 따라서 냉·난방과 환기설비를 합하여 일반적으로 공기조화설비(cooling and heating system)라 부르며, 이를 줄여 '공조설비'라고 한다.

일반적으로 실내 온도의 경우, 상쾌함을 느끼는 범위는 유효온도 섭씨 20~22도이고, 상대습도 50~60도이다. 복도와 공공장소 및 식당에는 유효온도 섭씨 23~24도이고, 상대습도는 50~60도이다.

4) 화재경보시스템

몇몇 호텔의 프런트 오피스는 화재경보시스템(fire alert system)의 작동·관리에 대해 책임을 갖는다. 이 경우 프런트의 직원들은 경보시스템의 용도를 정확히 알고 있어야 하며, 또한 이 장치가 작동하지 않을 경우의 대처방법도 알아야 한다. 경보장치가 작동하지 않는 가운데 위급한 상황(예: 화재)이 계속될 때에는 귀중한 재산과 인명의 피해가 생기기 쉽게 된다.

오늘날 대부분의 국가에서는 호텔의 화재에 대비하여 모든 호텔의 객실 안에 화재시 연기를 감지할 수 있는 연기감지기(smoking detector)를 설치할 것을 의무화하고 있다. 만일 객실에 있는 연기감지기가 작동을 하지 않는다면, 호텔직원은 어떻게 대처해야 될 것인가? 따라서 모든 호텔직원들은 화재시에 그들이 수행해야 할 각자의 책임이 무엇인가를 정확히 인식하고 있어야 하고, 호텔은 이들 직원들에게 정기적인 교육 등을 통해 책임과 역할을 주지시켜야 한다.

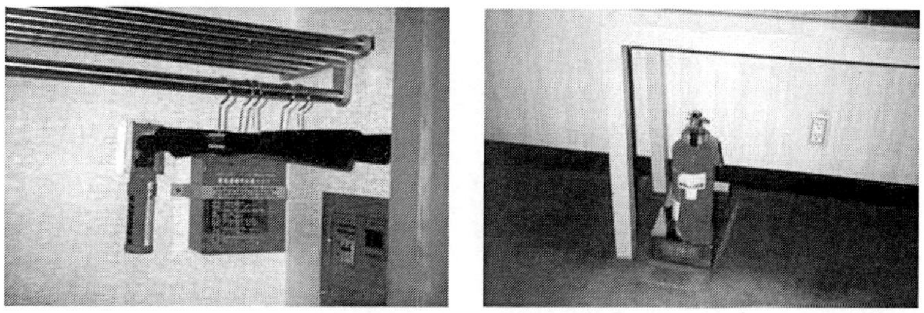

❙사진 9-3❙ **화재 시스템**

이는 우리나라의 국민들은 사계절의 변화에 익숙해져 있지만, 외국인의 경우, 환절기와 일교차에 대한 적응력이 낮은 사람을 위해 반드시 지켜 나아가야 할 내용이다. 특히 실내의 경우에는 냉·난방에 대한 설비 외에 환기설비에 대한 중요도가 강조된다. 동양에서 건축물을 건축하고자 할 때 가장 중요시하는 것이 풍수이다. 이는 바로 건축물 내부와 외부와의 통풍의 중요성을 강조하는 것이다. 인간은 최악의 경우, 물과 공기가 있으면 생명을 유지해 나아간다. 따라서 인간이 살아가는 데 있어서 공기의 역할은 매우 중요하며, 이 공기를 깨끗하고 상쾌하게 해주는 것이 바로 환기이다. 따라서 호텔객실 같이 개별공간의 경우는 특히 환기가 매우 중요하다고 볼 수 있고, 연회장 같이 대형의 공간으로 많은 사람들이 모여 있는 곳과 음식냄새가 밸 수 있는 주방과 식당의 경우도 강력한 환기시설로 항상 깨끗하고 맑은 새로운 공기로 채워져야 한다.

최근 서울의 한 특급호텔의 경우, 건강을 강조하는 현대인들을 위해 휘트니스센터에 공기가 좋은 산의 공기를 압축하여 들여와 실내에 분사함으로써 쾌적한 공기 속에서 운동을 할 수 있도록 도와주고 있다. 이는 마치 사이판·괌·뉴질랜드 등에서 신선한 공기를 압축하여 스프레이식으로 만들어 판매하는 것처럼 맑은 공기의 중요성이 그만큼 강조되기 때문이다.

따라서 호텔 내에서 가장 신경을 써서 관리해야 하고 고객들이 가장 민감할 수 있는 부분이 바로 환기시스템인 것이다. 이런 중요성 때문에 호텔에서는 각 지역별로 환기하는 시간의 기준을 설정하여 운영하고 있으며, 경우에 따라 조금씩 상황을 고려하여 운영하기도 한다.

▌표 9-1▐ 호텔의 공간별 환기소요시간

구 분	최소시간	시간당 횟수	구 분	최소시간	시간당 횟수
객 실	10분	2~6회	면세점	15분	2~3회
욕 실	10분	2~3회	이·미용실	10분	1~2회
연회장	15분	1~4회	사우나휴게실	10분	2~3회
식음료업장	8분	2~3회	주 방	15분	1~4회
라운지·바	12분	2~5회	사무실	10분	2~6회

자료: 김일채·박대환, 2000.

5) 냉장 · 냉동 설비관리

호텔은 많은 식음료업장을 운영하고 있으며, 연회장을 운영하고 있어 많은 양의 식자재를 보관 · 사용한다. 특히 육류(쇠고기 · 돼지고기 · 양고기 · 가금류 등), 어류(연어 · 참치 · 새우 · 바닷가재 등), 패류(각종 조개류), 각종 과일류(열대과일 · 수입과일 등), 채소류(감자 · 양파 · 파 · 마늘 · 고추 등), 과즙원액, 주류(맥주 · 양주 · 포도주 등), 건식자재를 비롯하여 많은 식음료자재들이 매일 주문되고 사용되며, 일부는 보관하게 된다. 따라서 식자재의 주문 후 반입될 때에는 모든 식자재에 반입 택(receiving tag)을 부착시키고, 식자재를 선입선출(FIFO)할 것인지, 후입선출(LIFO)할 것인지를 구분하며, 냉장보관할 것인지 또는 냉동보관할 것인지를 구분하고, 일부는 상온보관할 것인지를 구분하여 각기 관리한다.

이외에도 제빙기를 객실층 복도마다 설치하는 호텔도 있기 때문에 호텔설비 중 냉장 · 냉동설비 시스템의 중요도는 매우 크다. 만약 냉장 · 냉동설비 시스템이 마비된다면, 모든 식자재와 위생의 문제는 매우 심각해진다. 음식물은 약간의 기온의 차에도 변질될 수 있기 때문에 많은 사람들이 한 공간에서 움직이는 호텔은 약간의 식자재의 부패와 비위생으로 인해 많은 고객들이 피해를 보게 될 뿐더러, 고객을 잃게 되는 원인이 된다. 따라서 미생물의 증식을 억제하는 차원에서도 냉장 · 냉동설비시스템의 관리는 매우 철저하게 이루어져야 한다.

6) 전기설비관리

호텔은 연중무휴, 하루 24시간 운영되는 곳이다. 다시 말해 1년 12달 항상 불이 켜져 있는 영업장이라고 볼 수 있다. 또한 호텔은 일반가정과 같은 주거의 공간과 식문화의 공간 그리고 사무공간 · 운동공간 · 쇼핑공간 · 엔터테인먼트공간 등 사람이 머무르는 모든 공간의 집합체이다. 또한 호텔 내부는 장소마다 그 기능에 따라 안락하면서도 편안한 조명을 설치하여 운영하는 곳도 있고, 연회장의 연회내용에 따라 수많은 조명을 활용해야 하는 것도 있다. 이뿐만 아니라 냉 · 난방설비시스템을 운영하기 위해서도, 그리고 냉장 · 냉동설비 시스템의 운영을 위해서도 전기설비의 역할이 없다면 모두 정지될 수밖에 없다.

즉 건축·전기설비는 건축물을 주체로 실내 조명설비와 동력설비·공조설비·배선설비·위생설비·소방설비·수송설비·방재설비 등과 전산·통신·방송설비 등 전력이 필요한 모든 전기공작물에 전기를 공급해 주는 주된 설비원이다.

이와 같이 중요한 설비 중의 하나인 전기설비는 호텔 전체공사비 중 약 16~20% 정도를 차지하고 있으며, 최근 들어 다양한 시설들의 추가로 더욱 증가하고 있는 추세이다.

호텔의 전기설비는 국내의 경우 200V를 중심으로 설계되어 있지만, 호텔객실의 경우 다양한 국가의 사람들이 사용하게 되기 때문에, 일부의 호텔에서는 다운 트랜스를 사용하여 110V 콘센트의 이용을 별도로 만들어 주기도 한다. 또한 객실 내에는 전동·전열·냉장고·TV 및 헤어 드라이기기의 사용뿐만 아니라, 최근 들어, 객실 내 컴퓨터의 이용이 증가하고 있으며, 핸드폰의 충전을 위한 다용도의 콘센트를 만들어 주기도 한다.

이외의 지역으로 대표적인 곳이 공공장소이다. 주로 로비·복도와 같은 곳의 전기설비가 필요한 곳이다. 주방지역의 경우는 음식을 만드는 곳이기도 하고, 가스 등 열기구 등의 이용이 많으며, 물이 있기 때문에 전기설비관리에 주의가 요하는 곳이다.

최근 들어 컴퓨터의 중요성이 강조되면서 고객을 위한 컴퓨터 사용뿐만 아니라, 호텔기업의 각종 업무를 위한 자동시스템의 발달은 모두 컴퓨터시스템에 기초하고 있다. 만약 전기설비에 부하가 걸려 절전된다면, 가장 급한 것이 컴퓨터시스템의 운영이다. 호텔고객을 위한 보든 자동설비시스템과 고객예약·고객관리·회계업무 등 모든 업무가 중지될 수 있다. 이를 방지하기 위해서 호텔에서는 비상상태를 대비하여 반드시 비상발전설비를 갖추도록 하고 있다.

비상발전설비는 화재나 정전시를 대비하여 '무정전 전원공급장치'와 '충전기(battery) 전원공급장치'를 설치해 놓고 있다. 이를 준비함으로써 비상시에 최소의 전원을 공급하여 고객들의 안전상태를 유지하며, 업무의 중단을 막을 수 있다.

7) 승강기 설비관리

호텔건물은 대형의 구조로 되어 있으며, 한국 같이 지가가 높은 나라의 경우 고층의 건물로 지어진 경우가 대부분이다. 따라서 곳곳에 승강기가 설치되게 된다. 승강기는 크게 엘리베이터(elevator), 에스컬레이터(escalator), 덤 웨이터(dumb weighter), 주차설비(parking equipment)가 있다. 이외에도 수평이동을 위한 설비로 모노레일과 보도 컨베이어가 있다.

호텔 내의 승강설비로 가장 보편화되어 있는 것이 엘리베이터(elevator)이다. 이는 급속으로 상·하강할 수 있는 케이블식이 있으며, 가격이 저렴하고 안전하나 속도가 느린 유압식이 있다. 일반적으로 호텔의 귀빈층의 경우 전용 엘리베이터를 운영하는 호텔도 있다. 그리고 호텔에서는 고객용 엘리베이터와 종사원용 엘리베이터를 구분하여 동선을 구분시켜 주고 있다.

이와 같이 고객을 위한 엘리베이터 외에도 주방에서 사용되는 주방용 엘리베이터(culinary elevator)도 있다. 이는 중앙주방에서 각 개별식당의 주방으로 연결된 엘리베이터로 식자재와 음식의 빠른 배달을 위한 주방전용 엘리베이터를 의미한다.

┃표 9-2┃ 호텔 승강기의 종류

승강기 종류	승객용	음식용	화물용	차량용	설치장소	비고
엘리베이터	V				건물높이에 준하여 설치	
에스컬레이터	V				2개 층 사이에 설치	
덤 웨이터		V	V		2개 층 사이에 설치	
주차리프트				V	주차 빌딩에 준하여 설치	
모노레일	V				호텔과 리조트지역 연결	라스베이거스 지역
보도 컨베이어	V		V		로비지역	국내 J.W. Marriott과 고속터미널 연계

자료: 김일채·박대환, 2000: 339를 인용 첨부.

이외에도 비상 엘리베이터(emergency elevator)를 호텔에서는 갖추도록 하고 있는데, 이는 비상시 항상 모든 엘리베이터가 대피층인 1층 로비로 복귀하도록 조정해 놓는다. 이 비상 엘리베이터는 고객용이 아니라 화재시 소방관들이 이용하도록 하는 엘리베이터이다. 덤 웨이터(dumb weighter)의 경우는 고객이나 종사원용 엘리베이터가 아니라 물품을 운반하기 위한 것으로 2~3개 층만을 운행하도록 만들어진 것이다. 이는 속도가 느리지만 저렴하고 편리하여 경제적으로 물품을 운반하고자 할 때 사용하는 엘리베이터이다.

8) 상 · 하수도 설비관리

호텔 내의 물관리는 매우 중요한 요소 중의 하나이다. 물관리는 크게 상수도관리와 하수도관리로 구분된다.

(1) 상수도 설비관리

일반적으로 물공급은 식수로 이용하기 위한 것과 일반세척을 위한 물로 구분될 수 있다. 또한 급수방법으로 구분하면, 상온의 급수방법과 온수를 제공하는 급탕방법으로 제공하게 된다. 그러나 호텔에서 상 · 하수도관리에서 가장 중요한 것은 수질과 수압이다. 특히 수질은 식수용과 잡용수로 구분되지만, 모든 규정은 보건복지부령 수도법을 따라서 이용하여야 한다. 또한 양질의 수질을 유지하기 위해서 연 2회 물탱크의 청소를 의무화하여 실행한다. 또 수질검사는 월 1회 정도 실시하고, 사람들이 동시에 많이 사용하는 수영장 등은 수시로 수질검사를 하여 고객의 위생에 전념한다. 특히 수영장의 경우는 일반적으로 사람들이 흘리는 땀과 섞여 있으며, 수영하는 동안 배출되는 타액 등과 같은 불순물이 혼합되어 있어 전염병 유발가능성이 매우 높다. 따라서 다수가 동시에 이용하는 물은 수시로 점검해 주어야 한다.

(2) 하수도 설비관리

호텔은 대량의 물사용으로 상수도로 들어 온 물은 다시금 그만큼의 양이 하수도로 방류된다. 따라서 하수도의 관리도 철저하게 이루어져야 한다. 일반적으로 하수의 종류는 오수 · 잡배수 · 특수배수 · 우수 등이 있다.

오수는 화장실 내의 대소변기와 싱크 등에서 배출되는 것을 말한다. 오수는 정화조시설로 배관을 연결한다. 잡배수의 경우는 세면기 · 욕실 · 주방에서 흘러나오는 물을 말한다. 특히 주방의 경우는 지방이 물과 엉켜 흘러나오다가 막히는 경우가 있어 배수관관리에 신경을 써야 한다.

특수배수는 세탁실에서 배출되는 물로 일반적으로 폐수라고 한다. 이 폐수는 주로 화공약품이 첨가된 물을 의미한다. 폐수는 일반물과는 달리 반드시 별도 처리되어야 한다.

우수는 말 그대로 빗물을 의미하며, 별도의 배수관을 설치하여 밖으로 방류시킨다. 최근 국내의 한 대학에서 우수를 관리하는 배수관을 만들고 이를 저장하였다가 잡수로 사용하여 성공한 사례를 보도를 통해 알려지고 있다.

호텔과 같이 다양하고 다량의 물을 사용하는 곳에서는 호텔설계시 이러한 점을 고려하여 사전에 설계하고 실시한다면 운영시 비용을 절감하고, 보다 효과적으로 물관리를 할 수 있다. 특히 하수도 설비관리에 있어서 가장 중요한 것은 배수관 관리이다. 상수도 설비의 경우, 배수관이 새어 물이 새어 나온다면 그 곳을 처리하면 되지만, 하수도배수관이 새어 흘러나온다면 악취와 건물 내의 얼룩을 만들어 막대한 보수비용을 지불하고서도 추후 처리에 어려움을 갖게 되는 경우가 빈번하다. 이를 위해 하수배수관의 설치시 악취의 역류를 방지하기 위해 U자형 트랩으로 설치하는 경우가 많으며, 세면기의 하부 같은 경우는 S자형으로 관리하고 있다. 이와 같이 다양한 문제를 야기시킬 수 있는 하수설비관리는 호텔에서의 물관리에 있어서 중요한 역할을 차지한다고 볼 수 있다.

9) 통신설비관리

컴퓨터의 발달과 더불어 지식사회화로의 변화는 정보중심의 사회로 이어지고 있다. 정보의 획득 · 분산에 있어서 지대한 역할을 하고 있는 것이 바로 통신이다. 따라서 호텔 내의 통신설비는 모든 호텔 내의 정보흐름의 핏줄 같은 역할을 하는 것이다. 호텔기업의 운영을 위한 통신설비관리뿐만 아니라 고객들의 사용을 위해서도 통신설비의 최신화는 필요한 요소이다.

호텔에서 가장 보편화되어 있는 통신설비 중의 하나가 전화설비이다. 전화설비의 대표적인 것이 호텔 내의 교환실이라고 할 수 있다. 교환실에 설치된 사설 구내교환장치(PABX: Private Automatic Branch Exchanger)는 고객 서비스의 기본이 되기도 한다. 20세기 말까지는 대부분 호텔의 객실에는 전화선이 하나 또는 두 개가 들어가 있었지만, 최근에는 고객들이 객실 내에서 인터넷을 이용하게 되는 경우가 많아 근거리통신망(LAN: Local Area Network)을 설치하여 운영한다. 이외에도 통신설비로 광케이블이나 멀티 케이블을 설치하여 운영한다. 점차 최첨단통신시설의 개발이 급변하게 이루어지고 있어 국내의 특급호텔들도 고객 서비스 질의 향상을 위해 최첨단통신시설을 앞다퉈 설치하고 있다. 따라서 이에 대한 유지 · 관리에도 만전을 기해야 한다.

부록

APPENDIX

Flow Chart

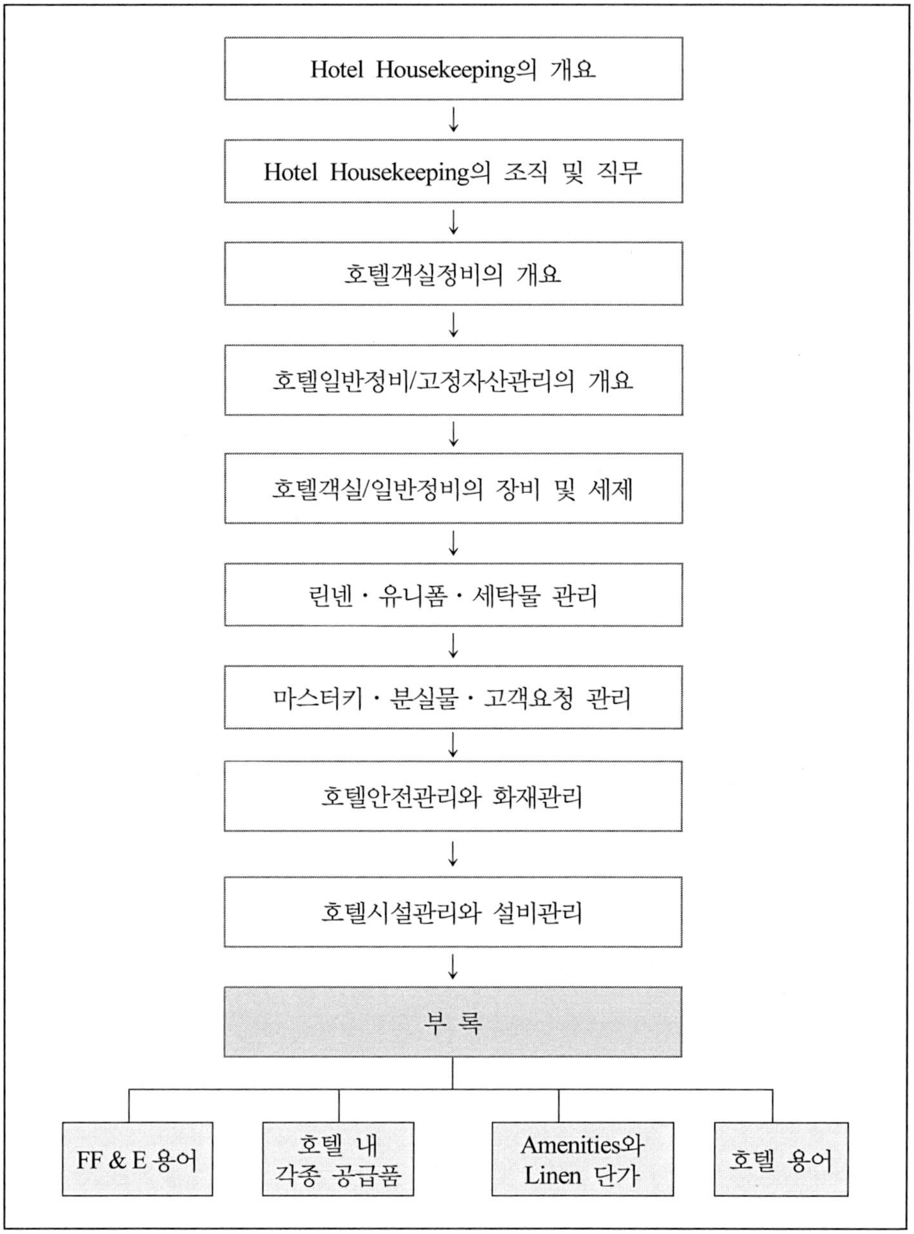
Hotel Housekeeping의 개요
Hotel Housekeeping의 조직 및 직무
호텔객실정비의 개요
호텔일반정비/고정자산관리의 개요
호텔객실/일반정비의 장비 및 세제
린넨 · 유니폼 · 세탁물 관리
마스터키 · 분실물 · 고객요청 관리
호텔안전관리와 화재관리
호텔시설관리와 설비관리
부 록
FF & E 용어
호텔 내 각종 공급품
Amenities와 Linen 단가
호텔 용어

부록

APPENDIX

1. FF & E 용어

객실 내 시설물 · 가구 · 비품 · 장비류의 영어명칭 첫자를 따서 FF & E(Fixed Furniture & Equipment)관리라 하고, 객실의 내용물 중 고정된 시설물 이외에는 전부 객실용 가구 · 비품 · 소모품류로 채워져 있으며, 이러한 용품류를 항상 안전하고 청결하게 유지하기 위해 보충하고 수선하는 것이 물품관리이다.

1) 시설물

용 어	해 설
Door	객실 입구문
Door Frame	객실 입구문틀
Door View	객실 안에서 밖을 내다보는 장치
Door Fuse	객실문을 고정시키는 역할을 하며, 화재시는 휴즈와 끊어짐과 동시에 객실문이 닫히므로 복도와 객실의 불을 차단시키는 역할을 한다.
Door Packing	객실문을 닫을 때 충격을 방지하기 위한 고무장치
Naplockbar	입구문턱의 흰 스텐레스를 말함.

Lock Set	문을 잠그는 자물쇠 장치
Door Chain	쇠줄 끝에 달린 머리부분의 작은 쇠덩이
Door Chain Cover	쇠줄이 보이지 않도록 씌운 가죽으로 된 커버
Door Chain Holder	쇠줄 끝을 거는 고리
Door Holder	문이 떨어지지 않도록 위·아래에서 고정시키는 장치
Carpet	카펫(융단)
Carprt Filter	카펫의 탄력을 위하여 밑에 넣는 휠타
Smoothage	카펫을 고정시키는 것.
Skirt	벽 아래부분을 보호시키기 위하여 부착된 것.
Closet(WARDROBE)	벽에 부착된 옷장(옷장가구)
Wardrobe Door	옷장문
Wardrobe Rail	옷장문을 열고 닫기 위하여 설치된 레일
Wardrobe Shelf	옷장 선반
Hanger Rod	옷걸이대
Wardrobe Hook	옷장 안에 구두주걱을 걸기 위해 만들어 놓은 천정문
점검구	객실천정을 출입하기 위해서 만들어 놓은 천정문
Wall Paper	벽지
Window Sill	창문턱
Window Frame	창문틀
Window Glass	창문유리
Enterance Mirror	입구거울
Mirror Holder	거울을 위·아래에서 고정시키는 장치
Door Stopper	문이 벽과 부딪치는 것을 방지하기 위한 장치
Fire Lamp	화재시 켜지는 등
Spring Cooler	화재시 분무형식으로 물을 뿌려 주는 장치
Smoke Detector	화재탐지기
Fresh Air Cover	외부공기를 빨아들여 제공하는 장치의 커버
Fancoil Cover	더운 바람과 찬바람을 제공하는 장치의 커버
Ventilator Cover	환기통 커버
Ventilator	실내의 나쁜 공기를 빨아들이는 장치
Curtain Rail	커튼을 열고 닫기 위해서 위에 설치된 장치
Curtain Runner	커튼 레일에 달려 있으며, 커튼핀을 거는 부속품
Curtain Pin	커튼을 퍼니에 걸기 위해 커튼에 꽂는 핀

Bathroom Door	욕실문
Bathroom Door Frame	욕실문틈
Armstrong	욕실바닥
Bathrobe Hook	목욕까운을 거는 고리
Bathrobe Tile	욕실 타일
Shower Curtain Rod	샤워 커튼대
Shower Curtain Ring	샤워 커튼고리
Gripbar(L Handle)	욕조 안에서 일어날 때 미끄러지는 것을 방하기 위한 손잡이
Soap Holder	비누를 놓기 위하여 욕실벽을 파서 설치한 비누접시
Soap Dish	비누를 놓기 위하여 욕실벽을 파서 설치한 비누접시
Bath Tub	욕조
Water Handle	물을 나오게 하거나 잠그는 것.
Faucet	수도꼭지
Plug	물이 못 내려가도록 막아 주는 마개
Plug Handle	플러그를 올려주거나 내려주도록 조정하는 장치
Adjuster	물이 위로 올라가도록 조절하는 장치
Shower	벽에 부착된 분무기
Shoer Zebra	분무기의 앞부분
Hand Shower	핸드샤워 줄
Shower Hanger	손으로 들고 샤워를 할 수 있는 분무기
Shower Zebra	분무기를 걸어 놓는 것.
Blade Box	사용이 끝난 면도날을 담는 통
Basin Table	세면대 테이블
Wasin Basin	세면대
Basin Around	세면대 주위를 스테인리스로 씌운 것.
Opener	병따개
Towel Hanger	타월걸이
Sofa Bed	접으면 소파가 되고, 펴면 의자가 됨.
Sofa	소파
Easy Chair	안락의자
Center Table	소파와 이지체어 중간에 놓는 테이블
Night Table	침대 옆에 있는 것으로 라디오 · 시계 및 각종 보턴장치가 되어 있는 가구

Bed Side Table	나이트 테이블 반대편 침대 옆에 위치하여 서랍이 달려 있음.
Sofa Side Table	소파 옆에 놓은 기구
Mable	대리석
Commode	객실 내의 침실과 응접실을 분리하여 침대가 보이지 않도록 침대 뒷면에 위치한 가구
Ottoman	키 큰 고객을 위하여 넣어 주며, 침대 뒤에 바싹 붙여 침대를 꾸밀 때 시트와 담요를 펴서 꾸민다.
Head Board	침대 머리판
Mattress	베드 위에 놓는 쿠션을 말함.
Revolving TV Stand	TV를 회전시키는 받침대
Folding Screen	병풍
Picture	그림
Extra Bed	아동침대(고객이 침대를 더 원할 경우 넣어 줌)
Baby Clib	아기 침대

2) 전기

용 어	해 설
Refrigerator	냉장고
Entrance Switch	입구등 스위치
Consent	전기제품의 프라그를 꽂을 수 있는 곳
Consent Box	나이트 테이블 뒷면바닥에 설치된 전기 박스
Lamp	전구
Desk Stand	책상 위에 놓는 전기스탠드
Night Stand(Twin Lamp)	트윈 침대 중간 나이트 테이블 위에 설치된 쌍등 스탠드
Night Stand(Single Lamp)	더블 침대 양옆 나이트 테이블과 베드 사이드 테이블 위에 각각 한 개의 등이 설치된 스탠드
Message Lamp	나이트 테이블에 설치된 작은 램프로써 고객에게 메시지가 있을 경우 프런트에서 작동시킴.
Emergency Light	객실천정에 설치외어 전 객실에 전기가 안들어 올 경우 호텔 자체발전시설에 의하여 작동되는 비상등(평상시에는 전기가 들어오지 않음)

Limit Switch	옷장문에 설치되어 있으면서 문이 열리면 전등이 켜지고, 문을 닫으면 전등이 꺼지는 장치
3 Way Button	입구 스위치와 나이트 테이블의 룸 나이트 보턴 중의 어느 것으로나 입구등과 플로어 스탠드 램프를 동시에 켜거나 끌 수 있는 장치
Foot Light	나이트 테이블 밑에 설치되어 있는 램프
Interphone	욕실에 설치되어 있으며 받을 수만 있음.
Shade	전기스탠드에 씌우는 갓
Lamp Cover	욕실거울에 부착되어 있는 전구 커버
Telephone	전화기
Health Meter. Scale	체중기

3) Linen

용 어	해 설
Bed Pad	매트리스를 보호하기 위하여 갈아 주는 패드
Sheet	매트리스를 싸서 접어주는 하얀 시트
양모 이불	양모가 들어가 있는 이불
Bed Spread(Duck Down)	고객이 덮고 자는 이불과 먼지가 앉는 것을 방지하기 위하여 베개와 침대 전체를 씌어 주는 커버
Bed Skirt	침대와 침대다리가 보이지 않도록 씌워 주는 커버
Hard Pillow	스펀지가 들어 있는 베개
Soft Pillow	덕-다운이 들어 있는 베개
Bath Towel	목욕 타월
Face Towel	세면 타월
Wash Cloth	손 닦는 타월
Bath Robe	목욕시 입는 까운
Pillow Case	베개를 씌워 주는 커버
Drapery Curtain	창문에 달려 있으며, 빛이 통과할 수 없는 두꺼운 커튼
Lace Curtain	창문에 달려 있으며, 엷은 천으로 된 커튼
Shower Curtain	욕조 위에 설치된 커튼
Sofa Mat	소파 위에 깔아 놓는 천

4) 장비

용 어	해 설
Maid Cart	객실청소에 필요한 모든 비품을 담아 가지고 다니는 카
Vaccum Cleaner	카펫의 먼지를 바람으로 빨아들이는 진공청소기
Sweeper	수동식 카펫 청소기
Detergent Holder	세제용기(for room maid)
Hard Board	허리가 아픈 고객을 위하여 침대와 매트리스 사이에 넣어 주는 나무판
Canvas Wagon	비품이나 린넨을 실어 나르는 카
Basket	바케스
Ice Box	얼음담는 통
Ice Scoop	얼음삽
Mop	바닥 닦는 긴 나무가 달린 걸레
Mop Pole	마포대
Broom	비
Dust Pan	쓰레받기
Slipper	슬리퍼
Stationary Holder	문방구류를 넣는 케이스
Memo Pad	메모지 받침대
Ball Point Pen	볼펜
Bible	성격책
Buddha	불경
Telephone Directory	전화번호부(국문 · 영문 두 가지)
Post Card	우편엽서
Suggestion Card	불편하거나 시정해야 할 점을 기록하는 용지, 텔렉스용지와 전보용지
Sewing Kit	바늘쌈지
Notice	알림
Brochure	호텔영업용 안내책자
Shampoo	샴푸
Soap	비누
Shower Cap	샤워할 때 머리에 쓰는 모자
Sanitary Bag	위생봉지
Soap Case	비누 케이스
Hotel Regulation	호텔 규칙안내문
Information Directory	호텔영업용 전화번호부
Flash	손전등

5) Paper Supply

용 어	해 설
Envelope(Air Mail)	편지봉투(국외용)
Envelope(Domestic)	편지봉투(국내용)
Writing Paper(Air Mail)	편지지(국외용)
(Domestic)	편지지(국내용)
Memo Paper	메모지
Cleenex	크리넥스
Toilet Paper	화장지

6) Glass Ware

용 어	해 설
Room Tumbler	침실컵
Bathroom Tumbler	욕실컵
Bathroom Mirror	욕실거울
Sanitory Hook	위생백을 거는 고리
Ashtroy	재떨이
Toilet Paper Box	화장지 거는 통
Toilet Paper Holder	화장지걸이
Toilet Water Tank	변기물 탱크
Fresher	변기물 탱크의 물이 내려가도록 눌려 주는 손잡이
Toilet Body	변기 몸통
Toilet Cover	변기에 앉는 부분
Toilet Seat	변기 뚜껑
Toilet Vim	변기 시트 밑에 부착된 고정받침
Toilet Cover	변기의 나사가 보이지 않도록 세우는 커버
Drain	하수구
Drainage	하수구 커버
Door Closer	비상구 문 위에 달려 있으며 천천히 닫히는 장치
Connecting Door	객실과 객실 사이를 통하는 중간문
Baggage Rack	가방대
Writing Desk	책상
Chest of Drawer	장롱
Tea Table	의장 중간에 놓는 간단한 테이블
Arm Chair	의자
Stool	발을 올려놓는 부분과 등받이가 없는 의자
Bulb	전구

7) Cleaning Supply

용 어	해 설
Scrubber	수세미
Dust Bag(Plastic Bag)	쓰레기를 담는 비닐주머니
Collid Cleaner	중성세제
A Jax	돌가루(stone power)
Metal Polish	신주광약(brasso polish)
Johnson Pleige	가구광약(furniture polish)
Air Wick	공기청량제(air sprayer)
Windex	유리세척제
Rubber Glove	고무장갑
Sponge	컵 닦는 스펀지
Shoe Polish	구두약
Shoe Brush	구두솔

2. 호텔 내 각종 공급품

1) 객실용 린넨

객실에는 침대에서 잠을 자기 위해 필요한 침구류 6가지와 목욕을 하는데 필요한 수건들 네 가지가 있으며, 이를 린넨류(linen)라고 한다.

① 담요
② 침대 패드
③ 침대 시트
④ 베개
⑤ 베개 커버

⑥ 침대덮개
⑦ 목욕수건
⑧ 얼굴수건
⑨ 때밀이수건
⑩ 발깔개

(2) 객실용 소모품(Amenities)

① 비누
② 화장지
③ 물병과 받침
④ 구둣솔과 구둣주걱
⑤ 꽃병과 쓰레기통
⑥ 슬리퍼와 옷걸이
⑦ 성냥과 비상용 전등
⑧ 화장품과 머리빗
⑨ 욕탕 미끄럼방지용 고무 매트
⑩ 샤워용 모자(shower cap)
⑪ 세탁물봉투
⑫ 양치질용 물컵
⑬ 기타 소모품

(3) 객실용 소모품 인쇄물

① 문구류 폴더(stationery folder)
② 설문지 및 사고보고서
③ 호텔 이용규칙 안내서
④ 호텔안내서

⑤ 세탁물요구서
⑥ 편지지와 봉투 및 메모지
⑦ 전보와 텔렉스 용지
⑧ 위생컵 포장지와 위생처리용 봉투
⑨ 체크아웃시간 표시
⑩ 좌변기 위생표시지
⑪ 입실금지와 청소요청카드(do not disturb & make up card)
⑫ 룸서비스용 메뉴

3. Amenities와 Linen 단가

1) Amenities

순번	품 명	일 반 층			
		단 가	1일단가	수 량	금 액
1	객실물컵	1,260	97	4	388
2	코스타	23	2	4	8
3	컵뚜껑	22	2	4	8
4	미니바 빌 패드	190	20	1	20
5	미니바 빌	14	10	1	10
6	얼음통	14,000	8	1	8
7	얼음집게	700	6	1	6
8	볼펜	230	3	2	6
9	구둣주걱	1,100	1	1	1
10	옷솔	2,300	2	1	2

11	라게지 랙	60,000	23	2	46
12	슈밑	700	16	2	32
13	옷걸이	2,300	17	8	136
14	겸용 옷걸이	2,400	55	4	220
15	슬리퍼	3,000	21	2	42
16	슬리퍼 띠	55	55	2	110
17	손전등	2,000	1	1	1
18	담요, 베개, 비닐 커버	110	4	2	8
19	휴지통	6,600	3	2	6
20	차 세트 트레이	5,800	2	1	2
21	포트	54,557	50	1	50
22	찻잔	6,500	18	2	36
23	티스푼	750	2	2	4
24	슈거 홀더	2,500	7	1	7
25	홍차	59	40	2	80
26	녹차	52	36	2	72
27	인삼차	113	17	2	34
28	꿀	155	106	2	212
29	서비스 디렉토리	24,000	66	1	66
30	룸서비스 메뉴판	2,000	5	1	5
31	도어놉 메뉴판	62	1	2	2
32	세탁 백	135	27	2	54
33	세탁 빌	43	9	2	18
34	홀더	11,500	32	1	32
35	편지지	60	9	10	90
36	편지봉투	143	19	6	114
37	팩스용지	20	5	8	40

38	그림엽서	50	5	4	20
39	셔틀안내서	243	15	2	30
40	조깅코스 안내서	134	10	1	10
41	비상대피 안내서	450	3	1	3
42	아케이트	150	17	1	17
43	공항안내서	600	46	1	16
44	달력	2,600	17	1	17
45	금고사용서	1,000	2	1	2
46	재떨이	9,000	1	2	2
47	성냥	180	60	2	180
48	메모 패드	5,000	7	1	7
49	메모지	200	7	1	7
50	연필	110	18	1	18
51	IDD책자	600	1	1	1
52	크리넥스	290	36	1	36
53	크리넥스 케이스	2,200	1	1	1
54	비누(50g)	230	76	1	76
55	비누(30g)	160	53	1	53
56	비누접시	250	1	2	2
57	휴지걸이	500	1	2	2
58	휴지	243	81	2	162
59	타월접시	3,500	2	1	2
60	때 타월	600	86	1	86
61	Amenity 바구니	6,300	9	1	9
62	라이너	700	1	1	1
63	샴푸	277	92	1	92
64	린스	277	92	1	92

65	샴푸 케이스	–	–	–	–
66	바블 샴푸	277	92	1	92
67	로션	294	98	1	98
68	빗	190	63	1	63
69	바늘쌈	210	15	1	15
70	면봉	115	8	1	8
71	샤워 캡	160	10	1	10
72	위생 백	160	10	1	10
73	DND 카드	1,400	1	1	1
74	실명제 랙	500	1	1	1
75	마사지 안내 랙	3,200	1	1	1
76	방향제	13,000	144	1	144
77	Turn Down 초콜릿	120	40	2	80
78	꽃병	-	-	-	-
79	헤어드라이기	50,000	20	1	20
80	헤어드라이기 케이스	-	-	-	-
81	Welcome Letter	19	4	1	4
82	TV Set	210,000	82	1	82
83	냉장고	218,000	85	1	38
84	금고	460,000	180	1	180
85	침대(Q)	226,000	89	1	89
86	침대(S)	215,000	84	2	168
87	Foor Lamp	150,000	59	1	59
88	Desser Lamp	160,000	63	1	63
89	BGM Lamp	70,000	27	2	54
Total		Double Room: 4,032			
		Twin Room: 4,111			

2) Linen

순번	품 명	일반층			
		단 가	1일단가	수 량	금 액
1	Bed Sheet(S)	11,500	63	4	252
2	Bed Sheet(Q)	12,700	71	2	142
3	Bed Spread(S)	70,000	27	2	54
4	Bed Spread(Q)	90,000	35	1	35
5	Bed Skirt(S)	25,000	10	2	20
6	Bed Skirt(Q)	30,000	12	1	12
7	Bed Pad(S)	10,000	14	2	28
8	Bed Pad(Q)	12,000	16	1	16
9	Pillow	262,000	144	3	432
10	Pillow Case	2,700	15	3	45
11	Blanket(S)	60,000	24	3	72
12	Blanket(Q)	70,000	27	2	54
13	양모이불(S)	–	–	–	–
14	양모이불(Q)	–	–	–	–
15	양모커버(S)	–	–	–	–
16	양모커버(Q)	–	–	–	–
17	Drapery	120,000	47	2	94
18	Sheer Drapery	60,000	24	2	48
19	Bathrobe	–	–	–	–
20	Yugata	10,400	29	2	58
21	Foot Towel	4,070	11	1	11
22	Bath Towel	29,000	159	2	318
23	Hand Towel	9,300	51	2	102
24	Wash Towel	800	7	2	14

25	Shower Curtain(겉)	15,700	22	1	22
26	Shower Curtain(속)	15,700	22	1	22
27	Loose Throw(S)	–	–	–	–
28	Loose Throw(Q)	–	–	–	–
29	Bolster Pillow(S)	–	–	–	–
30	Bolster Pillow(Q)	–	–	–	–
31	Bolster Pillow(W)	–	–	–	–
32	Stool Cover	–	–	–	–
Total		Double Room: 1,425			
		Twin Room: 1,592			

3) 린넨별 세탁비 현황

순번	품 명	일 반 층			
		세탁비	1일단가	수 량	금 액
1	Bed Sheet(S)	235		4	940
2	Bed Sheet(Q)	250		2	500
3	Bed Spread(S)	5,000		2	10,000
4	Bed Spread(Q)	5,000		1	5,000
5	Bed Skirt(S)	1,100		2	2,200
6	Bed Skirt(Q)	1,100		1	1,100
7	Bed Pad(S)	310		2	620
8	Bed Pad(Q)	310		1	310
9	Pillow	1,100		3	3,300
10	Pillow Case	85		3	255
11	Blanket(S)	1,050		3	3,150

12	Blanket(Q)	1,050		2	2,100
13	양모이불(S)	–		–	–
14	양모이불(Q)	–		–	–
15	양모커버(S)	–		–	–
16	양모커버(Q)	–		–	–
17	Drapery	5,000		2	10,000
18	Sheer Drapery	2,500		2	5,000
19	Bathrobe	–		–	–
20	Yugata	1,350		2	2,700
21	Foot Towel	110		1	110
22	Bath Towel	130		2	260
23	Hand Towel	80		2	160
24	Wash Towel	60		2	120
25	Shower Curtain(겉)	260		1	260
26	Shower Curtain(속)	260		1	260
27	Loose Throw(S)	–		–	–
28	Loose Throw(Q)	–		–	–
29	Bolster Pillow(S)	–		–	–
30	Bolster Pillow(Q)	–		–	–
31	Bolster Pillow(W)	–		–	–
32	Stool Cover	–		–	–

호텔 용어

▌A▌

A La Carte <일품요리>: 아 라 까르트는 메뉴상의 명칭으로 고객의 주문에 의해 제공되는 일품요리를 말하며, “Table D'hote”와 상반되는 요리로서 이것은 계절과 조리 기술에 따른 변수가 있어 메뉴의 변화가 많은 요리이다.

Accommodations <숙박시설>: 관광객이 숙박을 할 수 있는 숙박시설을 말한다.

Account <고객거래처>: 호텔의 지정 거래처, 즉 기업, 대사관, 관공서를 말한다.

Actual Market Share of Hotel <실제 시장점유율>: 자사 호텔의 판매객실 수를 경쟁호텔의 총 판매객실수로 나눈 값이다. 실제 시장점유율만으로는 경쟁력을 분석하는데 부족하기 때문에 동일지역의 호텔집단 중에서 자기호텔의 시장점유 경쟁력 지표로써 Natural Market Share와 비교하여 측정하기도 한다.

Adjacent Room <복도 끝 방>: 호텔객실에 있어서 복도 끝에 위치한 방

Adjoining Room <인접객실: Side by Side Room>: 객실이 같은 방향으로 복도에 나란히 연결되어 있지만, 객실과 객실 사이에 내부 통용문이 없으며 복도를 통해서만 출입이 가능한 일반객실

Advanced Deposits <선수금: Advance Payment>: 이미 수취된 선수 수익으로 선수이자, 선수지대, 선수 객실료, 선수 수수료 등이 이에 속하며 부채계정이 된다.

Affilited Hotel <제휴호텔>: 특별한 광고 또는 국제적 예약시스템을 제공하는 회원제 호텔 형식으로 운영하는 호텔업. 현재 호텔업계에 있어서는 미국의 베스트 웨스턴(Best Western) 호텔 그룹이 대표적이다.

After Departure <이연계정: Late Charge>: 고객이 퇴숙(Check-Out)해 버린 후 프런트 회계(Front Cashier)로 온 전표 계산에서 이연계정으로 처리한다는 의미의 용어이며, Late Charge와 같은 의미이다.

Aging <숙성: Ageing>: 증류주의 숙성과정에서 술통 속에 저장한 기간을 말하며 포도주의 Vintage(빈티지)와 비슷하다.

Air Conditioner : 냉・온방 장치, 공기 조절, 즉 실내의 공기 정화, 온도, 습도의 조절 장치

Air Mail: 항공우편

Air Shooter <회계전표 자동수송기: Pneumatic Tube>: 영업현장 부문과 Front Cashier 사이의 업무연락 수단으로 고객이 서명한 계산서를 원통에 넣으면 공기 압축에 의해 신속히 전달되는 장치

Airport Hotel: 공항 근처에 있는 호텔을 말하며, 이 호텔들이 번영하는 원인은 항공기의 증가에 따르는 승무원 및 항공여객의 증가와 일기관계로 예정된 출발이 늦어지는 경우 아울러 야간에 도착한 고객이 이용할 수 있는 편리한 점도 있다.

Airport Representative <공항담당 호텔종업원>: 호텔 고객의 영접 및 배웅 등 고객의 편리를 도모하는 호텔 직원이다. 호텔을 방문하는 VIP 고객이나, Repeating 고객 등 호텔의 특별대우 고객을 대상으로 리무진 서비스 및 Pick-up 서비스를 하여 주며 고객이 공항을 나와 호텔에 들어가기까지의 최대한 서비스를 제공하는 공항담당 직원이다.

Airtel: 공항 근처에 있는 호텔을 말한다. Airport Hotel과 같은 뜻이다.

Alcoholic <술>: 술이란 酒酊과 알코올분 1% 이상의 음료를 통칭한다. 술은 알코올 이외에 당분, 흰자질, 무기질 등이 포함되어 있으며, 알코올은 위와 소장에서 체내로 흡수되며 90%가 정맥을 통하여 간에서 물과 탄산가스로 분해된다. 간이 1시간에 분해할 수 있는 알코올의 양은 7~8g 정도이다.

All Year Round Menu <상시 메뉴>: 대부분의 일품요리 메뉴로서 한 번 작성되면 연중 내내 사용되는 메뉴를 말한다.

Allemande Sauce <German Sauce>: 독일식 소스로 Veloute Sauce(베루떼 소스)에 계란 노른자와 크림으로 만들어진 화이트소스(White Sauce)

Almond: 복숭아씨 같은 타원형의 땅콩 맛이 나는 열매로 주로 버터를 볶아 갈거나, 잘게 찧어 생선 위에 뿌린다.

Amenity <호텔 부가서비스>: 호텔에서 Amenity류란 고객에게 제공하는 매력물로써 일반적이

고 기본적인 서비스 외에 “부가적인 서비스의 제공”을 의미한다.

American Hotel & Motel Association <미국호텔 & 모텔협회: AHMA>: 1910년 미국호텔보호협회(American Hotel Protective Association; AHPA)로 설립된 뒤 미국 호텔협회로 고쳤다가, 다시 1962년에 현 명칭으로 고쳐 오늘에 이르고 있다. 현재 66주와 지역 호텔협회의 중앙기관으로서 기능을 하고 있다. 주요 업무는 호텔과 모텔의 홍보, 선전, 경영, 관리, 기술의 개선, 종업원의 교육과 기타 등이고, 각종 위원회를 설치하고 업계 전체의 향상을 도모하고 있으며 본부는 뉴욕이다.

American Plan <Full Pension>: 북아메리카에서 처음 발생한 호텔상품으로서 객실요금과 아침, 점심, 저녁이 포함되는 경영 방식을 말한다. 아메리칸 플랜은 고객이 식사를 하든 안 하든 상관없이 요금 지불은 마찬가지이며 제한된 식사시간, 메뉴선택의 제한성 등 고객의 입장에서는 불편한 점이 많으나 경영자 측에서는 많은 장점이 있는 것이다.

American Service: 이 서비스는 기능적(Functional), 유용성(Utilitarian), 효율성(Efficiency), 속도(Speed)의 특징을 가지고 있는 가장 실용적이어서 가장 널리 이용되는 서비스의 형태이다. 일반적으로 주방에서 음식을 접시에 담아 서브되기 때문에 많은 고객을 상대할 수 있으며 빠른 서비스를 추구하는 장점도 있으나 음식이 비교적 빨리 식기 때문에 고객의 미각을 돋구지 못하는 단점도 가지고 있다. 아메리칸 서비스는 트레이 서비스(Tray Service)와 플레이트 서비스(Plate Service) 두 가지가 있다.

Apartment Hotel: 장기체류 고객을 위한 호텔로서 각 객실에는 주방시설과 공공시설을 갖추고 있다. 특히 미국에서 발달된 호텔형식이다.

Aperitif <Appetizer>: 에퍼리티프는 식욕증진제라는 의미의 프랑스 언어로 에퍼리티프 와인은 식전에 마시는 술로서 보무스(Vermouth : 알코올함유량 17-21%), 비터스(Bitters : 알코올함유량 48%) 및 리큐르 종류인 캄파리(Campari) 등이 있다.

Apron <앞치마>: 앞치마로 고객이 레스토랑(Restaurant)에서 식사할 때 사용한다. 즉석 불고기 등의 요리가 제공될 때 이용하는 것이 좋다.

Arm Towel: 레스토랑 종사원이 팔에 걸쳐서 사용하는 서비스용 냅킨(Napkin)으로 Hand Towel 이라고도 한다. 일반적인 사이즈(Size)는 40×60㎝가 사용된다.

Arrival Report <숙박예정자 명단>: 예약된 고객 중 당일 숙박예정자의 명단을 프런트 데스크에서 고객을 맞이하는 준비단계에 필요한 주요한 보고서이다.

Arrival Time <도착시간>: 고객 원장과 등록카드 등에 고객이 호텔에 도착한 시간을 구체적으로 기록한 것으로서 예약된 시간에 의한 고객의 도착시간이다.

Available Basis Only <선착순판매: Blank Reservation>: 호텔의 특별한 단체나 개인에게 주어지는 객실, 컨벤션 등에 특별요금이 따르고 예약 없이 사용 가능한 것이다.

Available Room <사용 가능한 객실>: 호텔이 판매 가능한 객실 즉, 판매할 수 있는 호텔의 제반 객실 수를 일컫는 것으로 호텔의 객실 수 또는 일정한 날짜에 아직 점유되지 않은 객실을 의미한다.

Availability Report <객실 현황보고서>: 객실 활용의 다음 몇일을 위하여 예상고객 도착과 출발에 대한 정보로써 일반적으로 야간 감사자(Night Auditor)가 준비한다.

Average Daily Room Rate <일일 평균 객실료>: 호텔의 판매 가능한 객실 중에서 이미 판매된 객실의 총 객실료를 판매된 객실 수로 나누어 구한 값을 말한다.

Average Rate Per Guest <숙박객 평균 실료>: 당일 객실 판매금액을 호텔의 투숙객 수로 나눈 것으로 고객 수에 대한 객실판매의 평균 요금이다.

▌B▌

Baby Sitter <보모>: 호텔을 이용하는 고객들의 자녀를 돌보아 주는 사람을 말한다. 일반적으로 하우스키핑의 객실 정비원(Room Maid) 비번자들 중에서 가능한 직원이 돌보아 주며 요금은 시간당 계산을 받는다.

Back Office <후원부서: Back of The House>: 호텔에서 사용하는 부서의 명칭으로 일반적으로 호텔고객과 직접 접촉하지 않는 부서이며 고객서비스 영업 담당부서를 보조하며, 원조와 관리를 하는 부서이다. 예를 들면, 인사과, 조리부, 시설부, 경리부, 총무부, 광고, 촉진, 세탁 등을 들 수 있다. 즉 비영업(Non Cost Center)부문이라 볼 수 있다.

Back to Back: 여행도매업자와 여행사에 의해서 주선되는 호텔단체객의 도착과 출발이 계속적으로 일어나 입숙과 퇴숙이 이어져 객실은 항상 판매된 상태이다.

Baggage <수하물>: 여행시 소지하는 개인 소유물, 수하물

Baggage Down <수하물 운송서비스: Baggage Collection>: 고객이 퇴숙(Check-Out)시 객실로부터 전화 또는 직접 문의에 의하여 벨맨이나 포터가 수화물을 호텔 현관으로 운반하는 서비스를 말한다.

Baggage Net <수하물 망>: 객실 투숙객 중에서 잠시 후에 출발예정인 고객의 짐은 Lobby에 내려다 놓고 수하물망(Baggage Net)만을 씌워 놓는다.

Baggage Stand <수하물 받침대 : Baggage Rack>: 호텔객실 안에 있는 가구로서 트렁크(Trunk) 등 비교적 큰 수화물을 두는 받침대를 말한다.

Baggage Tag <수하물표: Luggage Tag>: 수하물에 붙여 소유자를 분명히 하기 위한 표로써 보통 2매 1조로 이루어 져 있으며 1매는 수하물에 부착하고 1매는 고객이 보관하고 있다가 수하물 청구시 제시한다.

Balance <대차변 잔액>: 균형, 조화, 수지, 차액, 차감잔액

Balance Sheet <대차대조표: B/S>: 일정시점에서 기업의 자산과 부채와 자본의 상태를 명확하게 하기 위하여 작성하는 일람표로 기업의 재무상태를 표시한다. 여기서 재무상태라 함은 자금조달의 방법 또는 원천을 나타내는 기업 자본과 자금 운영의 방법 또는 형태인 기업 자산을 일정한 배열 순서에 따라 표시한 것이다.

Ballroom <볼룸>: 댄스장, 대 연회장이라고도 한다.

Banquet <연회>: 연회란 호텔 또는 식음료를 판매하는 시설을 갖춘 구별된 장소에서 2인 이상의 단체고객에게 식음료와 기타 부수적인 사항을 첨가하여 모임의 본연의 목적을 달성할 수 있도록 하여 주고 그 응분의 대가를 수수하는 일련의 행위를 말한다. 이때 2인 이상의 단체고객이란 동일한 목적을 위하여 참석하는 일행을 지칭한다.

Bar: 바는 불어의 'Bariere'에서 온 말로 고객과 Bar Man사이에 가로 질러진 널판을 Bar라고 하던 개념이 현대에 와서는 술을 파는 식당을 총칭한다. 즉 바(Bar)는 아늑한 분위기로 된 장소에서 Bartender(조주사)에 의해 고객에게 음료를 판매하거나 제공하는 장소를 말한다.

Bar Boy: Bar에서 필요한 과일, 주스, 술, 얼음 등과 같은 품목을 바텐더(Bartender)에게 공급하는 종사원을 말한다.

Bar Charge: 주장부문의 판매 거래에서 발생한 수입의 합계이다.

Barbecue: 고기(Meats)나 가금류를 탄불이나 숯불에 통째로 소스를 발라가면서 굽는 요리로써 일반적으로 야외에서 이루어진다.

Bartending <Cocktail Maker>: 바텐딩이란 오랜 시간과 숙련된 기술을 요하며 여러 가지의 알코올음료 비알코올성 음료를 섞는 예술적인 전문직종인 것이다.

Bath-Tub: 욕조, 목욕탕

Bed and Board: 숙박요금에 3식이 포함되어 있는 American Plan의 별칭 용어이다.

Bed and Breakfast <B & B>: 토속적으로 운영되는 호텔 형식에서 아침 식사를 지역적 전통 음식을 제공하고 가정적인 분위기를 창출하는 숙박형태이다. 특히 프랑스 샤또(Chateau)의 별장식 호텔과 영국, 아일랜드, 미국 등지의 개인집의 여유 객실을 활용하는 숙박형태이다.

Bed Pad <누비요>: 메트리스(Mattress)를 보호하기 위하여 까는 누비요

Bed Spread <침대덮개: Bed Cover>: 주간이나 새로이 판매하는 객실의 침대에 미관상, 위생상 덮는 것으로 담요와 베개까지 전부 덮는다. 품위 있어 보이는 색상이나 천으로 만들어지며, 가장자리를 늘어뜨려 아늑한 분위기를 만든다. Turn Down Service시에 Bed Spread는 잘 접어서 옷장에 넣어둔다.

Bell Captain's Log <Call Book>: 벨맨의 활동과 업무일지를 기록한 보고서이다.

Bell Man: 호텔의 유니폼 서비스(Uniformed Service)부서에 근무하는 종사원으로서 호텔 프런트에서 부터 고객과 동반하여 고객의 객실까지 수행하는 중요한 직무를 맡는 종업원이다.

Bell Stand: 프런트 데스크(Front Desk)로부터 가깝게 잘 보이는 곳의 로비(Lobby)에 위치한 벨맨의 데스크이다.

B.G.M <배경음악: Background Music>: 환경음악이란 생산능률의 향상이나 권태방지용으로 작업장 따위에 틀어 놓는 음악

Bidet: 위생용 국부 세척기를 비데(bidet)라고 하는데, 유럽지역의 호텔의 욕실에 많이 설치되고 있으며, 우리나라는 고급호텔 특실에 설치되어 있는 곳이 많다.

Bill <계산서, 영수증: Check>: 호텔의 객실, 식음료, 기타 부대시설에서 쓰이고 있는 고객의 영수증이다.

Billboard Advertising <옥외광고>: 공항로 변이나 고속도로변에 있는 대형 광고판, 표지(Signs), 광고게시판을 말한다.

Bin <저장소>: 주류 저장소에 술병을 넣어 놓는 장소, 혹은 컵을 끼워 놓는 컵 보드(Cup Board)를 뜻함. 얼음을 담는 그릇일 때는 Ice Bin이라고 한다.

Black List <불량거래자 명단: Cancellation Bulletin>: 거래 중지자 명단으로 불량카드의 정보자료이다. 통제되는 원인으로는 도난이나 분실 또는 연체 등으로써 카드회사에서 작성하여 각 가맹점에 배부한다.

Block <객실지정>: 호텔의 객실을 어느 정도 묶어서 예약하는 일을 블럭 예약이라고 한다. 이와 관련된 객실 지정 예약으로 고객의 예약을 받을 때 룸랙의 포켓에 지정 예약 표시를 하여 룸 클럭에게 이를 식별하게 한다.

Block Room: 호텔의 객실을 특정관광단체, 국제회의 참석자, VIP를 위해 한 구역의 객실을 사전에 지정해 놓은 것을 말한다.

Boarding House: 일반적으로 하숙집, 기숙사라 칭한다. 여행자를 대상으로 하는 숙박시설을 의미하는 말로 쓰여질 경우에는 호텔보다 시설이나 서비스의 내용이 간소한 것을 뜻하며, 그런 점에서는 "Inn"에 가깝다. Inn과의 차이는 보딩 하우스의 경우 장기체재객인 어감이 들어 있다.

Boiled Eggs: 계란을 껍질 채 삶은 것으로, 일반적으로 몇 분 삶을까를 고객에게 주문 받는다.

Boiling: 식품을 용기나 다른 용기 속에 넣어 그 용기가 계속적으로 끓어서 그 온도를 조리하는 방법으로서 생선을 조리할 때에는 지방이 많으나 생선을 주로 물이나 생선 Stock에 넣고 약한 불로 끓여낸다.

Book <객실예약>: 호텔을 이용하고자 하는 고객들에게 미리 객실을 예약 받거나 판매하는 것을 말한다.

Booth: 일정 계약기간 동안 소유자가 전시 참가자에게 할애한 특정지역

Botel: 보트(Boat)를 이용하여 여행하는 관광객이 주로 이용하는 숙박시설로서 보트를 정박시킬 수 있는 규모가 작은 부두나 해변 등지에 위치한 호텔을 말한다.

Breakage: 포괄요금(Package)에 포함된 식사 또는 기타 서비스를 고객이 이용하지 않음으로써

호텔 측에 발생되는 소득이며, Breakage Profit라 부르기도 한다.

Breakfast <아침식사>: 아침 식사로 제공되는 모든 요리를 말한다.

① American Breakfast: 계란 요리가 곁들여진 아침식사로서,
1. 계절과 일(Season Fruit), 2. 주스류(Juice) 3. 시리얼(Cereal) 4. 계란요리 (Eggs), 5. 음료(Beverage), 6. 케이크류(Cake) 7. 빵종류(Bread & Rolls),

그 밖에 계란요리가 제공될 때에는 햄, 베이컨 혹은 소시지 등이 곁들여 제공된다.

② Continental Breakfast: 계란요리를 곁들이지 않은 아침식사, 빵종류, 주스, 커피나 홍차

③ Vienna Breakfast: 비엔나식 조식은 계란요리와 롤 빵 그리고 커피 정도로 먹는 식사를 말한다.

④ English Breakfast: 미국식 조식과 같으나 생선요리가 포함되는 아침식사이다.

Brochure <소책자>: 호텔에서 일반적으로 고객에게 당해 호텔의 광고나 선전목적으로 만든 소책자를 말한다.

Brunch <조식겸 점심>: 이것은 미국식당에서 많이 사용되고 있는 것으로 아침과 점심의 병용식사로 Breakfast의 Br과 Lunch의 Unch로 만들어진 새로운 말이다. 이것은 12:00 점심시간 전까지 식사를 제공하는 것을 말한다.

Budget <예산>: 호텔 경영상의 한 기간 동안(1年)에 수입과 비용을 설정하는 것으로 예산 계획 수립과정에서 주요 요소는 ① 재무적 목표, ② 수입 예상, ③ 지출 예상, ④ 예상 순수익의 결정이 있다.

Budget Hotel: 경제적 사정으로 저렴한 호텔을 이용하는 계층은 비교적 실속을 차리고 실용적인 생활 태도를 가지고 있는 사람들로서 숙박은 저렴한 호텔에서 하고 식사와 관광은 알차고 고급스럽게 하는 계층을 겨냥해 개발한 것이다.

Buffet: 일정한 요금을 지불하고 기호에 따라 이미 준비된 음식을 먹을 수 있는 Self-Service식사이다. 그러나 음료와 술은 별도 계산을 하도록 되어 있다. 뷔페는 두 가지로 구분되는데, 일정하게 예약된 인원(연회, 각종행사)을 위하여 준비된 요리를 제공하는 Closed Buffet와 불특정 다수의 고객(일반 뷔페식당)을 대상으로 준비되는 Open Buffet가 있다.

Bus Boy <접시 닦는 종업원>: 식당에서 웨이터를 돕는 접객보조원으로 식사 전후 식탁 정돈 및 청소를 주 업무로 하는 식당 종업원을 말한다.

Business Center: 호텔의 상용 고객을 위한 부서로서 「사무실을 떠난 사무실(Office Away From Office)」 개념을 도입하여 가정과 사무실의 복합적인 기능을 고려하여 비즈니스 고객을 위한 비서 업무, 팩스(Fax), 텔렉스(Telex), 회의준비 (Meeting), 타이핑(Typing) 등을 서비스하는 부서이다.

Business Plan <영업계획>: 호텔기업의 회기년도 말에 익년도 영업활동에 대한 방향을 설정하고 호텔영업에 대한 전반적인 영업지침을 말한다.

Butler: 일반적으로 주류관리자의 용어로서 이용되고 있으나 오늘날 호텔경영에서는 귀빈층(executive floor) 고객에게 밀접하게 접근하여 일상적인 서비스를 해주는 업무의 일종이다.

C

Cabana: 보통 호텔의 주된 건물로부터 분리되어 수영장이나 해수욕장 내에 위치한 호텔의 객실을 말하며, 침대가 있기도 하고 없기도 하며 그와 같은 목적이나 특별 행사를 위해 사용되는 임시 구조물도 이에 포함된다.

Cabaret: 음악이 있고 춤을 출 수 있는 시설을 갖춘 서양식의 고급 술집

Cafe Espresso: 본격적인 이탈리안 커피로 "크림 카페"라고도 한다. 이탈리아에서는 식후에 즐겨 마시는데, 피자 따위의 지방이 많은 요리를 먹은 후에 적합한 커피이다.

Call Accounting System <전자교환시스템>: 전화회계시스템은 단독(Stand-Alone)시스템으로 운영되거나 호텔 HIS와 연결된다. 일반적으로 CAS는 장거리 직통전화를 처리할 수 있고, 최소비용 송달 네트워크(Least-Cost Routing Network)를 통해 전화를 걸 수 있으며, 통화량에 가격을 삽입하도록 한다. CAS가 HIS 프런트부서의 고객회계모듈에 연결되어 있을 때 전화요금은 즉각적으로 해당고객 폴리오에 분개된다.

Canape: 빵을 잘게 여러 가지 모양으로 만들어 그 위에 각종 가공된 음식물을 얹어서 한 입에 먹을 수 있게 만든 요리, 즉 식욕촉진제이다.

Cancellation <예약취소>: 고객이 사용하기로 예약한 호텔객실에 대하여 고객의 요구에 의하여 사전 예약된 것이 취소되는 것을 말한다.

Cancellation Charge <취소요금>: 고객이 호텔예약의 일방적인 취소에 따른 예약취소 요금을 말하며, 현재 우리나라에서는 1994년 7월 1일부터 전국의 특2급 이상의 호텔에서 실시하고

있다. 이 지침에 따르면 FIT 예약고객이 하루 전에 해약을 할 경우에 객실요금의 20%, 숙박당일 오후 6시 이전에 해약할 경우에는 50%, 오후 6시 이후의 해약을 포함해 투숙하지 않을 경우(No-Show)에는 80%를 각각 지급해야 한다. 또 15인 이상 단체손님(Group)의 경우도 2일 전에 해약할 경우에는 객실요금의 10%, 하루 전 해약은 20%, 숙박당일 해약은 30%, 2박 예약의 경우는 40%를 각각 위약금으로 지급해야 한다고 규정하고 만약 예약한 고객에게 객실을 제공해 주지 못하였을 경우에는 고객에게 객실 요금의 200%를 지불해야 한다고 되어 있다.

Carpet Filter: 카페트의 탄력을 위하여 밑에 넣은 휠터

Cart Service <Wagon. Trolley>: 이 서비스는 주방에서 고객이 요구하는 종류의 음식과 그 재료를 카트에 싣고 고객의 테이블까지 와서 고객이 보는 앞에서 직접 조리를 하여 제공하는 서비스 형태이다.

Carving: 주방에서 조리된 요리를 고객의 테이블 앞으로 운반하여 서비스 카트에 준비해 둔 Rechaud 위에 요리가 식지 않도록 올려놓고, 고객이 주문한 요리를 쉽게 드실 수 있도록 생선의 뼈, 껍질 등을 제거하거나 덩어리 또는 통째로 익힌 고기를 같은 크기로 잘라 서브하는 것

Cash Bar: 고객이 술값을 현금 지불하는 연회장 내의 임시적으로 설치하는 바

Cash Drawer <금전등록기: Cash Register>: 프런트 데스크(Front Desk)에서 현금거래와 수지를 조정하는데 사용되는 기계나 주화, 지폐 등을 종류별로 넣는 서랍을 말한다.

Cash on Delivery System <Self Service System>: 좌석회전이 빠르고 메뉴가 단순한 카페테리아(Cafeteria)에서 운영되며 고객이 회계원(Cashier)에게 메뉴항목을 주문하면서 요금을 선납한다. 회계원은 메뉴항목을 식당회계기에 등록한다. Printer기에서 주문서와 영수증을 출력시켜 고객에게 전달하고 고객은 주문서를 주방 또는 바(Bar)카운터에 제시하고 음식을 제공받아 고객이 직접 운반하는 방식이다.

Cash Out: 호텔 케셔(Hotel Cashier)가 수행하는 이 절차는 근무 종료시 당일의 업무를 마감하여 금액 확인 및 결산을 보고하고 직무를 마치는 것을 말한다.

Cashier's Drop: 영업 회계원(식음료, 기타 부대시설 회계원)이 직무 마감시 프런트 데스크(Front Desk)에 위치한 예치금 장소이다.

Cashier's Report <출납보고서>: 교대 종료시 각 영업장 현금 수납원에 의해서 작성되는 입금액 명세서로 현금 입금 봉투에 이를 미리 인쇄하여 사용함으로써 내용을 편리하고 정확하게 파악할 수 있게 되므로 이를 Cashier's Envelop라고도 한다.

Cashier's Well <Tub Bucket. Pit>: 계산이 정산되지 않은 고객의 폴리오(Guest Folios) 파일철

Casino: 어원은 중세기 이탈리아의 귀족 별장에서 비롯된 단어로, 18세기경 도시나 해변 등지의 특급호텔 또는 별장에서 도박, 춤 등 사교를 위한 오락시설이었다. 현재 이용형태는 각 국가마다 다소 차이가 있는데 한국의 경우는 외국인 전용이다.

Catering: 식사호텔업과 레스토랑업을 함께 취급하는 나라도 있고, Hotel and Catering Industry 라는 말도 있으며, 협회도 있으나 지불 능력이 있는 고객에게 조리되어 있는 음식을 제공하는 것을 뜻한다.

C. C TV <유선 텔레비전 : Closed Circuit Television>: 폐쇄회로 TV.

Cellar Man: 호텔의 저장실 관리인, Bar의 주류창고 관리자

Center Piece <식탁의 중앙장식물>: 식탁(Table)의 분위기를 좀 더 돋보이게 하기 위해서, Table 중앙에 놓여지는 집기들의 배열. 즉 디저트용의 도기제, 혹은 Silver로 된 공예품이나 조각품의 접시, 꽃꽂이(수반꽃이나 병꽃), 꽃다발, 촛대(Candle Stick), Napkin Holder or Menu Holder, 각종 소스병, Ice Pieces 등을 들 수 있다.

Chain Hotel <체인호텔>: 복수의 숙박시설이 하나의 그룹으로 형성하여 운영될 때 그것을 체인시설이라 부르며, 일반적으로 3개 이상일 때 체인이라고 하고 있다. 세계 체인 호텔의 발달은 1907년 리츠 개발회사가 뉴욕시의 리츠칼톤(Ritz-Carton)호텔에서 리츠라는 이름을 사용하는 프랜차이즈 계약을 효시로 시작되었다. 1949년 힐튼 인터내셔널이 미국 힐튼 본사로부터 독립된 자회사로서 군림하게 되었고 오늘날의 호텔 경영의 개념을 설정한 창시자가 되었다. 우리나라에서는 1969년 한국관광공사 전신인 국제관광공사와 미국아메리칸 에어라인(American Airline)의 합작투자로 조선호텔을 건설하였다.

Check Room <체크 룸>: 호텔에서 고객의 내용물을 보관해 주는 장소(모자, 외투, 가방, 책 등)이다.

Check-In <입실>: 호텔 프런트(Hotel Front)로 예약된 손님이 정해진 날짜에 도착함으로서 룸 클럭(Room Clerk)은 그 업무가 진행된다. 고객이 도착하면 정중히 인사를 하고 고객의 인적

사항을 요구하는 등록카드를 접수한 후 그 고객을 정 해진 객실로 친절히 안내하기까지의 모든 행위를 체크-인이라 한다. 일반 적으로 고객이 입숙 하는 시간대를 살펴보면 오후 1~3시, 6~9시이다.

Check-Out <퇴숙>: 고객과의 마지막 접촉은 퇴숙이다. 퇴숙은 고객이 객실을 비우고 객실 열쇠(Key)를 반환하고 고객의 계산을 마치고 호텔을 떠나는 것을 말한다. 일반적으로 가장 많은 고객이 퇴숙하는 시간대를 보면 오전 7시~10시이다.

Check-Out Hour <퇴숙시간: Check-out Time>: 고객이 객실을 비워야 하거나 하루의 추가요금이 부과되는 시간의 한계점으로 일반적으로는 정오(12 : 00)를 기준으로 삼고 있다. 그러나 최근 호텔 의 특별층(Executive Floor) 고객들에게는 퇴숙 시간이 오후 2~3시까지 연장되고 있는 것을 볼 수 있다.

Chef <주방장: Chef de Cuisine>: 식당의 주방장(Kitchen Chief)을 일컫는다.

Chef de Partie <조리장>: 직속상관은 주방장(Sous Chef)이며, 그의 주된 임무는 자기 주방요원들의 근무 스케줄을 작성하고, 기술적인 면에서 소속 조리사들을 교육 훈련시켜 요리를 제대로 조리할 수 있도록 하여야 한다. 영업 전에 최종적으로 준비 점검을 실시하고, 종료 후 마지막 점검도 한다.

Cinnamon <시나몬: 계피, 육계>: 중국, 인도네시아, 인도차이나가 원산지로 잡목과 비슷하며 높이는 9m 정도이다. 가장 얇은 외피를 가진 것이 우수 품종이며, 두께가 굵어질수록 상품가치가 떨어진다. 이 껍질의 향은 아카시아 나무보다 순하며 붉은 색을 띠고 있다.

CIP <Commercialy Important Person>: CIP는 상업적인 거래상 중요한 영향력이나 역할을 하는 귀빈을 말한다.

City Hotel <도시 호텔>: 이는 특정한 혹은 휴양지(Resort) 호텔과는 대조적으로 도시 중심지에 위치한 호텔이다. 이 호텔은 비즈니스(Business)와 쇼핑 등이 원활히 이루어지는 도시의 중심가에 존재하고 있어 주로 사업가나 상용, 공용 또는 도시를 방문하는 관광객들에게 많이 이용되고 있으며 또한 도시민의 사교의 장으로 공공장소로 사용되고 있다.

City Ledger <미수금 원장>: 호텔의 외상매출장으로 특히 비 투숙객에 대한 신용판매로부터 발생된 수취원장으로 후불장이라고도 한다.

Cloak Room <휴대품 보관소>: 투숙객 이외의 방문객이나 식사 고객 등의 휴대품을 맡아두는 장소를 말한다.

Closed Dates <만실 날짜: Full Date, Full House>: 객실이 모두 만실이어서 판매가 불가능한 일자를 말한다.

Closet <옷장: Wardrobe>: 벽에 부착된 옷장(가구 옷장)

Cocktail <칵테일>: 칵테일이란 일반적으로 알코올성 음료에다 과즙류 혹은 비알코올성 음료 및 각종 향을 혼합하여 만드는 음료이다.

칵테일은 종류별로 처방서(Recipe)에 정해져 있는 재료를 일정한 분량으로 혼합하여 그 지시된 처방대로 조주하여야 한다. 조주시 그 재료의 분량이 너무 많거나 적으면 자신이 만들고자 하는 칵테일과는 상이한 음료가 되어버린다. 따라서 분량을 정확히 계량하는 것은 칵테일을 조주하는데 있어서 극히 중요한 작업이라 하겠다.

Cold Call: Sales Call의 하나로써 영업적인 특별한 관계없이 지정거래처(Hotel Account) 방문하는 것을 말한다.

Collect Call <수신자 지불 전화>: 요금을 수신자가 지불하는 통화제도로 국제전화시에 적용되는 것으로서 상대가 지불할 것을 인정하여야 한다.

Commercial Hotel <상용호텔: Business Hotel>: 컴머셜호텔이란 사업상의 목적을 가진 투숙객을 대상으로 하는 비즈니스호텔(Business Hotel)이다. 상용호텔은 그 특성상 주로 도심지 및 상업지역에 위치한다.

Commercial Rate <상용요금>: 할인요금(Discount Rate)의 일종으로 특정한 기업체나 사업을 목적으로 하는 비즈니스 고객에게 일정한 율을 할인해 주는 것이다. 이 제도는 미국의 도시 호텔에서 많이 채택되고 있으며 우리 한국에서도 대규모 호텔의 건립과 다각경영의 일환으로 이 요금 할인제도를 실시하고 있다.

Commissary Kitchen: 호텔의 각 식당(업장)의 조리장이 필요한 식재료를 구입 또는 주문하는 주방으로 식재료를 세척하고, 가공처리 및 각 주방에 공급 준비를 하는 것이다.

Complimentary <무료: Comp>: 호텔에서 특별히 접대해야 될 고객이나 호텔의 판매 촉진을 목적으로 초청한 고객에 대하여 요금을 징수하지 않는 것을 말한다. 객실요금만 무료인 경우는 Comp. on Room이라 하고, 객실과 식사대가 무료인 경우는 Comp. Room & Meal, 모든 것이 무료인 경우는 Comp.라고 표시한다.

Central Reservation System(CRS): 상호작용을 하는 다수의 전자시스템 중의 하나로 개개의 여행사와 중앙 컴퓨터를 연결함으로서 항공 및 호텔 예약을 할 경우 즉석 문의 또는 예약을 가능하게 하는 시스템을 말한다. 또한 CRS는 호텔 자체 예약시스템 뿐만 아니라 여행사와 컴퓨터의 기억장치(Multi-Access System), 영상자료(View Data), 항공사의 고도로 뛰어난 시스템 개발을 통한 계열 예약이나 대리점 그룹과 같이 다양한 예약망에 의한 것이다.

Concierge: 콘시어즈는 여성, 남성 도어 키퍼(Door Keeper)이다. 유럽풍 호텔에서 그들은 벨 서비스 담당이고 호텔에 관한 정보나 호텔 밖의 나이트클럽, 레스토랑에 관한 정보, 극장표, 여행에 필요한 교통편, 안내 등의 포괄적 서비스를 제공, 처리한다. 이는 또한 서비스 감독자와 같은 뜻으로 고객 우편물 처리와 안내원, 도어맨 그리고 여행사와 손님의 관계에 관한 모든 업무를 총괄처리한다.

Condominium <Time-Share Hotel. Condo>: 공공건물에 개별적으로 소유권을 행사하면서 저당 설정과 양도가 가능하며 그 시설관리의 서비스는 별도의 독립된 회사에 의해 행해지는 숙박형태이다.

Confirmation Slip <예약확인서>: 호텔객실을 예약한 고객에게 예약에 이상 없음을 알려주는 확인서로서 투숙자명, 도착일, 출발일, 객실종류 등 필요한 사항을 기입하여 고객에게 예약사항을 확인케 하는 것

Connecting Door: 객실과 객실 사이 통하는 사이문

Connecting Room <Side by Side Room>: 인접해 있는 객실로서 Connecting Door(연결도어)가 있는 객실을 말한다. 이 도어를 열어서 2실 또는 그 이상을 연결하여 사용한다.

Consumer Satisfaction Management <고객만족경영: CSM>: 고객 중심적 사고를 바탕으로 모든 경영활동을 전개해 나가는 새로운 경영조류이다. 즉 고객만족경영은 시장점유율 확대나 원가절감이라는 종전에 경영목표에서 벗어나 고객만족을 궁극적 경영목표로 삼음으로써 시장변화에 흔들리지 않는 안정적인 수익기반을 장기적 및 지속적으로 확보해 나가려는 경영방식이다.

Continental Plan <대륙식 요금제도: C. P.>: 컨티넨탈 플랜은 유럽에서 일반적으로 사용되는 제도로서 객실요금에 아침 식대만 포함되어 있는 요금지불 방식이다. 경영자 측에서는 별로 비싸지 않는 Continental Breakfast를 식료에 포함시킴으로서 고객에게 큰 부담을 주지 않고 매

상을 증진시킬 수 있고, 고객은 별로 부담을 느끼지 않고 아침 식사를 할 수 있다는 느낌을 받을 수 있다.

Convention <국제회의>: 회의 분야에서 가장 일반적으로 쓰이는 용어로서 정보전달을 주목적으로 하는 정기집회에 많이 사용된다. 과거에는 각 기구나 단체에서 개최되는 연차 총회의 의미로 쓰였으나, 요즘은 총회, 휴회기간 중 개최되는 각종 소규모회의, 위원회 등을 포괄적으로 의미하는 용어로 사용된다.

Convention Bureau: 이 말은 잘 알려지지 않았으나 컨벤션이란 '회의', '모임'의 뜻으로 그러한 회의의 종합적인 준비를 하는 업체를 말한다. 미국이나 유럽에서는 제2차 세계대전 후 발달되었고, 현재의 미국 같은 경우는 각 주요 도시마다 컨벤션 뷰로우가 있으며 주로 다른 주의 여러 컨벤션이나 이벤트 행사를 유치하는 것을 목적으로 하는 기구이다(유치, 숙박, 운송, 회의장, 리셉션, 동시통역, 여행, 관광의 준비 업무). 우리나라에서는 한국관광공사가 1989년부터 컨벤션 뷰로우 기능을 국제 협력부에서 수행하고 있다.

Convention Service Manager <CSM>: 컨벤션 사업의 전문 직종으로서 호텔의 연회나 다양한 컨벤션 활동의 유치 와 모든 제반사항을 총괄하는 총 책임자이다.

Conventional Hotel <회의전용 호텔>: 이는 각종 대 소규모의 회의를 유치하기 위해 지어진 일반호텔보다 규모 가 큰 호텔이다. 따라서 회의 참가를 위해 투숙하는 고객들을 수용할 수 있는 충분한 객실이 확보되어 있어야 하고 객실 크기도 대형화되어야 하며, 이들의 회의를 위한 큰 규모의 회의장 및 연회장 등의 시설과 영상과 영화를 감상할 수 있는 시설, 전시장 등이 필요하다.

Corporate Guarantee: 상용 여행자의 No Show를 줄이기 위해 호텔과 그 보증인이 이에 관해 재정 책임여하를 계약상으로 협조, 동의한 예약보증의 형태

Corporate Rate <상용고객객실요금>: 상용고객확보를 위하여 기업체 및 단체 등을 대상으로 한 계약 객실요금으로써 예상고객의 현황에 따라서 객실 차등요금이 적용된다.

Corsage: 결혼식, 회갑, 생일 등 파티 때 주빈 앞가슴에 다는 꽃

Credit Limit <Credit Line>: 신용한도

Credit Manager <여신관리자>: 호텔의 후불담당 책임자로서 개인고객, 회사 및 단체의 후불조건 예약신

Cross Sell <크로스 셀: 교차판매>: 판매촉진의 일환으로 고객에게 서비스를 제공하는 종업원이 자신이 판매하고 있는 상품뿐만이 아니라 호텔 내의 타 상품 혹은 제3의 호텔상품을 판매하는 활동을 말한다. 특히 체인호텔에서는 Cross Sell 활동을 활성화하기 위하여 체인에 가입되어 있는 호텔들의 상품을 판매할 수 있도록 정기적인 교환방문 및 서비스교육을 실시한다.

Cross-Training <교차 교육>: 하나의 직무 이상을 충족시키기 위한 종업원의 교육훈련

▌D▌

D-Briefing: Morning Briefing(어떤 임무를 수행하기 전의 사전보고 회의)의 반대개념으로써 임무 수행을 마친 다음 갖는 사후보고회의이다.

Daily Report <일일보고서>: 부문별 수익과 비용을 그 당일에 기록하여 당일 경영이익을 계산할 수 있게 만든 회계보고서를 말한다.

Daily Special Menu <당일의 특별메뉴: Daily Menu. Carte de Jour>: 주방에서 제공하는 그 날의 특별 메뉴는 원칙적으로 그날그날 시장에서 특별한 재료를 구매하여 요리장의 아이디어와 기술을 발휘하여 일품요리의 메뉴에 없는 상품을 조리 고객에게 새로운 별미로 식욕을 돋우게 하는 차림표를 말하는 것으로 계절과 기념일, 명절 그리고 때와 장소에 따라 계절 감각에 어울리게 싱싱하고 입맛을 돋울 수 있어야 한다.

Database Marketing: 과거의 정보를 면밀히 분석한 후 시장의 현황을 정확히 파악하여 그 결과에 따른 마케팅 활동으로 호텔의 수익의 공헌도에 따라 마케팅비용을 적절히 배분하고 불특정 다수가 아닌 실질적으로 호텔수익과 관련이 있는 시장을 대상으로 집중적인 마케팅활동을 펼친다.

Day Shift <주간근무>: 호텔 종업원의 근무시간으로서 보통 07 : 00 ~ 15 : 00까지를 말한다.

Day Use Charge <분할요금: Part Day Use. Day Rate>: 호텔에서 객실점유율을 높이기 위하여 고객이 주간에 이용한 요금을 할인하여 받는 요금방법이다. 분할요금은 같은 날 도착과 출발하는 고객에게 적용된다. 일반적으로 오전 10시에서 오후 5시 사이의 요금이다. 객실요금은 보통 30~50% 정도 할인하여 부과한다.

D.D.D <장거리전화: Direct Distance Dialing>: 직접 다이얼 통화로 시의 구역 밖의 근접지역에 대한 전화

Demi-Pension <Modified American Plan. Half Pension>: 숙박요금제도의 하나로 미국에서는 객실료에 완전한 아침식사 제공과 저녁 식사를 합한 것이다. 유럽에서는 객실료와 컨티넨탈 조식과 중식이나 또는 석식 중 고객에게 선택하도록 하는 방식이다.

Demi Tasse <작은 찻잔>: 주로 식후에 제공되는 1/2 용량의 커피잔

Density Board <객실 예약 현황판: Density Chart. Tally Sheet>: 객실별 예약밀도 도표. 예약 객실수를 객실 유형별로, 즉 싱글(Single), 투 윈(Twin), 퀸(Queen) 등으로 나누어 일변하기 쉽게 통제하는 도표를 말한다.

Departure List <출발고객명부>: 당일에 Check-Out(퇴숙)할 고객과 Room에 대한 정보를 나타내는 보고서이다.

Deposit: 객실의 예약금

Did Not Arrive <예약후 취소: DNA>: 호텔에 예약을 했던 고객이 나타나지 않을 경우와 전화로 취소하는 경우이다. DNA는 노-쇼(No-Show) 경우와 취소(Cancellation) 경우의 복합적 의미를 가지고 있다.

Did Not Stay <DNS>: 고객이 등록을 필하였으나 호텔에 체류하지 않거나 조기 출숙을 의미한다.

Direct Mail <DM>: 고객의 판촉 담당직원이 고객유치를 위해서 호텔의 인센티브(Incentives)를 살린 다양한 형식의 우편물을 고객의 가정이나 거래처 회사, 여행사, 각종 사회단체 등에 발송하는 것을 말한다.

Direct Passage Cost: 구매와 검수를 거친 후 저장고를 거치지 않은 채 조리장에 직접 반입된 재료

Discount Group Rate <단체할인요금>: 여행알선업자와 계약을 체결하여 단체고객을 유치하기 위한 할인제도

DNCO < Did Not Check Out>: 고객의 계산을 결산하도록 만들어 놓았는데, 프런트 데스크(Front Desk)에 통보 없이 떠나버린 고객을 말한다. 그러나 Skipper는 아니다.

D.N.P <부착금지: Do Not Post>: 행사표(Event Sheet)에서 흔히 찾아 볼 수 있는 것으로 게시판에 부착하지 말아달라는 의미이다.

D.N.S <숙박하지 않음: Do Not Stay>: 숙박등록을 한 후 어떠한 사유에 의해 숙박을 하지 않는 경우, 그 등록카드에 D.N.S(Do Not Stay), 즉 "숙박하지 않음"이란 Stamp를 찍어 취소할 수 있다.

Do Not Disturb <방해금지: DND>: 호텔의 객실에 종업원의 출입을 금지한다는 표시로서 손님이 문에 걸어 두는 표지가 있는데 이 표지에 쓰는 문구이다. 이 "Do Not Disturb" 카드 뒷면에는 "Make-Up" 카드로서 객실 정비원(Room Maid)이 청소를 하기 바란 다는 표시의 문구가 되어 있다.

Door Stopper: 문이 벽과 부딪히는 것을 방지하기 위한 장치를 말한다.

Double-Double <Twin Double. Family Room>: 2개의 더블베드를 가지고 있는 침실

Double-Locked Door: 호텔에 투숙하는 고객 중 귀중품과 비밀 물건을 많이 소지하고 숙박할 경우 절대 안전을 위해서 이를 이중으로 잠기는 특별장치의 문이 달린 객실을 제공하는데 이 문을 Double-Locked Door라고 한다.

Double Occupancy: 객실에 두 명이 투숙하는 것을 말한다. 판매된 객실 수에 두 배로 투숙하는 비유이다. 이를 통하여 식음료, 세탁, 기타 부대시설 등에 관한 예상을 할 수가 있고 호텔의 평균 객실요금을 분석하는데 좋은 정보가 될 수 있다.

Double Occupancy Rate: 객실 하나에 두 명이 기본인데, 한 사람당 계산하는 것으로 관광객을 위한 객실가격이다.

Double Room: 2인용 베드(Double Bed)를 설비한 객실로 객실의 넓이는 16㎡ 이상이며, 침대의 규격은 138×195㎝ 이상이다.

Down Town Hotel <도심지 호텔>: 이 호텔은 도시와 비즈니스 센터와 쇼핑센터 등의 중심가에 존재하는 호텔로 교통의 편리와 손님의 왕래가 불편하지 않아야 하겠지만, 지금에 와서는 도시중심의 교통의 불편과 공해, 지가의 앙등과 주차장 문제 등으로 이런 호텔들의 발전에 많은 장애요소가 되고 있다. 그러나 갖가지 서비스의 제한에도 불구하고 도시의 사교 중심지로서 각종의 연회, 집회, 회의, 결혼식, 전시, 발표회 및 쇼핑 등의 이용으로 많은 사랑을 받고 있다.

Drive-In: Drive-In은 '차에 탄 채로'의 뜻인데, 레스토랑(Restaurant)의 넓은 정원에 자동차를 타고 들어가면 인터폰이 붙은 기둥이 널려져 있는데 차창에서 손을 내밀어 마이크를 들고 요

리를 주문하여 운반된 것을 차내에서 먹는다.

Dual Plan <혼합식 제도>: 듀얼 플랜은 혼합식 요금제도로 고객의 요구에 따라 아메리칸 플랜(American Plan)이나 유럽피안 플랜(European Plan)을 선택할 수 있는 형식으로 두 가지 형태를 다 도입한 방식이다.

Due Back <Exchang. Due Bank. Difference Returnable>: 호텔 케시어의 근무 중 고객으로부터 받은 수령금액이 결산시에 순이익 보다 현금이 초과한 경우이다. 이러한 경우에는 차이가 나는 현금 가액을 프런트케시어(Front Cashier)에게 넘기어 정리한다.

Due Out: 호텔 측에서 고객이 예약기간 동안만 체제하고 퇴숙(Check-Out)할 것이라고 예측한 객실을 말한다.

Dump: 호텔고객이 지정된 예약날짜나 시간보다 미리 퇴숙(Check-Out) 절차를 받는 것을 말한다.

Duplex: 2층으로 된 스위트 룸(Suite Room)의 하나로 응접실이 아래층에 있고 침실은 상층에 있는 객실

Duty Manager <당직지배인>: 호텔현관 입구에 위치해 있으며 고객의 불평불만 처리와 비상사태 및 총지배인 부재시 직무대리 등 일반적으로 밤 시간대부터 그 다음날 오전까지 근무를 한다.

❙E❙

Early Arrival <조기 도착자>: 예약한 일자보다 일찍 호텔에 도착하는 고객을 말한다.

Early Arrival Occupancy <조기 도착 점유>: 고객이 예약한 일자보다 조기 도착으로 Check-out (퇴숙)시간 전에 입실이 가능하도록 객실을 확보하는 것을 말한다.

Early Check-Out <조기출발>: 호텔이 정한 Check-out Time(정오 12:00)보다 일찍, 새벽이나 식사 전에 출발하는 경우를 말한다.

EATS <종합상품을 파는 식당: Entertainment Atmosphere Taste Sanitation>

Entertainment (접대: 인적서비스), Atmosphere (분위기: 물적서비스), Taste (맛: 요리), Sanitation (위생: 청결)을 뜻하는 약어로서 식당은 단순히 먹는 장소만의 의미가 아니라 서비스와 분위

기, 음식의 맛 등이 하나로 조화된 총체적 가치, 즉 Total 상품을 판매하는 장소라는 뜻이다.

Electronic Locking System <전자식 자물쇠 시스템: ELS>: 컴퓨터화 된 객실 잠금장치이다.

Employee Folios <직원용 거래계정>: 호텔 내에서 업무와 연결하며 직원이 고객관리 또는 판촉을 위하여 사용하는 경우에 일상적인 외상 구매권을 제공하여 사용하고, 이때 발생되는 거래는 비고객 계정과 같은 방식으로 처리된다. 일상적으로 직원의 매장이용을 파악하여 할인가와 투입원가를 계산하고 비용 재정활동을 통제하여 개인적인 지출과 회사로부터 허가된 업무용 이용사항을 분리할 때 사용된다.

Engineering Department <시설 관리부>: 호텔건물과 시설의 보수 및 유지를 위한 기술적 업무를 수행하는 부문을 호텔에서 시설관리부라고 부른다.

English service <Family Service>: 음식이 주방에서 식탁으로 직접 서비스되어 가정에서의 Platter(큰 쟁반)에 담긴 식사 형태와 비슷하다. 즉 주빈이 테이블을 돌며 고객에게 요리를 제공하거나 요리를 돌려가며 고객이 직접 담는 방법으로 오늘날 호텔이나 식당에서는 사라져 가고 있으나, 학교나 회사에서는 아직 사용되고 있다.

Entertainment: 호텔서비스에 있어 환대, 접대, 즐거움, 오락, 여흥 등의 의미를 갖는 서비스 개념인데, 이러한 서비스는 연회상품에서는 전반적이고 종합적인 서비스가 요구된다.

Entree <Main Dish>: 정식에서 주 요리를 말하는 것으로 일반적으로 요리는 소, 송아지, 양, 돼지, 가금류(닭, 오리, 비둘기), 엽수류(노루, 사슴, 산토끼), 엽조류(꿩, 메추리) 등이 있다.

ETA <도착예정시간: Estimated Time of Arrival>: 호텔을 이용하고자 하는 고객의 도착예정시간을 말한다.

ETD <출발예정시간: Estimated Time of Departure>: 호텔에 숙박하고 있는 고객의 출발예정시간을 말한다.

European Plan: 객실료와 식사대를 분리하여 각각 별도의 계산을 하는 방식으로 이는 손님에게 식사를 강요하지 않고 손님의 의사에 따라 식사는 별도 지불한다. 이는 상용호텔 등에 주로 적용되는 방식으로 우리나라 호텔에서 일반적으로 적용하는 요금제도이다.

Exchange Rate <환율>: 외국환의 거래는 자국통화 대 타국통화의 매매시 교환비율을 말하며 자국 통화는 국내에서의 구매력을 대내가치라고 하면 외국에 있어서의 구매력은 외화와 교환되므로 환율은 자국통화의 대외가치를 나타낸다.

Exchange Transactions <교환거래>: 교환거래는 자산, 부채, 자본의 증감 변동은 발생하나 비용은 발생하지 않는 거래이다. 따라서 교환거래는 당기 순이익에 영향을 미치지 않는 거래이다.

Executive Floor <귀빈층: Executive Club>: EFL은 호텔 내의 호텔 '귀빈층'이라 불리고 있으며, 잦은 해외 출장, 바쁜 스케줄, 복잡한 업무에 시달리는 현대 비즈니스맨들을 위해 보다 신속하고 정확하며 차별화된 서비스와 안락함과 편안함을 제공하는 호텔 내의 특별 층으로 콘시어즈(Concierge) 가상주하면서 항공, 타 호텔 예약, 비서업무, 통역, 클럽 라운지 운영, 익스프레스 체크 인(Express Check-In) 및 체크아웃(Check-Out), 회의 등 세심한 에머니티(Amenity) 제공을 하는 층이다.

Expected Market Share of Hotel <예상시장점유율>: 자사호텔의 판매가능 객실수 / 경쟁호텔의 총 판매가능 객실수

Express Check-In / Out: 프런트 데스크(Front Desk)에서 대기해야할 번거로움을 없애기 위해서 전산처리하는 방법으로 고객의 입숙과 출발을 신속하게 하기 위한 서비스이다.

Extension: 투숙객의 숙박 연장, 체재 연장 또는 호텔 내의 전화

Extra Bed <추가침대>: 객실에 정원 이상의 고객을 숙박시킬 때 임시로 설치하는 침대로 보통 접 는식 이동하기 편리한 Roll-a Way Bed를 말한다. 일반적으로 추가침대가 제공시 추가요금과 Service Charge, VAT가 부과되며, Family Plan으로 투숙하는 고객에게는 무료로 제공되는 경우도 있다.

▌F▌

Familiarization Rate Fam. Rate>: 호텔에서 가족 숙박객을 위하여 객실, 식음료 등 할인된 요금이다.

Family Hotel <가족호텔>: 1986년 제정 · 공포된 관광진흥법 및 1987년 7월 1일 대통령에 의해 신설된 호텔 개념이다. 저렴한 가격의 가족단위 숙박형태로 공동 취사장이나 가족 단위의 개별취사 시설을 갖추고 옥내 운동 시설과 옥외 운동시설을 갖춘 숙박 형태이다.

Family Plan: 패밀리 플랜이란 부모와 같이 동행한 14세 미만의 어린이에게 엑스트라 베드(extra bed)를 넣어 주되, Extra Bed Charge는 적용하지 않는 요금제도이다.

Farm Out: 고객을 더 받을 수 없어 예약된 고객을 빈 객실이 있는 다른 호텔로 보내는 경우이다. 이러한 것은 고객이 예약을 하였다 하더라도 객실을 판매할 수 없을 경우에만 적용된다.

Faucet: 수도꼭지

Filet <Fillet>: 육류나 생선의 뼈나 지방질을 추려낸 상태

Filet Mignon: Beef의 연한 허리살 부분에 있는 안심을 말한다.

Financial Statement <재무제표>: 일정시점에서 기업의 자산 부채 및 자본상태를 나타내는 대차대조표와 일정기간 동안의 기업의 수익, 비용 및 손익 등의 경영성과를 보여주는 손익 계산서 등을 말한다.

Finger Bowl <손가락 씻는 그릇>: 포크 따위를 사용하지 않고 과일을 손으로 직접 먹을 경우 손가락을 씻을 수 있도록 물을 담아 식탁 왼쪽에 놓는 작은 그릇

First Class Hotel <일등급호텔>: 일류호텔. 호텔의 등급(Classification)을 매기고 있는 나라에서는 시설기준을 정하고 있으며 일반적으로는 다시 그 상급으로서 Delux Class의 호텔이 있다.

First In First Out <선입선출법: FIFO>: 소비된 재고자산의 단가결정에 있어 먼저 구매되어 들어온 것이 먼저 소비된다는 가정 하에서 매입 순으로 단가를 적용시키므로 매입순 법이라고도 하는데, 반대로 기말 재고액은 시가에 가까운 것을 나타내게 되어 합리성을 가진 방식이다.

FIT <외국인 개인 여행자: Foreign(Free) Independent Tour>: 개인으로 움직이는 여행 및 여행자로서 원래는 '개인 또는 소수 인으로 가이드가 없는 여행'에 대한 호칭이었지만, 현재로는 개인여행에 대해 쓰고 있다. FIT는 단체여행객의 반대의미로서 사용된다.

Fitness Center <휘트니스센터>: 호텔의 부대시설로써 고객의 심신과 체력을 증진할 수 있는 여가공간으로써 사우나(Sauna), Aerobi Studio, 헬스클럽, 수영장, 스낵 바 등의 시설을 갖춘 장소이다.

Flat Rate <균일요금>: 균일 요금으로 단체고객이 호텔에 숙박하는 경우 요금이 다른 객실을 사용하더라도 그것을 균일화한 특별요금을 말한다.

Floatel: 이는 여객선이나 페리호, 그리고 유람선과 같은 해상을 운행하는 배에 있는 후로팅(Floating) 호텔을 일컫는다. 우리나라에서는 1982년 신설된 관광숙박업으로 비교적 낡은 선

박을 이용한 숙박형태로서 객실기준은 50실 이상이며 비상발전 설비와 해양오염 방지를 위한 오수저장 및 처리시설, 폐기물 처리시설을 갖추어야 한다.

Floor Station <플로어 스테이션>: 객실의 정비나 장비를 위한 장소의 개념으로 가구류, 집기류 등이 설비되어 있고, 또한 린넨 등을 수납한 창고 및 냉장고 설비가 되어 있는 장소이다.

Flow Chart <흐름도>: 어떤 과정을 표시하기 위하여 여러 가지의 유통기호(Flow Chart Symbol)를 사용하여 그림으로 나타내는 시스템의 분석기법이다.

Folio Well <원장 보관함: Guest Folios Holder. Folios Box>: 원장 랙이나 버켓으로 불리기도 하며, 고객원장을 유지하도록 설계된 파일로서 고객의 이름은 알파벳 순서로 정렬되어 있으며 보통은 객실 번호별로 색인되어 있기도 하다.

Food Cover: 고객에게 제공되는 음식 서비스 단위

Footman: 오직 대규모 호텔에서나 볼 수 있는 직종으로 호텔에 도착 및 출발하는 고객에게 좋은 인상을 주기 위해 마련된 서비스의 발전된 형태이다. 보통 Doorman이나 Bell Man이 이 직무를 수행하게 되고 객실지정, Key, 우편물 취급, 고객의 불화 해소, 안내, 모든 요금의 계산, 체크-아웃 처리, 주임이나 현관 지배인 객실과장의 지시. 감독을 받는다.

Forecast <예상 예측>: 호텔에서 과거의 영업실적을 분석하여 현 시점에서 미래에 대한 수요예측, 호텔상품의 판매 등 영업예측을 말한다. 영업예측은 월별, 분기별, 년별로 구분하기도 하며 단기, 중기, 장기예측으로 구분하기도 한다.

Foreign Exchange Rate <외국환율>: 자국화폐와 교환되는 일 국 화폐의 비율을 말한다.

Forfeited Deposit <보증금 예치: Lost Deposit>: 고객이 호텔에 예약한 후 예약을 취소하지 않고 나타나지 않을 경우(No-Show)를 대비해 받는 예약금을 말한다.

Fragile Tag: 고객이 물품보관소(Store Room)에 수화물을 보관할 경우 주류 등 깨어지고 부서지기 쉬운 물품의 취급에 주의를 요하는 표식이다.

Frequent Guest <단골고객>: 자사호텔을 2회 이상 이용한 고객으로 호텔에서는 마케팅비용을 절감하고 구전을 통한 마케팅으로써 호텔의 상표 충성도를 높이기 위하여 단골고객 확보에 주력하고 있다.

French Service: 좋은 음식을 원하거나 시간적 여유가 있는 사람들이 즐기는 전형적인 우아한

서비스로써 고객 앞에서 서비스하는 종업원은 숙련되고 세련된 솜씨로 간단한 음식을 직접 만들어 주기도 하고, 주방에서 만들어진 음식이라도 은쟁반(Silver Platter)에 담아 보여준 뒤 바퀴가 달려 이동 가능한 Gueridon에서 보온이 된 접시에 1인분씩 담아서 제공한다.

Front-of-the House <영업부문>: 호텔의 영업부문으로서 고객이 정상적인 체재기간 동안 직접 대면하고 접하는 프런트 데스크 서비스와 식음료 서비스가 이 영역에 포함된다. 즉 영업부문을 살펴보면, 호텔 건물외부, 로비(Lobby), 프런트 데스크(Front Desk), 객실, 하우스키핑(Housekeeping), 기능공간(식당, 연회장, 회의시설 등), 레크리에이션 시설이다. 즉 호텔의 수익부문(Revenue Center)에 속한다.

Front Office: 현관은 호텔이 고객을 최초로 만나는 지점(Point of Guest Contact)인 동시에 최후로 고객을 환송하는 장소로써 호텔하면 현관을 연상할 만큼 현관은 호텔의 얼굴이 되는 곳이다. 또 호텔의 현관은 고객의 입숙(Check-In)과 퇴숙(Check-Out)을 담당하는 곳으로 고객의 불평불만을 접수하고 해결해야 되는 곳이기도 하다.

Front Office Cashier: 프런트 오피스 케시어는 투숙객이 프런트에 등록을 하면 동시에 업무가 발생하게 되는데 주로 투숙객의 실료 및 식음료 그리고 기타 시설이용에 따르는 모든 계산을 통합, 관리, 징수하는 곳이다.

Full Board <3식이 딸린 식사>: 아메리칸 플랜과 동일하나 세금을 추가하여 받는다.

Full House <만실: No Vacancy>: 전객실 판매. 모든 객실이 다 판매되어 100%의 판매 점유율을 나타내는 의미이다.

Full Service: 호텔, 모텔의 제한적 서비스와 대조적으로 호텔 내의 제반 부서로부터 전제품과 완전한 서비스가 제공됨을 뜻한다.

Fund <환전자금>: 환전자금을 말하며, 이것은 경리부로부터 General Cashier가 차용하여 각각의 회계원이 영업을 할 수 있도록 가불형식으로 차입하여, 환전 마감시 외환과 잔금을 합하여 차입액과 같이 제너널 케시어에게 입금시킨다.

▌G▌

General Cashier <회계>: 제너널 케시어(General Cashier)는 1일 영업 중에서 발생하는 현금 결제계정을 총괄, 수합하고 그 현품을 은행에 입금하여 영업장 영업에서 소요되는 현금 기금의 가지급 및 회수와 관리 등의 일을 맡는다.

General Manager <총지배인: G.M>: 최고 경영진에서 결정한 기본정책 수행의 책임자를 말하며 객실 지배인과 식당 지배인을 지휘, 감독하며 기타 부분을 총괄한다. 아울러 총지배인은 반드시 고객(소비자), 종사원, 그리고 주주에 대한 책임을 지고 이들 삼자에 대하여 유기적인 관계를 철저히 하여야 한다.

Giveaway: 판매촉진을 위한 경품이라든가 무료 제공품을 말한다. 예를 들어, 호텔에서의 마케팅부서나 여행업자가 패키지 상품으로 호텔 이용객에게 제공하는 호텔가방, 모자, 컵, 타월 등을 말한다.

Go Show: 호텔의 빈 객실(Vacant Room)이 없을 경우 체크-인(Check-In) 예정 고객 중 예약 취소나 No-Show(노-쇼)로 빈 객실을 구하려고 기다리는 고객

Government Rate: 정부관직 공무원들에게 적용된 객실 할인율

Grand Total: 호텔에서 발생하는 단가에 봉사료(Service Charge)를 합하면 공급가액이라고 하고 공급가액에 부가가치세(VAT)를 합하면 판매 가액이 되는데 이 총 합계를 그랜드 토털이라고 한다.

Gross Operating Profit <영업이익: GOP>: 영업으로 발생된 순이익으로써 감가상각, 이자, 법인세 이전의 이익을 말한다.

Group Rate <단체요금>: 호텔객실요금의 하나로써 단체고객을 위한 객실요금이다. 일반적으로 단체요금은 9~15실을 기준으로 한다.

Guaranteed Rate <계약요금>: 호텔과 일반기업 간의 계약으로 매년마다 기업에 의해 사용하는 객실 점유율을 고려하여 점유기간과 관계없이 정찰가격에 대한 보증금이다.

Guaranteed Reservation <지급보증예약: Guaranteed Payment>: 호텔이 고객의 객실예약을 보증 확인한 것으로 만약 투숙할 고객이 도착하지 못할 경우라도 객실요금을 지불할 것을 약속 받는 객실예약을 말한 다. 만약 투숙치 못하거나 취소를 할 경우는 호텔의 규약에 따른다.

Gueridon <Wagon>: 이것은 고급식당에서 최고급 서비스를 제공하는데 아주 중요한 필수기물로 바퀴가 달려서 전・후, 좌・우로 쉽게 이동할 수 있게 만들어졌다. 게리동은 고객의 식사 주문에 의하여 동작되므로, 식탁사이의 공간이 충분하나 종사원의 부주의로 식탁이나 의자에 부딪치거나 닿아서는 안 된다.

Guest Check <고객용 청구서>: 식당(Restaurant) 및 주장의 고객에게 청구하는 전표로 Voucher 라고 부르기도 한다. 접객원의 주문전표(Waiter Order Slip)를 Guest Check로 병행하는 경우도 있다.

Guest Elevotor <고객전용 엘리베이터>: 이것은 프런트 엘리베이터라고 하며 고객을 동반, 객실을 왕래하는 벨맨을 제외한 일반 종사원의 출입이 금지된 고객 전용 엘리베이터이다.

Guest History Card <고객이력 카드, 고객관리 카드>: 고객의 방문 기록 카드로 지정된 객실, 실료 특별한 요구사항 및 신용 능력 평가를 기록하여 보다 나은 대 고객서비스를 위해 보관한다.

Guest Ledger <고객원장 : Room Ledger. Transient Ledger>: 호텔회계에 있어 미수금원장(City Ledger)과 구분되는 것으로 등록된 고객에 대한 원장이다.

Guest Night <고객일일숙박>: 고객이 한 호텔이나 모텔 기타 숙박업소에 당일 숙박을 한 후 익일당 숙박업소 규정에서 정한 일정 숙박기준에 의하여 Check-Out(체크아웃)된 고객을 말한다.

Guest Relation Officer <고객상담: GRO>: GRO는 일반적으로 외국인 고객들의 편의를 제공하기 위하여 고객상담 및 안내를 맡은 직종을 말한다.

Guide Rate <가이드요금>: 여행단체를 받아들이는 호텔 측과 여행알선업자 사이에 적용되는 특별요금제도를 말한다.

Gymnasium Instructor <휘트니스센터 강사>: 호텔고객이 Fitness Center에서 수영장, 헬스크럽 이용시 과학적이고 체계적인 지도를 하는 호텔요원이다.

H

Hamburger: 1차 세계대전 당시 함부르크 지방에 고립된 연합군들은 식량부족으로 부대에서 나오는 찌거기 고기들을 버리지 않고 갈아서 조리한 후에 빵에 끼워 먹었다고 하며 그곳의 지명을 따서 영어식 표기로 햄버거라고 부르게 되었다.

Hanger Rod: 옷걸이 대.

Happy Hour: 호텔식음료 업장에서(라운지, 칵테일 바 또는 펍) 하루 중 고객이 붐비지 않은 시간대를(보통 4시에서 6시 사이) 이용하여 저렴한 가격으로 또는 무료로 음료 및 스넥 등을 제공하는 호텔서비스 판매촉진 상품의 하나이다.

Hermitage <산장>: 내륙 관광지에서 산을 배경으로 남향방향으로 있으며 주로 휴양객, 등산객 그리고 스키어 등을 주 이용객으로 하는 소규모 숙박시설을 말한다.

High Balance Report <미수최고잔액 보고서>: 투숙객에게 허용된 신용판매액의 한도액을 초과한 모든 상황을 종합한 보고서이다.

High Season <Peak Season, Tourist Rush Season>: 관광객이 가장 많이 방문하는 계절

Highway Hotel: 이것은 고속도로변에 세워진 호텔을 말한다. 자동차로 여행하는 사람을 위한 시설로 모텔과 유사한 호텔이라고 말할 수 있다.

Hold Laundry: 세탁을 의뢰한 고객이 갑자기 귀국한다든지, 타 호텔로 옮긴다든지 하여 보관하였다가 차후에 돌려받을 때가 있다. 이 경우 보류계정으로 처리되는 것을 말한다.

Hold Room Charge: 고객이 항공기 지연이나 개인의 업무상 사정으로 호텔 도착이 늦어질 때 객실을 예약하고 호텔에 도착하지 않았을 때, 그 객실을 타인에게 판매하지 않고 보류시킨 경우로써 당초의 예약대로 요금을 징수하게 된다.

Hollywood Bed: 일반적인 호텔의 침대로서 Foot Board만 없고 메트리스를 프레임(Frame) 속에 끼워 넣지 않고 프레임(Frame)과 같은 넓이로 만들어 위에 올려놓게 된 침대이다. 이것은 걸터앉기가 편리하고 그 높이를 조정하여 소파대용으로 쓰기도 편리할 뿐더러 두 개를 이어 놓으면 더블베드가 될 수도 있는 것이다.

Hollywood Length: 보통 여분이 긴 베드로서 240~250cm의 길이로 특별한 고객을 위한 침대

Hollow Ware: 서비스용 각종 Cooper, Sauce, Boat 등의 기물류(속이 깊은 그릇)

Home Visit System <민박>: 민박

Hormitage <산장>: 별장과 유사하고 심산유곡이나 내륙관광지에 위치한 소규모 숙박시설이다. 이용자는 주로 등산객, Skier, 휴양객이다.

Hors D'oeuvre <전채: Appetizer>: 오르되브르는 식사 전에 제공되는 식욕촉진의 역할을 하는 모든 요리를 총칭하여 오르되브르라고 한다.

Hospitality Industry <환대산업>: 관광산업 또는 호텔산업의 동의어 개념으로 사용되고 있으나

실직적인 환대산업은 서비스 산업에 있어서 숙박산업(Lodging Industry), 관광산업(Travel Industry), 식음산업(Food Industry), 레스토랑산업(Restaurant Industry)을 말하는 것이다.

Hospitality Room: 총지배인이나 객실담당 지배인의 허락 하에 단체의 수하물을 임시 보관한다든지 일반고객이 의상을 잠시 동안 갈아입는 등의 목적으로 제공되는 객실이며, 객실요금은 징수하지 않는다.

Hospitality Suite: 호텔(Hotel) 또는 모텔(Motel)에서 일반적으로 숙박 목적이 아닌 오락 및 연회(Convention or Meeting) 목적으로 사용되는 객실을 말한다.

Hostal: 스페인이나 포르투갈에서 흔히 볼 수 있는 저렴한 서민용 숙박시설이다. 특히 스페인에는 빠라도르(Parador)란 고전적 시골풍의 숙박시설을 국가에서 지정보호 육성하고 있다.

Hostel: 도보여행자나 자동차 여행자용의 값이 싼 숙박시설로 청소년, 클럽회원 또는 여행자와 같은 특정한 이용자의 단체를 위해 가끔 운영된다.

Hotel Package: 호텔에서 객실과 음식 및 기타 부대시설의 사용을 포함한 서비스를 말한다.

Hotel Personal <호텔 종업원>: 호텔이나 모텔 등과 같은 숙박업소에서 근무하는 종사원(Hotel Man)

House Call <회사직원의 업무용 전화>: 호텔 종사원이 업무용으로 외부에 전화하는 것으로 개인에게 요금을 부과되지 않는다.

House Count <House Earning>: 등록된 고객의 인원수

House Doctor <Hotel Doctor>: 호텔과 특약되어 있는 담당의사로 급한 환자가 발생하였을 때 이 의사를 부른다.

House Keeper: 호텔 하우스키핑의 책임자로서 객실 청소 및 정비 책임자이며 프런트 기술부문과 연결하여 객실의 관리 유지를 말한다.

Housekeeping <객실정비>: 하우스키핑이란 일반적으로 가사, 가정, 가계를 뜻하는 말인데 호텔의 객실과 공공지역을 비롯하여 모든 업장, 외곽까지 정비를 담당하고 있는 부서이다.

I

Ice Carving <얼음 조각>: 얼음을 재료로 하여 작가의 상상력과 창의력 그리고 독특한 테크닉에 의해 완성되는 작품으로 다양한 모양으로 연출된 투명한 얼음작품에 총천연색의 조명이

비추어지고 서서히 녹아내리는 물방울과 어우러지게 되면 사람들로 하여금 신선감과 황홀감을 맛볼 수 있게 하여 준다.

Ice Tong <얼음 집개>: 얼음을 집기 위한 기구로서 끝부분의 톱니부분이 만들어져 있다.

ID <아이 디 (Identity Card): Identity>: 개인신분증

IMAC <통합마케팅: Integrated Marketing and Communication>: 호텔기업의 마케팅 전략에 있어서 전사적으로 통일된 마케팅 개념을 가지고 호텔 전부서의 통합된 판매전략이다.

IMF <국제통화기금: International Monetary Fund>: 1944년에 설치된 국제금융결제기관으로 1946년에 업무를 개시하였다. 외국환의 안정을 도모하는 것을 목적으로 하고 있으며, 가맹국은 107개국, 본부는 워싱턴에 있다.

Imprest Petty Cash <소액현금 전도금>: 특별히 소액현금을 조정하는 기술로서 소액환은 최소한의 현금지불을 위해 사용되어지고 정기적으로 상환하는 것을 말한다.

Incidental Bill <개인 계산용 빌>: 단체로 호텔에 투숙한 경우 단체식사 및 객실료 등의 요금을 제외한 개인적으로 제공받은 서비스로 인하여 발생된 계산서를 말한다.

Inclusive Term <포괄된 가격>: 이 단어는 유럽에서 사용되는 용어로서 아메리칸 플랜(American Plan)을 표시하기 위한 문구이다. 즉 가격에 세금(Tax)과 봉사료(Service Charge)가 포함되어 있음을 암시한다.

Income Audit <수입감사>: 수입감사 업무는 전일 발생한 각 영업장 부문별의 당일 매상보고서 및 감 사보고서를 근거로 하여 호텔의 수입금이 회계 처리 규정에 의하여 현금관리 및 매상집계가 타당하게 처리되었는지를 확인하고 오류, 탈루가 없는지를 감사하는 것이다.

Income Statement <손익계산서: I/S>: 손익계산서는 일정기간 동안의 기업의 경영성과를 나타내주는 회계보고서이다.

Independent Hotel <단독경영호텔: Independent Operation>: 단독경영의 호텔이란 개인이 호텔 하나만을 운영하는 경우와 그룹사의 경우 호텔업에 투자를 하여 관리인으로 하여금 단독경영을 하게 하는 경우이다.

Information Clerk <안내계>: 여행, 관광자원, 명소, 도시 등에 관해 소상하고도 정확한 정보 및 공항, 열차 등의 교통수단에 관한 정확한 지식을 갖고 고객의 질의 요청에 대해 즉시 응답해

주는 일을 전담하는 직종이다.

Inn: 초기적 현상의 숙박시설, 간결하고 소박한 숙박시설 비교적 작은 호텔을 말하여 왔지만, 최근 미국에서 'Inn'의 명칭을 사용하는 호텔이 상당히 많이 설립되어 호텔과 다름없이 훌륭한 것이 많다.

Inside Call <호텔내부의 구내전화>: 전화교환을 통한 호텔 내 전화사용

Inside Room <내향객실>: 안뜰로 향하고 있는 객실을 말하며, Outside Room의 반대개념이다.

Internal Sales <내부판매>: 호텔에서 판촉을 위하여 많은 다른 요소로 이용되고 있으며, 회사 전체 또는 종사원들이 호텔상품의 판매를 촉구하는 활동이다.

Inventory: 재고조사, 재고품조사, 재고품 명세서

Invoice <송장. 송품장: Food Invoice>: 거래품목의 명세표시와 청구의 기능을 갖는다. 이것에는 거래 당사자, 목적물, 거래가액, 부가가치세액, 거래일자, 주문서의 일련번호 등을 표시한다.

ISO 9000 <국제표준화기구: International Organization for Standardization>: 국제표준화 기구에서 제정한 품질보증에 관한 국제규격으로 제품(서비스) 자체에 대한 품질 확인보다는 제품(서비스)을 만들어 내는 프로세스(품질 시스템)에 대해 품질 확인을 하기 위한 기준인데, 조직의 책임과 권한은 물론 업무 수행의 절차와 방법을 규정화 하고 이를 반드시 이행하는 시스템을 말한다.

▌J ▌

Job Description <직무명세서>: 직무명세서는 각 직책에 있는 사람이 수행하여야 할 의무나 책임을 세부적으로 나열한 것을 말한다. 이것은 각 조직원에 대한 업무지시서일 뿐만 아니라 교육의 보조자료로도 사용될 수 있다.

Jockey Service <대리운전서비스: Valet Parking. Parking Boy>: 호텔의 현관서비스의 일종으로 호텔 고객의 차가 도착하면 직원이 직접 운전하여 전용 주차장에 주차해 주는 서비스다. 또한 고객의 신속한 호텔 출입을 위한 주차대행 서비스이다.

▌K▐

Key <열쇠: Room Key. Hotel Key>: 열쇠의 종류를 살펴보면 다음과 같다.

① Guest Key: 숙박객에 주어지는 열쇠이다.

② Pass Key (Submaster Key): 각 층별로 주어지는 것으로써 해당되는 층의 모든 객실은 어느 것이든 열 수 있도록 되어 있는 비상용인 동시에 룸 메이드가 객실청소 때에 사용하기도 한다.

③ Master Key: 숙박객이 열쇠를 분실하였거나 객실내부에 이상이 발생되었을 경우에 어느 객실이나 쉽게 열 수 있는 글자 그대로 만능열쇠인 것이다.

④ Grand Master Key: 보통 호텔의 전체를 열 수 있는 열쇠로써 최고경영자인 총지배인이 소지한다.

⑤ House Emergency Key: 모든 객실을 열 수 있는 만능열쇠로 극단적인 상황에서 필요한 것으로서 고객이 위험시나 극한 상황에서 사용한다.

Key Rack: 각 객실의 열쇠를 넣어 두는 상자

King: 약 120~240cm 크기의 특별히 길고 넓은 침대가 비치되어 있는 객실을 말한다.

Kiosk: 원래의 뜻으로는 역전 광장이나 지하철 등의 신문 판매대, 간이 판매대, 광고판 개념으로 쓰이나 현 시대 호텔에서는 고객들을 위한 안내정보로서 이용되고 있다.

▌L▐

Lanai <Veranda>: 하와이언(Hawaiian) 개념으로 발코니나 스페인식 주택 알뜰의 정원(Patio), 테라스가 있어 강이나 바닷가를 조망할 수 있는 주로 리조트 호텔(Resort Hotel)에서 볼 수 있는 객실 형태이다.

Last: 가장 최근에 프런트 임무를 완료한 벨맨(Bell Man)을 칭한다.

Last In First Out Method <후입 선출법 : L.I.F.O>: 후입 선출법은 매입역법이라고도 하며 선입 선출법(FIFO)과 반대로 최근에 매입한 것부터 소비해 가는 것으로 보고 계산하는 방법이다.

Late Arrival <연착고객>: 늦게 도착하는 고객. 예약을 한 고객이 예약 유보시간을 지나서 호텔에 도착하는 것으로 이때 미리 호텔에 통보하여야 하며, 그렇지 않은 경우는 자동적으로 예약이 취소되는 경우가 많다.

Late Charge <L.C, After Departure, A.D>: 손님이 Check-Out, 즉 퇴숙 후에 늦게 프런트 회계(Front Cashier)에 들어오는 전표에 의한 이연 계정을 말한다.

Late Check-Out: 호텔의 퇴숙시간이 지나면 추가요금을 지불해야 하지만 만약 프런트 데스크(Front Desk)의 許可로 퇴숙시간이 지나서 출발하는 고객으로 이 경우에는 추가요금이 부과되지 않는다.

Laundry <세탁>: 호텔 투숙중인 고객의 세탁물, 직원 유니폼 세탁, 외부수주 세탁물 등의 모든 세탁업무를 말한다.

Laundry Bag: 세탁물을 담는 비닐 주머니

Laundry Slip: 세탁 신청서

Leaflet <Flyer>: 포스터의 내용을 담은 16절지 크기 정도의 인쇄물이다.

Lease Accounting <임대회계>: 계약된 금액을 정기적으로 지불하는 것을 대가로 타인이 갖고 있는 자산의 용권을 임차인(Lessee)이 획득하는, 즉 임대인(Lessor)과 임차인 사이의 계약을 가르킨다.

Limit Switch: 객실 안 옷장문에 설치되어 있으면서 문이 열리면 전등이 켜지고 문이 닫으면 전등이 꺼지는 장치이다.

Limited Service: 제한된 서비스만 공여하는 호텔 또는 모텔로 객실을 제외한 다른 서비스는 제공되지 않는다.

Linen: 린넨이란 의미는 마직류를 말하는데, 호텔에서 린넨이란 면류나 화학직류로 만들어진 타월, 냅킨, 시트, 담요, 유니폼, 커튼, 도일리(Doily) 등을 일컬어 말하고 있다.

Linen Room: 하우스키핑을 지원하기 위한 린넨 보관 장소를 말한다.

Linen Shooter: 객실 각 층에 설비되어 린넨류를 구내 세탁장까지 운반할 수 있도록 되어 있는 장치

Liqueur: 영미에서는 보통 코르디알(Cordials)라고도 부르는 이 리큐르는 라틴어의 리큐파세르(Liquefacere: 녹는다)에서 그 어원이 유래되었다고 한다. 리큐르는 과일이나 곡류를 발효 증류하여 만든 주정을 기주(Base Liquor)로 하고 대개 정제한 설탕이나 꿀을 사용하여 단맛을 낸다. 거기에다 약초(Herbs), 과일, 식물껍질(Peels), 씨, 뿌리(Roots) 등을 첨가하여 향미와 색

깔을 갖게 한 건강을 강조한 혼성주이다. 그러므로 대개 스트레이트 하여 식후주(After Drink)로 널리 애음되고 있으며, 또한 색깔이나 높은 향미 때문에 칵테일이나 펀치류 조주시에 향을 내거나 맛을 가미하기 위하여 자주 사용된다.

Liquor: 모든 알코올류의 총칭이다.

Local Call: 시내통화

Lock Out: 호텔고객이 객실에 키를 남긴 상태에서 문이 잠긴 상황을 말한다.

Lock Set: 문을 잠그는 자물쇠 장치

Lodge: 로지는 빵숑과 별로 차이는 없으나 명칭이 풍기듯 독특하고 아름다운 이미지를 갖는 고전적인 프랑스의 시골 숙박시설이다. 이 숙박시설의 특징은 맛 좋은 요리와 꽃과 아름다운 원시적인 장식으로 순박한 맛을 풍기는 데 있다. 규모는 객실 35~50실 정도이다.

Log <인수인계대장: Log Book>: 업무일지로 몇몇 영업부문에서 사용하는 업무활동기록대장이다. 근무 중에 일어난 분쟁, 손님의 의뢰사항, 기타 근무 중에 완료하지 못한 업무 등은 'Log Book'에 기록하여 다음 근무자에게 업무를 인계한다.

Logo: 표지, 의장, 상표의 활자, 심볼마크, 상표 혹은 상징 그림

Long Distance Call <장거리 전화>: 보통의 가입구역 이외의 특정 장거리지역과 통화할 수 있는 전화이다.

Long Drink: 칵테일에 있어서 알코올과 비알코올성을 혼합한 것을 말한다.

Long Term Stay Guest <장기 투숙객>: 호텔에 장기로 숙박을 하는 고객으로서 호텔에 따라 기준이 다르지만 보통 1개월 이상 숙박하는 고객을 말한다. 장기투숙객에게는 투숙기간에 따라 무료서비스, 객실의 Upgrade 등 다양한 혜택을 주기도 한다.

Lost and Found <고객의 분실물 습득신고 및 보관센터>: 객실 및 호텔의 부대시설을 포함하는 호텔의 건물 내에서 호텔고객의 소지품이나 수하물을 호텔 고객이 분실하고 타인 또는 호텔 종사원이 습득했을 때 이의 신고를 받고 그 습득물을 관리하여 소유주가 나타났을 때에 이를 확인하고 정당하게 반환하여 주는 업무를 말한다.

Lost Bill <분실 계산서>: 식음료 계산서 처리시 등록되지 아니하고 사용 중 관리 부실로 분실된 계산서이다.

▌M▌

Maid Card: 객실 청소를 행하는 중이라는 표시로서 룸 메이드가 청소를 하고 있는 문 옆이나 문손잡이에 걸어 놓는다.

Maid Cart: 룸 메이드(Room Maid)가 객실 청소에 필요한 모든 비품을 담는 카트

Maid Station: 객실, 정비원, 검사원, 청소원들이 사용하는 사무소

Maid's Report: 객실의 상황상태 보고서로서 린넨 사용에 대한 보고서이다.

Mail Clerk: 우편물을 고객에게 전해주고 객실 손님의 우편물을 보관 또는 운송의 업무를 말한다.

Mail Service <메일 서비스>: 호텔의 우편물을 집배하거나 발송하는 서비스이다.

Main Dish: 주요리(Main Course) 식사단계 중 가장 으뜸이 되는 요리로 일명 앙뜨레(Entree)라고 부른다.

Make-Up: 고객이 객실에 등록되어 있는 동안 침대의 린넨을 교환하거나 객실을 청소하고 정비정돈을 하는 것

Manual <매뉴얼>: 호텔에서의 매뉴얼이란 Q.S.C(Quality, Service, Cleaness)에 근간을 두고 표준을 설정하여 작업의 방법을 구체적으로 지시하는 지침서이다.

M.B.O <목표관리: Management by Objects>: MBO는 목표달성 문제를 관리적 측면에서 중점적으로 다루려고 하는 하나의 관리전술로서 테일러(F. Tayler)의 집단적 노력에 정신혁명을 계승한 것이라고 말할 수 있다.

Meal Coupon <식권 : Meal Ticket>: 단체고객 중 인원수가 적은 단체나 관광일정, 행사일정 등이 여유가 있는 단체는 '식권'을 발행하여 개개인이 원하는 시간에 취향에 맞는 식사를 자유롭게 선택하여 즐길 수 있도록 하기도 한다.

Medium: 중간으로 익힌 요리, 알맞게 익힌 요리

Member's Only <회원제: Membership Club>: 일반적으로 특정인이 호텔의 레스토랑(Restaurant), 스포츠시설, 휘트니스센터(Fiteness Center), 리조트 클럽(Resort Club) 등의 회원에 가입함으로서 회원에 한하여 이용이 가능하다.

Menu <Carte. Bill of Fare>: 메뉴는 1498년경에 프랑스의 어느 귀족이 아이디어에서 착안된 것

으로 서기 1540년 프랑스의 '그랑위그'라고 하는 후작이 자기 집에 손님을 초대하여 준비한 요리의 내용과 순서를 메모하여 식탁 위에 놓고 차례로 요리를 즐기고 있었는데, 이것이 다른 후작이나 백작들에게 좋은 평을 받아 이로부터 귀족 간에 유행하게 되어 차츰 유럽 각국에 정식식사의 차림표로 사용하게 되었다. 메뉴는 본래 프랑스 말로서 카트(Carte)라고도 불리나 메뉴는 세계 공통어로 사용되고 있다.

Midnight Charge <야간요금>: 예약을 신청한 고객이 당일 영업을 마감한 이후 한밤중에 도착하거나 익일 새벽에 도착하였을 경우 호텔 측은 그 고객을 위하여 전날부터 객실을 판매하지 않고 기다렸으므로 야간요금을 징수하게 된다. 이러한 제도는 호텔의 퇴숙시간이 정오이므로 전날의 정오부터 다음날의 정오까지를 1일 객실요금으로 계산하기 때문이다.

Mini Bar: Mini는 '작은, 소형의' 뜻으로 Mini Bar는 객실 내의 냉장고에 간단한 주류나 음료를 구색을 맞추어 전시하여 고객이 Self Service로 이용하는 일종의 Small Bar이다.

Minor Departments <Minor Dept.>: Valet, 세탁 및 전화와 같은 소규모 영업 부문(객실 및 식음료는 제외됨)이다.

MIP <엠 아이 피 : Most Important Person>: MIP는 VIP(Very Important Person) 고객보다 한 단계 귀한 고객을 말한다.

Miscllaneous <MISC>: 호텔에서 발생되는 잡수익(MISC)계정은 주 상품이 아닌 부대상품 판매시 금일 수입금이 아닌 전일 마감된 수입을 추가로 부과할시, 임시계정으로 대체할시, 발생빈도가 적거나 금액이 적을 시, 특별행사를 위한 Ticket 판매 대금 및 Member fee 등에 사용하는 계정을 말한다.

Mock up Room <전시객실>: 호텔을 개관하기 전이나 호텔의 개보수를 위한 계획으로 판매객실과 동일한 수준의 시설과 구조를 갖추어 놓은 임시전시용 객실로 행사를 위한 현지답사나 호텔의 방문자들을 위하여 개방한다.

Modified American Plan <수정식 아메리칸 플랜>: 손님에게 부담이 큰 아메리칸 플랜 제도를 수정하여 주로 아침식사와 저녁식사 요금은 실료에 포함시켜 실료로 계산하는 요금 제도이며 이를 Pension 혹은 Demi-Pension이라 부르기도 한다.

Mom and Pop <Ma and Pa>: 제한된 자본으로 가족에 의해 운영되는 소규모 영업 단위체이다.

Morning Call <Wake-up Call>: 고객이 요청한 시간에 전화교환원이 고객을 깨워주는 서비스이다.

Motel <Motorist Hotel>: 모텔은 명칭이 표시하는 바와 같이 자동차 여행자들을 대상으로 하여 도로 변에 건설된 새로운 형태의 호텔이다.

Motor Hotel: 모텔(Motel)과 유사하지만 보다 호화스런 시설을 갖추고 있는 숙박시설

MTD <당월합계, 월루계: Month To Date>: 특정월별, 특정일별을 위한 수입과 지출을 나타내는 회계상의 합계

▌N▌

Natural Market Share <판매가능 객실 시장점유율>: 동일지역 내의 경쟁호텔의 시장점유능력을 나타내는 지표로써 자사호텔이 보유하고 있는 판매 가능한 객실수를 경쟁호텔의 총 판매객실 수로 나눈 값이다.

NCR <전자식 금전등록기 : Electronic Cash Register>: National Cash Register 회사에 의해서 제작된 호텔 계산기로 프런트 케시어(Front Cashier)가 사용한다.

News Letter: 호텔과 관광업체가 월간, 계간 등으로 발간하는 그 회사 사업 홍보와 사내 뉴스를 내용으로 하는 기관지이다.

Night Audit <야간감사>: 호텔은 1일 24시간 영업을 하기 때문에 정기적으로 당일의 영업 판매 금액 에 대한 감사가 필요하다고 할 수 있다. 그러므로 야간근무 중 수취계정 금액(Accounts Receivable)을 마감하여 잔액의 일치를 검사하는 야간회계감사 업무를 말한다.

Night Auditor <야간감사자>: 야간 감사자는 수입감사실의 지시를 받으며 영업장 부문별로 당일의 매상수입을 마감하여 정산하는 일을 맡는다.

Night Clerk: 나이트 클럭은 야간에만 근무하는 자로서 야간 내에 일어나는 업무만이 아니고, 프런트 오피스(Front Office)에서 주간에 발생되었던 업무의 연장으로 보다 축소 이전되어 맡아보는 일까지도 하여야 한다. 근무시간은 23:00~07:00까지로 Graveyard Shift라고도 한다.

Night Spead <침대 덮개>: 담요를 보호하고 각 고객에게 청결한 커버를 제공하기 위해 밤에 침대에 사용하는 덮개를 일컫는다.

Night Stand: 더블 침대 양 옆 나이트 테이블과 베드사이드 테이블 위에 각각 등이 한 개짜리가 설치된 스텐드나 혹은 투윈 침대 중간 나이트 테이블 위에 설치된 쌍등의 스텐드를 말한다.

Night Table: 호텔 침대 머리맡에 있는 작은 테이블로 전화, 전기스텐드, 재털이 등이 놓여지며 취침시에도 침대에서 손이 닿을 수 있도록 위치해 있다. 최근에는 이 테이블 안에 붙박이식 라디오, 전기 스위치, 에어컨 스위치, 텔레비전 스위치 등이 설비되어 있는 것이 보통이다.

No Arrivals: 호텔의 예약상황이 특별기간의 예약 때문에 특별기간에 예약을 받지 않는 것을 말한다.

No-Show: 고객이 예약을 해놓고 예약취소의 연락도 없이 호텔에 나타나지 않는 객을 말한다. 원래는 항공회사의 업무상 용어이다.

No-Show Employe <무단결근 종사원>: 예정 근무일에 회사에 출근하지 않고 결근의 이유도 알리지 않은 종사원을 말한다.

Non-Smoking Room <금연 객실>: 호텔을 이용하는 고객층의 다양화와 전 세계적인 금연 운동의 확산으로 담배를 피우지 않는 고객의 투숙이 늘고 있어 그들을 위한 서비스 차원에서 금연 객실 및 금연층(Non-Smoking Floor)을 지정하여 객실 배정을 하고 있다.

Number of Guests <정원가동률>: 객실이용 인원 및 정원가동률을 계상한다.

▌O▌

Oatmeal: 우유와 설탕을 섞어 아침에만 먹는 곡물요리(cereal)의 일종으로 귀리가 재료로 사용된다.

Occupancy <객실이용률: Room Occupancy>: 호텔에 있어서 객실 경영상황을 판단하기 위하여 가장 보편적으로 사용되는 지표로써 객실이용율의 산출방법은 판매된 객실 수를 판매 가능한 객실수(총객실수-고장 객실수)로 나누어 값을 퍼센트로 나타낸다.

Occupied: 고객이 현재 사용하고 있는 객실을 말한다.

Off-Day: 비번 날, 쉬는 날

O.J.T <직장 외 훈련: Off-the-job Traning>: 직장에서의 실무 또는 작업을 떠나서 전문적으로 실시하는 훈련으로서 보통 단체적으로 행한다.

Off-Season Rate <비수기 요금: Off-Peak Rate>: 비수기의 경영대책으로 호텔의 이용률이 낮은 계절에 한하여 공표요금에서 할인해 주는 요금을 말한다.

Official Check <Special Treatment Bill>: 사내직원의 시식 및 외부손님 방문시 접대의 이유로 해서 사원 및 간부들 이 사용하는 계산서이다.

O. J. T <현장훈련: On-the-job Training>: 직장훈련은 감독자가 일하는 과정에서 부하 종업원을 개별적으로 실무 또는 기능에 관하여 훈련시키는 것을 말한다. 이러한 교육은 사고율을 감소시키고, 결근, 이직률을 감소시킨다. 또한 낭비 및 기물 파손율이 낮아지며, 아울러 사기, 생산성, 직무지식이나 판매능력이 높아지고, 고객 만족도를 높일 수 있다.

Olive: 야채를 Chateau(샤토: 작고 둥글게 잘라내는 방법)보다 작은 올리브 형으로 자르는 방법

On Change: 고객이 객실에서 Check-out(퇴숙)을 하였으나 아직 객실 청소가 완료되지 않은 객실

On Change Room: 하우스키핑 부서에 의해서 정리정돈이 요하는 객실

Ondol Room <Korean Style Room>: 한국 고유의 객실로서, 일반가정과 같이 방바닥이 온돌(요즈음 Steam) 형태로 한국의 정취를 느끼게 하는 객실로 19㎡ 이상으로 규정하고 있다.

One Pull Dialing: 룸서비스(Room Service)와 벨 데스크(Bell Desk)와 같이 호텔서비스를 하기 위하여 교환원과 연결되어 있는 전화 숫자시스템이다.

One Shot Key <1회용 열쇠>: 단 1회만 가능하며 Room Showing을 한다든지 객실에 이상이 생겼을 경우 신분이 확인된 사람에게 발행한다.

Open Bed: 베드 스프레드(Bed Spread)가 씌워진 채로 있으면 고객이 베드를 사용할 때 불편함으로 고객이 베드를 사용하기 이전에 일정한 시간을 정하여 이 베드 스프레드를 벗겨서 고객이 베드에 들어가기 쉬운 상태로 만드는 것을 말한다.

Opener <병따개>: 병마개를 따는 기구로서 바(Bar)용으로는 크기가 큰 것이 좋다.

Operating Department <영업부서>: 대 고객 서비스와 직접 관련되는 부서이며, 즉 커피숍, 레스토랑, 프런트 데스크, 뷔페식당, 라운지, 사우나 등으로 인사부, 경리부 등의 관리부서와는 다른 개념이다.

Operation Hour <영업시간 : Opening Time>: 호텔업장의 영업시간

Order Slip <주문서 : Order Pad>: 웨이터, 웨이트레스가 작성하는 식음료의 주문전표이다.

Order Taker: 고객으로부터 각종 주문을 접수 처리케 하는데 있지만, 그 중에는 호텔 전반에 걸친 인포메이션도 포함되어 있기 때문에 호텔 각부서로부터 영업 전반에 걸쳐 매일 같이 정보를 수집하여 고객의 문의에 대비해야 한다. 이는 객실부서 중 하우스키핑에 속한다.

Out of Order Room <판매 불가능한 객실>: 호텔의 예상치 않았던 사고나, 객실의 상태가 수리 중이거나 또는 객실에 문제가 생겼을 경우 판매할 수 없는 경우를 말한다.

Out of Town: 객실 투숙 중 타 지역으로 출장 간 손님의 객실

Outlet Manager <식당부문의 업무지배인>: 식음료부장(F&B Director)의 하위직으로 업장지배인

Outside Call <외부전화>: 호텔 외부로부터 전화 교환대로 들어오는 전화를 말한다.

Outside Catering <출장연회>: 연회주최자가 호텔이 아닌 제3의 장소에서 연회를 베풀고자 하는 경우 호텔의 기물이나 음식을 미리 준비하여 원하는 장소로 이동을 하여 서비스를 제고하는 것을 말한다.

Outside Room: 호텔건물의 외측이 시가지나 정원 쪽을 향하고 있어서 전망이 좋은 객실을 가리킨다. 이것은 Inside Room과 반대개념이다.

Over Easy: 계란요리 명칭으로 계란의 양면을 다 익힌 것을 말한다.

Over Night Stay: 1박 하는 일로 Part Day에 대응하는 용어이다.

Over Night Total: 당일 숙박계산서의 총합계 금액, 즉 그날의 객실 매출액을 말한다.

Over Stay <체류연장: Hold Over>: 고객이 머물고자 하는 체재일보다 초과하여 연장하는 고객을 말한다.

Over Time <오버 타임: 초과 근무수당>: 오버타임이란 호텔 종사원이 정상 근무시간보다 더 많은 시간을 근무한 경우를 말한다.

▌P▌

PABX <자동식구내 전화교환: Private Autoatic Branch Exchange>: 외선과 접속되어 있는 전화의 자동화를 말한다.

Paging Service <Paging>: 호텔의 고객이나 외부고객의 요청에 의해 필요한 고객을 찾아주고

메시지 전달을 해주는 것을 말한다.

Paid <현금결제>: 현금계산으로, 호텔요금의 현금지불을 뜻한다.

Paid Bar: 제공되는 모든 음료가 미리 지불되어 있는 바(bar)

Paid Call: 요금통화 신청자 지불통화

Paid In Advance <선납금: PIA>: 휴대품이 없는 호텔 고객에 대하여 호텔 요금을 미리 청구하여 받는 금액을 말한다. 호텔 회계상 선납금은 발생 직후 서비스 비용이 뒤따라 발생 전의 판매수익으로 대체되는 호텔 수입금이다.

Paid Out: 호텔 투숙객이 소액의 현금을 지급해야 될 경우(이 · 미용비, Body Scrub 등 호텔 내 임대업장에서 제공하는 서비스) 호텔에서 일정한 절차에 의하여 빌려주고 퇴숙시 정산하는 것을 말한다.

Par: 침대 당 필요한 린넨의 기준량 혹은 고객당 타월의 수이다.

Par Stock: 바(Bar) 등 주류영업장에서 물품공급을 원활히 함으로써 신속한 서비스를 도모하기 위한 목적에서 일정수량의 식료재고를 저장고에서 인출해다가 업장의 진열대나 기타의 장소에 보관하고 필요한 때 사용하는 재고를 지칭하는 적정재고량이다.

Parent <House Parent>: Youth Hostel의 관리자(지배인)

Parlor <Parlour>: 호텔의 특별 휴게실. Studio와 비슷하며 Living Room이라고도 하는데 Suite에 달려 있다.

PAX <인원수: Passenger, PSGR>: 사람의 수를 말할 때 사용하며, PSGR로도 쓰인다.

PBX <전화교환: Private Branch Exchange>: 호텔 내의 전화교환 부서이다.

PCO <국제회의 용역업: Professional Convention / Congress Organizer>: 각종 국제회의, 전시회 등의 개최 관련 업무를 행사 주최측으로부터 위임받아 부분적 또는 전체적으로 대행해 주는 단체이다.

Pension: 유럽에서 발생된 전형적 하숙식 여인숙으로 저렴한 숙박시설에 장기체재형이며, 주변에 레스토랑, 음식점이 많은데서 조식은 제공되지만 석식은 제공되지 않는 것이 통례이다. 소규모의 객실을 보유하고 손님의 접대도 극히 제한되어 서비스 외에는 하지 않는다. 비교적 저렴한 숙박비가 매력이다.

Permanent Guest <장기체류고객>: 장기 체류객, 즉 체재기간이 긴 고객으로 임대조건으로 체류할 수도 있다.

Permanent Hotel: 이것은 아파트 식의 장기체재객을 전문으로 하는 호텔이다. 그러나 최소한의 식음료서비스 시설이 있는 것이 보통이다. 이 호텔은 단순히 아파트와 다른 것은 메이드 서비스가 제공되는 것이다.

Person to Person Call <지명통화>: 통화 상대자를 직접 연결하여 통화하게 하고 상대자와 직접 연결되지 않으면 요금을 계산하지 않는 전화이다.

Person Night <일일고객수입>: 당일 객실 사용한 수입통계로 고객 한 사람의 일일 숙박비를 말한다.

Petty Cash <소액현금>: 호텔기업은 보통 공식적인 사전승인이나 지급절차를 거칠 필요가 없는 일상의 소액지출을 위해 일정금액의 현금을 Genenal Cashier에게 전도하고 그로 하여금 현금을 지출한 후에 필요한 증빙을 갖추어 보고하도록 설정된 현금을 소액현금이라 한다.

Pick-Up Service: 예약 고객의 요청에 의해서 공항터미널에서 영접하여 호텔에 체크-인(Check-In)시키는 서비스를 말한다. 체크-아웃(Check-Out) 때도 이 서비스는 가능하다.

Pigeon Box System <피전 박스 시스템>: 웨이터, 웨이트레스가 고객으로부터 받은 주문에 대해 1조 3매의 Order Pad(오다 패드)를 작성하여, 주방용은 주방에 전달하여 음식을 준비하고, 수납원용은 수납원에게 인계하여 빌(bill)에 내용을 이기(利己)하고 영업장 회계기에 등록하고 프린트한다. 프린트된 빌(Bill)은 Pigeon Box에 보관하고 있다가 고객이 식사를 끝내고 정산을 요청하면 빌을 마감하여 영수증을 교부하고 수납받는다.

Pillow <베개>: 베개는 딱딱한 것, 부드러운 것, 높은 것, 낮은 것 등이 있으나 대체적으로 내용물에 따라서 다르다. 스펀지(Sponge), 메밀껍질(Buckwheat), 깃털(Feather) 등이 있는데, 호텔에서는 깃털 베개를 많이 사용하고 있다. 베개로 싱글침대에는 2개, 더블침대에는 4개가 준비되어 있다.

Plate Service: 경양식을 제공하는 레스토랑에 있어서 보편적으로 행해지고 있는 서비스 방식이다. 주방의 요리를 담은 플레이트(접시)를 웨이터, 웨이트레스가 손으로 들고 가서 손님 앞에 제공한다. 이는 테이블 서비스 가운데서 가장 간략화된 서비스인데 신속한 서비스를 할 수 있는 것이 특징이다.

POP <구매시점광고: Point of Purchase Advertising. In-store 광고>: 식음료 부서, 연회장소, 선물가게 등의 서비스를 광고할 때 많이 사용하며, 눈에 띄는 장소, 즉 엘리베이터, 객실, 로비 등에 광고문을 붙여 놓음으로써 고객에게 알리는 광고라고 말할 수 있다.

POS <판매시점 정보관리: Point of Sales>: 점포에서 매상시점에 발생한 정보를 컴퓨터가 수집할 수 있도록 입력하는 기기이다. POS는 어디까지나 점포에서의 매상기록에 준해 컴퓨터 처리함으로써 경영판단에 필요한 정보자료를 작성하려고 하는 것이다.

Posting: 분개한 것을 각 계정에 옮겨 기록하는 것을 전기라 하며, 전기하는 방법은 차변과목은 해당 계정 차변에 대변과목은 해당 계정 대변에 기입한다. 전기는 통상 총계정 원장상의 해당 계정에 계정계좌로 거래자료를 이전시키는 과정이다.

PP Card <선불카드: Prepaid Card>: 사용대금을 미리 내고 물품을 살 수 있는 카드로 영어의 Prepaid Card를 줄여 PP카드라고도 한다. 현재 사용되고 있는 공중전화 카드와 지하철 정액권 등이 선불카드 성격을 띠고 있다. 선불카드는 현재 통용되고 있는 신용카드가 물품을 먼저 사고 사용대금은 나중에 내는 후불카드라는 점과 구별된다. 또 물품을 사는 것과 동시에 대금을 내는 직불카드와도 다르다.

Pre-Registration <사전등록>: 사전등록으로 고객이 도착하기 전 호텔이 등록카드를 사전에 작성하는 절차로 그룹이나 관광단체가 도착하여 프런트 데스크(Front Desk)에 혼잡을 피해 등록을 마칠 수 있도록 하기 위해 사용되어지는 것이다.

Pre-Assignment <사전 객실배정>: 고객이 도착하기 전에 예약실에서 특별히 요청된 고객을 위하여 예약 당시 객실을 지정하거나 당일 도착예정 고객을 위하여 프런트 데스크 직원이 업무의 편의를 위하여 도착 전에 객실을 배정하는 것

Presentation <발표>: 회의 중에 영업 분석, 경쟁사 분석, 각종 현황보고 등의 특별한 주제로 여러 사람을 대상을 발표하는 것

Pressing Service: 고객세탁서비스의 다림질서비스를 말하며 하우스키핑(Housekeeping)의 라운드리(Laundry)에서 일임하고 있다.

Priority Line <우선직통전화>: 우선직통전화는 고객에 대한 신속한 서비스를 목표로 하루 24시간 응답할 수 있는 프런트 데스크(Front Desk)나 하우스키핑(Housekeeping Office)으로 전화벨이 직접 울린다. 이는 손님의 요구를 즉각적으로 만족시키기 위한 방안으로 전화를 받은 담

당직원은 다른 직원이나 다른 부서로 전화를 돌려서는 안 되며, 항상 손님의 요구에 직면한 사람이 직접 책임을 지도록 하는 것이다.

Private Bill <개인영수증: Restaurant Bill>: 각 영업장에서 개별적으로 발행하는 계산서를 말한다.

Processor: 처리장치 하드웨어 관점으로는 보통 중앙연산처리장치를 말하고, 소프트웨어 관점으로는 BASIC 등의 프로그램 언어로 쓴 프로그램 기계어로 변환하는 번역기, 즉 인터프리터, 컴파일러, 어셈블러를 총칭해서 프로세서라고 하는데, 다시 말해서 하드웨어, 소프트웨어의 어떠한 처리를 하는 것을 프로세서라고 부른다.

Profit and Loss Statement <손익계산서>: 기업의 경영성과를 명확히 하기 위하여 한 회계기간에 발생한 모든 수익과 이에 대응하는 모든 비용을 기재하고 그 기간의 순이익을 계산 표시하는 회계보고서이다.

Proof <프루프>: 미국에서 사용되는 알코올 도수의 표시방법이다.

Profit & Loss Transactions <손익거래>: 손익거래는 수익이나 비용이 발생하는 거래이다. 따라서 손익거래는 당기 순이익에 영향을 미치는 거래이다. 손익거래는 수익이 발생하는 수익거래, 비용이 발생하는 비용거래, 수익과 비용이 동시에 발생하는 수익비용 동시거래로 나누어진다.

Property <호텔자산>: 인적 · 물적 요소를 포함하는 호텔에서의 모든 자산

Property to Property Reservation <호텔과 호텔의 예약>: 이것은 체인 호텔에서 주로 사용하고 있으며, 고객이 호텔과 체인을 맺고 있는 호텔에 투숙하기에 앞서서 호텔 측으로부터 사전에 무료로 예약서비스를 받을 수 있는 서비스를 말한다.

Property Management System <자산관리시스템: PMS>: 프런트 데스크(Front Desk)와 백오피스 사이에 원활한 기능을 위해 고안된 호텔 컴퓨터 시스템이다.

Property Maintenance: 주로 대규모 호텔에만 있는 부서로서 건물의 전위와 후위의 힘든 청소업무를 행하며, 흔히 야간 청소원을 포함하여 건물 외곽과 호텔 대지를 보존하는 책임을 맡는다.

Pub Bar <Pub Restaurant. Pub>: 대중적인 사교장을 말한다. 펍(Pup)은 Public House의 약어로서 아일랜드와 영국인들이 사람을 만나고 새 친구를 사귀던 전통적인 선술집이다.

Public Area <Public Space>: 공유지역, 공공장소

Public Room <공공실 매상>: 무도회, 강연회, 세미나, 전람회 등을 위해 빌려준 연회장, 회의실 등의 수입을 말한다.

Purchase Request <구매청구서>: 저장창고에 필요한 아이템 구매시 의뢰서를 작성하여 구매부서에 전달하는 양식서이다. 구매청구서는 필요한 아이템과 필요한 수량의 질, 주문한 아이템 입고 날짜, 구매를 요구하는 부서가 기록되어 있다.

Purchasing <구매>: 호텔의 모든 식음료 및 기자재, 가구, 비품류 등을 구입하는 것으로 최대한의 가치 효율을 창출하기 위하여 관련 부서의 구매청구에 따라 저렴한 가격으로 구매하는 것이 구매부의 주요업무이다.

Q

Quad <쿼드: Quadruple, Twin Double>: 호텔의 객실 형태로 4인이 이용할 수 있는 객실이다.

Quality Assurance <QA>: 호텔에서 고객에게 끊임없는 최상의 서비스 제공을 위하여 운영적이며 관리적인 접근방법이다. 호텔 매뉴얼에 따라서 각 부서의 평가와 측정에 의해서 관리되어지고 있다.

Quality Control <품질관리>: 호텔에서의 품질관리는 최고의 서비스를 위해서는 표준적인 상품의 질을 유지하여야 하기 때문이고 더 나아가 서비스 개선점을 발견하는데 용이하다. 이는 고객에게 그들의 기대하는 만큼의 표준적인 품질의 서비스 상품을 제공함으로서 고객의 만족도를 극대화 할 수 있다.

Queen bed <퀸>: 일반적으로 190~200cm 정도의 특별히 길고 넓은 더블베드(Double Bed) 형태이다.

R

Rack Rate <공표요금: Published Rate>: 호텔에 의해 책정된 호텔객실 기본요금이다. 또한 룸랙(Room Rack)에 할당된 요금이다 이것은 할인되지 않은 공식화된 요금이다.

RAM <등속추출 기억장치: Ramdom-Access Memory>: 임의의 주소를 찾아가는데 걸리는 시간

이 모두 일정한 기억장치를 말한다.

Rare: 육류를 요리할 때 색상과 촉감으로써 그 익은 정도를 나타내는 용어의 하나로서 완전 날고기를 따뜻하게 데운 정도를 표시하는 용어이다.

Rate <가격>: 가격 혹은 서비스가 제공된 가격의 원가로서, 호텔객실요금을 일정기간 가격(화폐)으로 정하다의 뜻이다. Charge와는 쓰이는 의미에 차이가 있다.

Rate Cutting <가격절하>: 새로운 고객창출이나 시장개척보다는 경쟁 호텔로부터 고객을 끌어들이는 사업방법이다.

Rate Change <객실 요금 변경>: 객실요금이 변경되는 경우는 현재 투숙 중인 고객의 Room Rate이 변경될 때 발생한다.

RCI <Resort Condominium International>: 미국 인디아나 폴리스에 본사를 둔 세계적인 휴양지 시설교환업무를 대행해 주는 전문적인 콘도미니엄 조직회사를 말한다.

Real Time: 충분히 빠른 시간 내에 응답을 주어 실제 시간 내에 반드시 문제를 해결하게 하는 것을 말한다.

Receipt <영수증: Bill. Check>: 고객에게 주는 영수증이다.

Receiving <식품 검수>: 식품검수의 주요 목적은 공급업자로부터 배달된 상품을 주문한 대로 정확한 '질'과 '양'을 '견적가격'대로 확실하게 수령하는 데 있다.

Reception: 프런트 데스크(Front Desk)의 전통적인 어원으로 영국에서 생성된 단어이다.

Refund <반환금, 상환금>: 고객이 호텔에 보관한 선납금(Advance Money) 중에서 고객이 퇴숙(Check-out)하고자 할 때 남은 금액을 되돌려 받는 것을 말한다.

Register <입실등록과정>: 호텔에 도착한 고객이 등록카드(Registration Card)에 고객의 인적사항을 기재하고 서명함으로써 고객이 되기 위한 절차 및 과정이다.

Registered Not Assigned <등록미입실: R.N.A>: 호텔에 등록한 고객이 특별히 원하는 객실이 준비될 때까지 기다리는 것을 말한다.

Registration <등록>: 숙박등록, 숙박계약

Registration Card <등록카드: Reg. Card>: 호텔고객의 숙박절차로서 소정의 카드에 필요한 사항을 기재한다. 대개 호텔의 이름, 주소, 카드 넘버, 고객의 성명, 주소, 객실번호, 요금, 도착시간, 출발예정시간, 취급 계원의 성명 등이 기재된다.

Rehabilitation: 업무를 올바르게 행할 수 있도록 재훈련시키는 것이다.

Reminder Clock: 호텔객실에 있는 특수한 알람시계로서 모닝 콜(Morning Call)을 위해 주로 사용한다.

Repeat Guest <재래객, 단골고객>: 되풀이 하여 방문하는 고객

Requisition Form <청구서>: 청구서는 호텔 물품을 받기 위한 양식으로 청구서에는 허가를 받은 사인이 있어야 하며 물품 청구 후 하루에 한 번 담당부서에 보내져 엄격한 재고변동 관리에 필요하다.

Reservation <예약>: 객실이나 부대시설의 업장 등에서 서비스상품을 판매하는 데 있어서 효율성을 증대시키면서 미래의 시점에 서비스를 제공하기 위하여 미리 판매하는 것을 말한다. 다른 일반제품의 경우 대개가 직접 그 제품을 보고 거래가 성립되지만 객실의 경우에는 신용과 편리한 시설, 훌륭한 인적서비스 등을 바탕으로 예약에 의해 판매되기 때문이다. 객실예약은 주로 전화, 서신 등을 통하여 접수되기 때문에 제반사항을 정확하게 접수, 기록, 정리, 보관하여 고객이 숙박하는 과정에서 불편한 사항이 발생하지 않도록 세심한 주의를 기울여야 할 것이다.

Reservation Clerk <객실 예약원: Book Clerk>: 객실 예약원은 고객이 객실상품을 주문할 때에 적절하게 응하며 사무처리를 하게 되므로, 이곳은 최초의 상품 전시장이나 마찬가지이므로 담당자는 판매에 실수 없이 정중하게 대하여야 한다.

Reservation Confirmation <예약확인>: 호텔을 이용하기 전 예약이 확실히 되어 있는지를 재확인하는 것을 말한다.

Residential Hotel <거주용 호텔>: 이 호텔은 주로 장기 체류객을 대상으로 하는 주택용 호텔이다. 객실구조는 침실, 거실, 응접실, 부엌, 욕실, 화장실 등이 편리하게 갖추어져 있으며 객실요금은 1주, 1개월 요금 지불 방식을 채택하고 있다.

Resort Hotel <휴양지 호텔>: 관광지 호텔로 보양, 휴양 또는 레크리에이션을 목적으로 한 호텔로 해안이나 경치 좋은 곳에 있는 별장식 호텔을 일컫는다. 이 휴양지 호텔은 호텔이 위치한 지역의 기후와 계절에 따라 Summer Resort Hotel과 Winter Resort Hotel로 나뉜다.

Rest Room <화장실, 휴게실>: 화장실만이 아니라 휴게실의 의미도 있다.

Return Check: 식당경영 상의 엄격한 전표 통제를 위하여 사용하는 제도로서 한 번 쓰여진 전표는 재이용될 수 없도록 하는 것이다. 만약 고객에게 주어졌던 상품이 어떤 이유로서 주방이나 바(Bar)로 되돌려 보내질 때 다른 새 전표를 발행해서 'Return'이란 표시를 하여 그 음식과 함께 보내어진다. 이 때 이 리턴 전표(Return Check)는 반드시 정당하다는 헤드 웨이터(Head Waiter)의 사인을 얻어야 한다.

Revenue Center <수익부문>: 수익부문은 호텔영업의 결과 직접적으로 수익을 가져오게 하는 영역들을 가리킨다. 이러한 수익부문은 서비스를 제공하여 수익을 발생시킨다는데 공통적인 특징이 있다. 예를 들면, 식당, 바, 라운지, 교환, 객실부서 등과 같이 매출액을 수익으로 계상하는 영업부문이라고 하겠다.

Revenue Report <수입보고서>: 야간감사자가 작성하는 것으로 객실점유율, 평균객실요금, 2인 이상 사용 객실률 등을 주된 내용으로 하는 보고서이다.

Roll Cake: 롤케이크는 양과자의 기본적인 품목으로 제법은 케이크와 동일하여 기포상태에 따라 등급을 나눈다. 이 케이크는 필링을 채워 말아서 다시 윗면에 장식하는 등 다양한 대중제품이다.

Roll In: 객실에 이동 침대를 투입시키는 과정을 말하며, 반대개념으로는 롤 아웃(Roll Out)이다.

Rollaway Bed <Extra bed: 접이식 침대>: 일반적으로 30~72인치 정도의 크기로 운반 가능한 침대를 말한다.

Room Assignment <객실배정>: 객실배정이란 개개의 예약에 대하여 객실을 할당하는 것이며 당일 예약된 고객이 도착하기 사전에 객실을 준비하여 도착시 객실배정에 따른 시간을 단축시킴으로써 효율적인 업무를 수행함에 있다. 객실배정은 일정한 방법과 순서에 의하여 실시해야 하며 주의사항을 숙지하여 차질이 없도록 하여야 한다.

Room Attendence <객실 청소원: Room Maid>: 호텔고객의 객실을 안전하고, 쾌적하게 또한 청결한 객실상품을 제공하기 위하여 호텔의 모든 객실을 정리정돈하는 호텔종사원이다.

Room Demand <소요객실>: 호텔객실경영에 있어서의 산출량관리(Yield Management)의 하나로서 기존객실 공급량 혹은 미래에 필요한 호텔객실수의 소요량을 말한다. 소요 객실은 호텔의 잠재적인 수요를 분석하여 결정하며 경쟁관계를 평가하게 된다. 그리고 고객의 숙박객 및 도착객 통계를 분석하여 미래의 호텔객실의 수요를 결정한다.

Room Inspection <룸 인스펙션>: 객실정비원(Room Attendence, Room Maid)의 객실청소, 정리정돈 후 고객에게 객실을 판매하기 전에 최후로 객실을 점검하는 것이다. 객실을 점검하는 직원을 Room Inspector라 한다.

Room Inventory <객실조사>: 객실조사라고 하는 것은 계속해서 객실에 대한 현재의 상황, 즉 재실, 숙박 연장, 객실 변동, 고장난 객실, 가용객실 등을 하우스키핑, 예약, 영선실과 상호 연결시켜서 프런트 오피스(Front Office)에서 객실을 판매하는데 있어서 아무 지장이 없도록 도와주는 것이다.

Room Key Tag System <객실자동전멸장치>: 호텔의 에너지 절약 차원에서 객실 입실시 키를 키센서(Key Sensor)에 꽂으면 객실이 자동적으로 점등되고 외출시나 퇴숙(Check-Out)시 키를 빼내면 자동으로 점멸되는 시스템 방식을 말한다.

Room Number Key: 현관회계기(NCR)에서 객실의 번호를 찍기 위한 버튼을 말한다.

Room Occupancy Rate <객실 점유율>: 당일 판매 객실 수를 판매 가능 객실수로 나눈 비율, 즉 전객실 수에 대한 당일 판매 객실수의 비율을 말한다.

Room Rack: 호텔 전체의 객실 이용 상황을 알 수 있게 하는 현황판으로 룸 인디케이터(Room Indicator)와 연결되어 있는 프런트 오피스(Front Office)의 비품 중의 하나이며, 금속성으로 제작된 포켓(Pocket)이 객실 번호순으로 배열되어 있어 층별, 객실종류, 객실요금, 객실형태, 현재의 객실상태 등을 마크나 색깔로 나타내고 있다. 현대 호텔의 전산화에 의해 룸 랙이 설치되어 있다.

Room Rate Sales Mix <객실판매율의 믹스>: 객실 판매와 관련된 사항들을 경영자에게 제공하는 것으로 고객의 수, 객실형태, 객실요금 등을 타 호텔과 비교한 통계자료, 즉 세분화된 정보자료이다.

Room Renovation <객실의 수리>: 객실수리에 있어서는 일반적인 객실수리와 전반적인 객실수리로 나누어 생각할 수 있겠다. 일반적인 객실수리는 평상시에 발생되는 부분적인 객실의 고장(Out Of Order Room)을 수리하는 것을 말하고, 전반적인 객실수리는 객실시설의 노후로 5년 혹은 10년 등의 간격으로 새로운 설계로부터 시작하여 객실의 디자인, 가구, 전기, 기계 등의 시설을 완전히 새로운 시설로 교체하는 전반적인 객실의 개보수를 의미한다.

Room Revenue <객실매출액>: 당일의 객실매출액을 Room Earing에서 찾아서 총객실 매출액 비율을 산출한다.

Room Service: 호텔객실에 고객의 요청으로 음료, 식사 등을 보내주는 종사원 또는 호텔의 객실에서 하는 식사서비스로 보통 메뉴 요금보다 10~15% 정도 높은 요금으로 되어 있다.

Rooming <객실배정>: 입실을 뜻하며, 호텔에 도착하는 고객은 프런트 데스크에서 입실 절차와 영접을 받게 되고 객실 배정이 끝나면 벨맨이 고객을 객실로 안내하는 제반과정을 뜻한다.

Rooming Control <객실판매관리>: 호텔의 효율적인 객실 판매로서 최고의 가격으로 최대의 객실을 판매하는 판매관리를 말한다.

Rooming List <입실명단>: 단체고객이 도착하기 전에 단체객의 인적사항을 기록한 고객의 명단을 미리 받아 단체객의 사전등록과 사전객실 배정을 하기 위한 단체객의 명단이다.

Royalty: 광의로는 특허권 사용료, 저작권 사용료, 상연료, 인세, 광구사용료 등 전용권을 가진 사람의 허락을 받아 이러한 권리를 행사함으로써 이익을 얻는 자가 권리 권자에 대해 지급하는 요금을 말한다.

R.T.E <조리완료상태: Ready to Eat>: 원가요인(Cost Factor) 분석에서 요리 또는 식사로 제공되기 직전 단계까지 준비된 원재료의 원가

Rule-of-Thumb Rate <건축비에 의한 객실가격>: 객실 가격 구성에 대해 1 / 1,000 비율로 부가하는 호텔에 객실요금을 정하는데 대한 유도지표이다. 이것은 Horwath Method(호워드 방법)의 객실요금 결정방법이다.

Run of The House Rate: 단체용으로 설정된 호텔실료 방식으로 스위트를 제외한 모든 객실에 있어서 단체투숙을 위한 최소요금과 최대요금 사이에 평균요금으로 결정하는 협정가격이다.

S

Safety-Deposit Boxes <귀중품 보관소>: 호텔객실에 투숙하는 고객의 귀중품을 보관해 주는 금고로 프런트 케시어(Front Cashier)가 관리한다.

Salad <샐러드: Vegetable>: 여러 가지 종류의 야채와 과실, 생선, 육류, 조류 등을 주재료로 하여 여러 가지 특성의 드레싱(Dressing)과 함께 제공되는 것을 말한다.

Sales Call: 호텔영업부서의 지정된 거래처의 계획된 판촉활동이다.

Sales Blitz: 호텔 영업 부서에서 지정고객거래처가 아닌 곳을 방문하며, 특히 단체 및 대 기업체를 중심으로 이루어지는 판촉활동이다. 판촉부를 비롯한 관련 부서의 종업원들로 구성하여 호텔비수기를 극복하는 호텔경영전략이다.

Sales Meeting <마케팅>: 호텔 영업부서의 판촉활동을 위하여 매출액 분석, 시장상황분석, 판촉기획과 전략에 대하여 논의하는 회의 활동이다.

Sales Promotion <판매촉진>: 기업이 자사제품이나 서비스의 판매를 촉진하기 위해 수행하는 모든 촉진활동을 포함한다.

Seamstress <재봉사>: 호텔 린넨류의 파손품의 수리와 고객용 세탁의 파손부분 보수 및 유니폼 보수가 주요업무이다.

Seaport Hotel <항구호텔>: 항구호텔은 선박이 출발하고 도착하며 정박하는 항구부근에 위치하고 있으며, 여객선이나 크루즈(Cruise)를 이용하는 선객과 선박에서 근무하는 승무원들 및 선원들이 주로 이용하는 호텔이다.

Seasonal Menu <계절별 메뉴>: 1년 중 계절의 과일, 채소, 특산물 재료를 가지고 만드는 메뉴 구성을 말한다.

Seasonal Rate <계절별 요금>: 동일한 제품과 서비스에 대해 계절에 따라 가격의 변동을 허락하는 차별요금제도를 말한다.

Security <경비>: 호텔 경비업무로서 외・내부의 도난, 파괴 행위로부터 종사원과 고객을 안전하게 보호하는 업무이다.

Security Department <안전부서>: 호텔의 안전부서는 고객에게 안락한 호텔 분위기를 제공하는 데에 있어서 중요한 역할을 수행하는 부서이다. 이부서의 직무 역할로는 객실열쇠의 관리, 소방대피 업무, 비상시 대피 업무, 호텔 직원 교육업무, 고객 재산의 보호, 분실물 처리 업무 등이 있다.

Self Service: 호텔에서의 연회서비스와 뷔페식당의 서비스 방식 또는 단체고객의 아침식사 및 브런치(brunch) 스타일로 각자 자기가 좋아하는 음식을 가져다먹는 식이며, 만들어 놓은 음식을 직접 가져다 먹기 때문에 신속한 식사를 할 수 있으며 호텔 측은 인건비를 절감해서 음식 요금을 저렴하게 하는 것이 특징이다.

Selling Up <Up Grade Sale>: 호텔에서 판매촉진을 위해 이미 예약된 객실의 요금보다 높은 가격의 객실을 선택하도록 권유하는 경영방법이다.

Semi-Double Bed: 더블베드의 약 4분의 3 크기의 침대로서 'Three-Quarter Bed'라고도 한다. 일반적으로 크기는 세로 195~200cm, 가로 110~130cm, 높이 35~48cm가 적당할 것이다.

Serial Call: 고객이나 직원들의 오피셜 콜(Official Call)로 외국에서 요금부담으로 걸려 올 때 정확한 통화시간을 알기 위하여 사용하는 작동법으로 통화가 끝난 후 자동적으로 통화가 끝났음을 통보해 주는 신호이다.

Service <서비스>: 서비스란 가장 일반적인 용어이면서도 실천하기 어려운 용어인 것이다. 여기서 말하는 서비스란 어떤 서비스의 대가를 받을 만큼 제공하는 한정된 서비스가 아닌 인간미가 담긴 인적 서비스가 물적 서비스에 부가된 서비스를 뜻한다. 호텔식음료부문에서의 서비스는 고객에게 부담을 주지 않는 진심에서 우러나오는 서비스이어야 한다. 호텔시설이 아무리 훌륭하고 뛰어났다 하더라도 그 속에서 일하는 종사원의 봉사정신이 결여된 상태에서 사무적이고 기능적인 서비스를 제공한다면 그 훌륭한 시설들은 빛을 잃고 말 것이다.

Service Charge <봉사료: Gratuity>: 구미의 호텔이나 레스토랑에서는 고객이 종업원의 서비스에 대하여 팁(Tip)을 지불하는 것이 일반적인 관례이다. 즉 구미에서는 종사원과 고객 사이에서 팁을 주는 상업상의 관습이 있다. 그러나 우리나라는 구미에서 볼 수 있는 것과 같은 팁의 관례는 없다. 따라서 우리나라 호텔의 봉사료는 독특한 제도로 고객의 숙박이나 식음료에 대한 소비액에 일률적으로 10%의 금액을 팁 대신 추가 청구하는 방식이 일반화되었다.

Service Elevator <종사원 승강기: Back Elevator>: 호텔 종사원들이 사용하는 승강기로서 룸서비스, 객실청소 등 직원 전용 승강기를 말한다.

Service Plate <Show Plate>: 서비스 플레이트는 주요리 접시(Entree Plate)와 같은 크기의 접시로서 일종의 장식 접시라고 할 수 있다. 그러므로 은(Silver)이나 놋쇠 등 고급재료를 사용하여 만들며 그 모양이나 디자인이 호화스럽게 제작된다.

Servidor: 서비스 도어(Service Door)의 단축어로 우편물, 세탁물 따위를 넣어 주기 위하여 호텔 객실에 마련한 작은 창

Sewing Kit: 호텔 편의용품(hotel amenities)의 일종으로서 바늘, 실, 단추 등을 말한다.

Shake-Up: 두 종류 이상의 위스키 등을 칵테일 한 음료

Sheet: 메트리스(Mattress)와 담요 사이에 깔아 주는 홑이불로서 규격을 살펴보면 다음과 같다.

※ Single Sheet : 180×220cm
Double Sheet : 220×240cm
King Size Sheet : 240×260cm

Shift <근무조, 근무시간: Watch>: 호텔 종사원의 근무 조 또는 근무시간을 나타내는 것으로 일반적으로 3가지가 있다.

Morning Shift. Day Shift(07 : 00 ~ 15 : 00)
Afternoon Shift. Swing Shift(15 : 00 ~ 23 : 00)
Evening Shift. Graveyard Shift(23 : 00 ~ 07 : 00)

Shift Sheet <시프트시트>: 매 교대 시 그에 따른 각 게임들에 대한 이득, 손실계산기록

Shoe Horn: 구두 주걱

Shoes Rag: 호텔에 따라 구두 솔을 비치하는 곳도 있으나, 구둣솔보다는 천이 사용되기에 편리하고 위생적이다. 천 종류나 얇고 부드러운 종이류로 주머니처럼 만들어져 속에 손가락을 넣어 닦을 수 있다.

Short Drink: 보통 Shaker, 즉 칵테일 따위를 만들기 위한 음료 혼합기를 사용하여 만든 칵테일을 말하며 5분 이내에 마셔야 제맛을 즐길 수 있다.

Shower Cap: 호텔객실의 욕실 안에 여성들이 샤워(Shower)를 할 때 머리에 쓰는 모자를 일컫는다.

Shower Curtain: 베스 터브(Bath Tub)에 들어가거나 샤워를 사용할 때 물이 밖으로 튀지 않게 하는 것

Shut-Out Key: 보석이나 귀금속을 다루는 고객의 필요에 의해 고객이 부재시 어떠한 종사원도 개방, 출입할 수 없도록 고안된 장치이다.

Siberia Room: 아주 사용하기 부적당한 객실용어로서 판매가 불가능한 객실이다. 그러나 판매시에는 고객의 동의가 있을 경우에는 판매 가능한 객실이다.

Sico Bed <벽 속 침대>: 객실의 공간을 보다 많이 제공하기 위해 사용하지 않을 때는 보이지 않도록 벽 속으로 집어넣는 침대

Side Chair <사이드 체어>: 호텔 레스토랑 등에 놓는 팔걸이 없는 작은 의자

Silverware: 식당기물 중에서 은으로 도금이 되어 있는 식기류를 말한다. Flat Ware류를 도금한 것이 대부분이다.

Single Rate: 고객이 싱글 룸을 예약하고 호텔에 들어왔을 때 호텔 측의 사정으로 싱글룸(Single Room) 제공이 불가능할 경우, 호텔 측은 고객에게 싱글 룸보다 가격이 높은 더블 룸(Double Room)이나 트윈 룸(Twin Room)을 제공해야 되며, 요금은 싱글요금을 적용하는 경우를 말한다.

Single Room: 1인용 베드(Single Bed)를 설비한 객실로 기준면적은 13㎡ 이상이어야 하고 침대의 표준 규격은 90×195㎝ 이상이고, 담요의 규격은 230×170㎝

Single Use: 호텔 용어로 2인용의 객실을 1인이 투숙하는 경우로 보통 객실요금에 대하여 10% 정도의 할인을 해주는 것을 말한다.

Sister Hotel <자매호텔>: 호텔 계열에 있어서 체인화 형식을 가지고 있는 호텔 군을 말한다.

Site Inspection <현장답사>: 호텔에서 행사를 계획하고 있는 단체나 개인을 위해서 호텔의 시설이나 서비스가 그 행사에 적합한지를 조사하는 것

Skipper: 호텔, 레스토랑, 기타 부대시설의 서비스를 제공받고 요금을 지불하지 않고 비밀리에 도망가는 고객을 말한다.

Sleep Out <슬립 아웃(체재 중 외박한 고객): S / O>: 호텔에서는 고객에게 객실을 판매하였지만 고객의 사정으로 인하여 개인물품은 객실에 두고 호텔에서 숙박을 하지 않는 것을 말한다.

Sleeper <슬리퍼>: 객실을 통제하는 종업원의 실수로 인하여 판매 가능한 객실을 고객이 투숙한 객실로 오인을 하여 판매하지 못하는 경우를 말한다.

Sleeper Occupancy <Bed Occupancy>: 판매가능 객실수와 이미 판매한 객실수의 비율을 말한다.

Snack: 간단한 식사, 경 식사

Snack Bar: 일반적으로 서서 식사를 하는 간이식당을 말한다. 주로 Count Service와 Self Service 형식으로 제공된다.

Sofa Bed <Hide Bed. Convertible Bed>: 표준 싱글 또는 더블베드로 펼쳐지거나 앞뒤로 접어서 이용할 수 있는 조립식 침대로 스튜디오 룸에서 사용하고 있다.

Soft Drink <청량음료: Non-Alcoholic Beverages>: 알코올 성분이 없는 음료로서 특히 칵테일 과정에서 없어서는 안 될 재료이다. 이들을 종류별로 보면 탄산성 음료(콜라, 소다수, 진저에일, 토닉워터, 사이다) 및 비탄산성음료(광천수, 셀처 워터), 영양음료(주스류, 우유류), 기호음료(커피, 차, 인삼차) 등이 있다.

Solid Towel <사용한 타월>: 객실고객이 사용한 타월로서 라운드리 부서에서 세탁 대기 중인 타월 종류를 말한다.

Sous-Chef <Assistant Chef>: 직속상관은 부 총주방장이나 총주방장이며, 그의 주된 임무는 자기가 담당하는 서너 개의 주방들에 대해서 조리작업을 직접 지휘, 감독한다. 각 조리장의 근무 스케줄을 체크하고 고객분석, 영업분석, 메뉴연구 등을 하여야 하며, 각 주방 간의 유대관계를 잘 유지하도록 하여야 한다. 그리고 주방의 냉장고, 조리사의 위생상태도 점검한다.

Special Attention <특별주의: SPATT>: 특별한 주의와 접대를 위한 중요 고객에게 관심을 요하는 귀빈(VIP) 표시 부호이다.

Special Consumption Tax <특별소비세: S.C.T>: 특별소비세는 사치성 오락물품을 구입하거나 특정한 장소에 출입하는 행위 등에 대하여 과세하는 세금이다.

Spirits: 양조주를 알코올의 비등점(약 80℃)을 이용하여, 단식증류(Pot Still)와 연속증류(Patent Still) 두 가지 방법으로 증류한 주정이 강한 주류의 총칭이다.

Split Rate <분할 가격방법>: 객실의 몇몇 고객이 총객실요금을 분할해서 지불하는 방법이다.

Spread Rate <단체고객 객실할당가격>: 가격이 다소 랙 가격(Rack Rate) 보다 떨어지지만 단체고객이나 회의 참석 고객에게 표준요금을 적용한 객실가격이다.

Standard Recipes <표준조리기준>: 표준 조리 기준은 호텔 레스토랑 사업에서 매우 중요한 Food cost에 필요한 항목이다. 이것은 일정한 품질의 양과 식음료를 만들기 위한 지침이고, 거듭된 정확한 시험을 거친 후 결정된다. 또한 이것은 재료의 수량을 기록하고 조리 준비과정이나 메뉴를 완성함에 있어서 1인분의 양을 조절, 통제하는데 아주 유용하다. 표준 조리기준은 어떻게, 어디서 책정지어지는 가는 호텔 조리시설에 달려 있다.

Standing Party: 호텔 연회행사의 일종으로서 모든 연회참석자가 서서 파티에 참석하는 것을 말하는 것으로 일반적으로 가벼운 칵테일파티나 세미나 전후에 이루어지는 행사이다.

Station to Station Call <번호통화>: 장거리 전화가 통화자와 관계없이 원하는 전화번호에 연결시켜 주는 방법이다.

Stationary <상비설비>: 호텔객실 비품 중의 하나로서 문구류로 봉투, 편지지, 엽서, 볼펜 등

Stay: 호텔에서 1박 이상을 체류한 모든 고객을 뜻한다.

Stay Over <체류연장: Hold Over. Over Stay>: 고객의 Check-out(퇴숙) 예정일자보다 고객이 체류기간을 적어도 1박 이상 연장하는 것을 말한다.

Steward <기물관리>: 호텔 레스토랑 주방과 식당 홀에서 사용되는 기물, 접시, 글라스 등을 세척하여 즉시 사용할 수 있도록 보관·관리하고, 주방바닥, 벽, 기기 등을 청소하여 주방 내의 청결을 유지한다.

Studio <스튜디오>: 침대로 전환할 수 있는 한두 개의 긴 의자를 가진 침대가 없는 호텔이나 모텔의 객실을 말한다.

Studio Bed: 호텔에서 사용하는 베드 중 낮에는 벽에 밀어붙이고 베개를 빼면 베드 커버를 걸어 놓은 채 소파로서 이용할 수 있는 것도 있는데 이것을 스튜디오 베드라고 한다.

Studio Single: 호텔객실의 종류로 1인용 소파(Sofa), 베드(Bed) 뿐인 객실을 말한다.

Studio Twin: 2인용의 베드(Bed)와 소파(Sofa)가 있는 호텔객실의 일종으로 낮에는 넓게 객실을 사용할 수 있다.

Suburban Hotel: 이것은 도시를 벗어나 한산한 교외에 건립된 호텔이다.

Suite Room: 호텔의 객실 타입 중의 하나로 침실과 응접실이 분리된 형태의 객실을 말한다.

T

T/T Buying Rate <대고객 전신환 매입률: Telegraphic Transfer>: 외국으로부터 전신으로 취결되어 온 타발송금환을 지급하는 경우에 적용되는 환율이다.

T/T Selling Rate <대고객 전신환 매도율 : Telegrapic Transfer>: 송금은행이 송금 의뢰인에게 외환을 매도할 때 적용되는 환율이다.

Table Calling Machine <테이블 콜링 머신>: 전자동 무선호출 시스템으로 고객이 웨이터를 호출하는 과정에서 발생하는 불편 요소를 제거한 장비이다. 상호간의 무선호출 원리를 채택하여 신속하고 정확하게 호출하고자 하는 이의 요구를 전달해주는 새로운 전자장비이다.

Table Cloth <테이블 클로스>: 테이블 클로스는 반드시 백색 린넨을 사용하는 것이 원칙이지만, 근래에는 여러 가지 유형으로 두껍고 무늬가 다양한 린넨 종류를 사용하는 경향이 많아졌으며 때로는 유색 린넨과 유색 화학섬유도 많이 사용한다.

Table D'hote: 요리의 종류와 순서가 미리 결정되어 있는 차림표를 가리켜 정식(Table D'hote)이라고 말하며, Appetizer(전채), Soup, Fish, Entree, Salad, Dessert, Beverage순으로 서비스된다.

Table Service <식탁 서비스>: 테이블 서비스는 가장 전형적이고 오래 전부터 유래되어온 서비스 형태로 이것은 웨이터나 웨이트레스로부터 서비스를 제공받는 것이다. 테이블 서비스는 대개의 경우 손님의 오른쪽에서 식사를 서브하고, 손님의 오른쪽으로부터 빈 그릇을 철거하는 것이 상식이다. 음식도 주방으로부터 접시에 담겨져 나오거나, 쟁반(Tray)이나 왜 곤(Wagon)에 의해서 운반된다.

Table Turn Over Rate <객석 회전율>: 한 개의 객석 당 하루 몇 명의 고객이 앉는가를 의미하며 미국이나 유럽의 호텔 레스토랑에서는 좌석 당 고객수를 산출할 뿐 아니라 좌석 당 매상고를 분석한다.

Tariff <태리프: 공표요금>: 공표요금이란 호텔기업이 객실요금을 설정하여 이를 담당행정기관에 공식적인 신고 절차를 마치고 호텔에서 공시하는 기본요금을 말한다. 공표요금은 Full Charge 혹은 Full Rate으로서 할인되지 않은 정상적인 요금인 정찰가격을 말한다.

Telemarketing <텔레마케팅: Teleshopping>: 호텔기업이 고객을 직접 만나지 않고도 전화나 컴퓨터 등 정보통신 수단을 이용해 매출액을 늘리고 고객 만족을 실현하려는 종합적인 마케팅 활동이다. 전화, 팩시밀리가 대표적인 텔레마케팅 수단이다. 그러나 전화교환기 워크스테이션 등 하드웨어 제조, 프로그램 개발, 교육, 컨설팅업 등도 넓은 의미의 텔레마케팅 산업에 포함된다. 따라서 고객에게 전화를 걸어 판촉 활동을 하는 단순 통신판매보다 포괄적인 개념이다.

Telephone Call Sheet <텔레폰 콜 시트>: 모닝콜(Morning Call)을 원하는 고객의 객실번호, 고객성명, 시간을 기록하는 양식이다.

Telephone Switchboard <텔레폰 스위치보드>: PABX (Private Autoatic Branch Exchange : 자동식구내 전화교환)라고도 하며, 고객의 전화요금이나 전화연결을 하는데 사용되는 기계를 말한다.

Terminal Hotel <터미널 호텔>: 터미널, 종착역에 위치한 호텔로 이른바 철도 스테이션 호텔을 말한다.

Thanks Letter <감사편지>: 호텔의 고객 지향적인 관계마케팅 전략의 하나로서 단골고객, 귀빈 등에게 호텔이용에 환영인사나 호텔퇴숙시 감사의 인사를 하는 커뮤니케이션 서비스의 일종이다.

Theme Party <주제파티>: 호텔식음료 부서에 있어서의 주제를 선정한 특별한 행사의 내용과 어울리는 실내 장식과 인테리어로 구성된 레스토랑 및 연회상품이다.

Third Person Rate: 호텔의 객실은 일반적으로 싱글 룸을 제외한 대부분의 객실이 2인을 기준으로 설비되어 있다. 그러므로 2인 이상이 한 객실에 숙박을 원할 경우 적용되는 요금을 말한다.

Third Sheet <Bed Spread>: 담요 보호용으로 이용되는 야간 이불 덮개이다.

Tip <팁, 사례금, 신속한 서비스>: 수세기 전 영국의 술집에서 '신속하게 보다 좋은 서비스를 할 수 있도록 지불은 충분히'라고 붙인 종이가 나왔다가, 그 후 너무 노골적인 표현 방법으로 'To Insure Promptness'(직역하면 신속을 보증하기 위하여)라고 써서 간단히 그 첫 글자를 서서 Tip이라고 된 것의 어원이라고 되어 있다.

Today's Reservation <당일예약: Daily Pick-up Reservation>: 당일에 예약을 통하여 호텔에 투숙을 원하는 고객은 일반적으로 예약 부서에서 통제하는 것이 아니라 프런트(Front)에서 가능한 객실에 한하여 예약을 받는 것을 말한다.

Today's Special <오늘의 요리>: 오늘의 특별요리, 즉 그 날의 별식의 의미로서 각 호텔 레스토랑이나 음식점에서 손님을 끌기 위해 특별한 요리를 그날그날 지정해서 판매하는 경우에 쓰는 용어이다.

Toll-free Telephone Lines <무료전화사용>: 호텔에서는 여행사나 호텔의 단골 고객을 대상으로 무료전화를 사용하고 있다.

Tour Desk: 호텔의 로비에 있는 데스크로서 이것은 특별히 관광, 특히 단체고객 패키지(Package) 상품 등의 상담과 판매를 하는 곳이다.

Tourist Hotel <관광호텔>: 관광객의 숙박에 적합한 구조 및 설비를 갖추어 이를 이용하게 하고 음식을 제공하는 자동차 여행자 호텔, 청소년 호텔, 해상관광 호텔, 휴양콘도미니엄 등의 숙박시설 등이 있다.

Transfer: 보통 폴리오(Folios) 사용에 있어서 한 방식에서 다른 방식으로 옮기는 양식이다.

Transfer Credit <대변대체>: 고객 계정 간의 잔액을 이체할 때 사용되며, 이체계정 간에 상호 상대계정 번호가 각각의 고객원장에 기록됨으로써 상호추적을 가능하게 한다.

Transfer Folio <원장이월>: 고객의 체류기간이 1주일을 경과하여 원래 개설한 고객원장에는 더 이상 누적계산을 할 수가 없을 때 새 원장으로 옮기는 것을 말한다. 새 원장에는 원장번호가 따로 주어지지 않는다.

Transient Hotel <Destination Hotel>: 다른 목적지를 가기 위하여 잠시 머무는 단기고객 유치를 위한 호텔이다.

Traveler's Check <여행자 수표: T/C>: 여행자수표는 여행자가 가지고 다니면서 쓰는 자기앞수표와 같은 것이다. 여행자가 직접 현금을 지참하여 심적 위협을 느끼지 않도록 현금과 같이 사용할 수 있도록 했으며, 이것은 하나의 수표로서 현금을 주고 매입할 때 서명을 해서 쓰기 때문에 제삼자는 사용이나 위조를 할 수가 없게 되어 있다.

Turn Away: 호텔객실이 매진되어 예약을 하지 않고 들어오는 고객(Walk-in Guest)을 사절하는 것을 말한다. 최근에는 예약을 하고 들어오는 고객에게 객실을 제공하지 못한 경우에 다른 호텔로 고객을 예약한 후 안내 및 제반 서비스로도 사용되고 있다.

Turn Down Service: 고객이 이미 투숙한 객실에 대하여 고객의 취침 직전에 제공하는 서비스로써 간단한 객실의 청소, 정리, 정돈과 잠자리를 돌보아 주는 작업을 말한다.

Twin Studio: 주간에는 소파로 되며 스튜디오 베드로도 사용되는 트윈 룸

▌U▌

U. B. R <일체식 단위 욕실: Unit Bath Room>: 보온 및 단열성이 뛰어나며 부식이 되지 않아 반영구적이다.

Under Stay <조기 퇴숙: Unexpected Departure>: 퇴숙 예정일보다 고객의 업무상 또는 개인적인 사정으로 갑작스럽게 퇴숙 예정일을 앞당겨 출발하는 경우를 말한다.

Undesirable Guest <바람직하지 못한 고객, 불량객: Ugly Guest>: 호텔의 품위에 상처를 주고 손해를 입히는 고객, 즉 호텔 사이에서 서로 통보해주는 U.G 정보, 계산이 흐린 고객, 호텔

을 잘 이용하고 있으나 무리한 주문이 많다든가 늘 불량한 방문객이 있는 고객

Unexpected Arrival <불시도착 고객>: 고객이 예약 날짜 이전에 호텔에 도착하는 것을 말한다.

Uniform System of Account for Hotel <호텔표준회계형식: USAH>: 호텔업무의 전문성 때문에 회계상의 전문용어와 이용방법을 획일화하여 보증하기 위한 수익 비용을 주로 다룬 회계용어의 편람이다. 미국의 호텔회계는 1926년 3월에 마련된 USAH로부터 시작된다. USAH는 호텔기업의 특성에 맞는 회계기준 마련의 필요성에 따라 뉴욕시 호텔협회에서 제정한 것으로 1985년 12월 8차 개정 후 1986년부터 시행되어 오늘에 이르고 있다.

Uniformed Service: 호텔 현관 로비에서 주로 유니폼을 입고 근무하는 종사원으로서 벨 맨(Bell Man), 도어 맨(Door Man), 페이지 보이(Page Boy), 엘리베이터 오퍼레이터(Elevator Operator), 포터(Porter) 등이 있다.

Unit Rate System <단일요금제도>: 우리나라에서 실시되고 있는 호텔의 객실요금 정책으로서 객실 당 투숙객 수에 따라 가격이 결정되는 게 아니고 객실 1실에 투숙객이 1인이든 2인이든 관계없이 동일요금을 고객으로부터 지불하게 하는 제도. 즉 일률적으로 객실 당 가격이 적용되어 운영되는 것이다.

Up Grade: 호텔 측의 사정에 의해 고객에게 예약한 객실을 제공하지 못할 경우에 고객이 예약한 객실보다 가격이 비싼 객실에 투숙시키고 요금은 고객이 예약한 객실요금으로 처리한다. 또한 호텔이 고객을 대접하기 위한 수단으로 예약된 객실보다 값비싼 고급객실을 제공하고 요금은 예약되었던 객실요금을 징수하는 경우도 있는데, 이것 역시 업그레이딩이라고 한다.

Up Selling: 매출향상의 일환으로 고객에게 직접 서비스를 제공하는 종업원이 고객을 설득하여 주문하는 상품보다 고부가가치의 상품을 판매하는 것이다.

V

Vacancy <공실>: 객실이 만실(Full House)이 아닌 상태로 판매 가능객실이 아직 남아 있음을 의미한다.

Vacant and Ready: 고객이 퇴숙을 하고 다음 고객을 위해서 객실의 청소가 완료된 경우

Vacation. Holiday Village <휴가촌>: 정부가 국립공원, 온천지, 해변 또는 호수 주변에 건설하여 일반대중을 대상으로 한 이용 경비가 저렴한 간이휴양 숙박시설이 모여 있는 곳으로서

필요한 모든 것을 그 시설 내에서 구입할 수 있다.

Vaccum Cleaner <진공청소기>: 수동 진공청소기에는 두 가지 기본형이 있는데, 직립형과 탱크형이다. 진공청소기의 강한 흡인력으로 카펫 바닥에 떨어져 있는 각종 이물질과 Sofa Set나 의자 등에 먼지를 제거하게 된다.

Valet Service: 호텔의 세탁소나 주차장(Parking Lot)에서 고객을 위하여 서비스하는 것을 말한다.

VAT <부가가치세: Value Added Tax>: 부가가치세란 물품이나 용역이 생산 제공 유통되는 모든 단계에서 매출금액 전액에 대하여 과세하지 않고 기업이 부가하는 가치, 즉 Margin에 대하여만 과세하는 세금

Vending Machine: 간단한 식료나 음료 또는 담배 따위를 판매원의 도움 없이 판매하는 자동판매기를 말한다.

Villa <빌라>: 부호나 유한계급의 별장에서 유래된 피서, 피한, 휴양, 야외 레크리에이션 활동 등을 위한 휴양지의 숙박시설로 개인소유자가 대부분이다.

VIP <귀빈, 저명인사: Very Important Person>: 국빈, 귀빈 등의 중요한 고객 또는 지명도가 높은 사람, 특별한 주의 및 관심을 요하는 고객 또는 그 예약을 뜻한다.

Voucher: 호텔고객이 호텔에서 요금 대신 지불하는 보증서 및 증명서 개념으로 여행사와 항공사에서 발행하는 것이다. 즉 이것은 그룹투어, 식사, 관광, 객실 등의 비용을 미리 지불하여 호텔 계산서를 발행하는데 있어서의 유통되는 양식이다. 이 바우처는 가격할인 형태의 구매이고, 호텔의 판매촉진 방법 중에 하나이다.

W

Wagon Service <왜곤 서비스: Cart Service>: 웨곤을 사용하여 손님 앞에서 요리를 서비스하는 고급스러운 테이블 서비스인데, 손님이 보는 앞에서 플래밍 (Flaming : 불을 피운다는 뜻)을 한다든가 크얼빙(Carving : 고기 등을 자른다는 뜻)을 하든가 한다.

Wake-Up Call <Morning Call>: 고객으로부터 아침 일찍 몇 시에 깨워 달라는 부탁을 받고 교환원이 전화에 의해 해당 고객의 객실로 전화벨을 신호로 잠을 깨워 일어날 시간을 알리는 것을 말한다.

Waiter / Waitress: 이들의 업무는 호텔에 따라 좌우되나 일반적인 업무는 고객에 대한 서브(Serve) 및 정리 정돈, 영업준비, 고객접근 방법의 습득, 식음료 주문 받기 위한 사전지식 숙지 등을 수행한다.

Waiting List <대기고객명단>: 이미 예약이 만원이 되어 호텔객실의 취소를 기다리고 있는 고객의 명부이다.

Walk a Guest: 예약을 한 어떤 고객 중 그 호텔에 투숙이 불가능하여 무료로 타 호텔에 투숙이 주선되어지는 고객을 말한다.

Walk in Guest <워크 인 게스트: Walk Ins. No Reservation>: 사전에 예약을 하지 않고 당일에 직접 호텔에 와서 투숙하는 고객을 말한다. 이 경우 일반적으로 고객에게 선수금을 받고 있다.

Walk-Through: 호텔 간부 임원이나 프랜차이즈 조사자 등에 의해서 이루어지는 호텔 자산에 대한 총심사 과정을 말한다.

Walk Out: 공식적인 체크아웃(Check-Out) 없이 호텔을 떠나는 고객을 말한다. 고객이 정해진 기간 객실에 체재하고서 프런트를 거치지 않고 떠나는 경우이다. 즉 고객이 돌아올 것인지 알 수 없다. 그 날 늦게까지 그 객실은 결국 팔지 못하는 경우가 있다.

Weekly rate: 호텔에서 1주일 체제하는 고객에 대하여 실시하는 특별요금을 말한다.

Welcome Envelop: 단체숙박 절차(Group Check-In)시, 객실열쇠와 등록카드(Registration Card) 등이 넣어져 있는 객실

Wet Mop: 젖은 대걸레

Working Schedule: 근무계획표

World Tourism Organization <세계관광기구: WTO>: 제2차 세계대전 후 국제관광사업의 급진적인 발전에 따라 1947년 영국여행휴가협회의 제창에 의해 파리 회의에서 정식으로 발족된 국제관광기구이며, 이것은 세계 최초의 국제관광기구이다.

Writing Desk: 간단한 사무를 볼 수 있는 책상으로 호텔객실 내에 비치되는 가구이다.

Y

Yachtel: 요트를 타고 여행하는 관광객들을 대상으로 하는 숙박시설로서 비교적 규모가 작으며, 단기체류객을 대상으로 주로 잠자리만을 제공하는 일종의 간이 호텔이다.

Yield Management <수익관리>: 호텔 고객들은 그들의 예약시점에 따라 같은 객실에 대하여 다른 객실요금을 지불한다. 가격은 매일 시간 단위로 변하여 예정 객실 투숙일의 주요 상황이 모든 가격조정을 조절하는 것이다.

Youth Hostel: 청소년들의 수용을 위한 숙박시설로써 일반 호텔처럼 기업적인 차원에서의 영리추구에 그 주된 목적이 있는 것이 아니고 일종의 공익성을 추구하는 다시 말해서 청소년들에게 싼 비용으로 편리하게 숙박하도록 해주는 일종의 사회복지시설에 속한다고 볼 수 있다.

Z

Zero Defects <ZD 운동>: 무결점 운동으로 종업원 개개인이 자각적으로 추진자가 되어 일의 결함을 제거해 나가려는 관리기법이다.

Zero Out: 고객이 체크아웃(Check-Out)과 정리시 회계균형을 맞추는 것이다.

Zip Code <집 코드: 우편번호>: 우체국의 담당 배달 각 지역에 매긴 번호

참고문헌

고석면(2000). 호텔경영론, 기문사.

구정대(2004). 호텔객실실무서비스, 대왕사.

권봉헌 · 임재문(2009). 호텔객실관리론, 연경문화사.

김경환 · 차길수(2002). 호텔경영학, 현학사.

김왕상 · 신강현((2001). 호텔객실실무관리론, 대왕사.

김일채 · 박대환(2002). 호텔객실영업론, 백산출판사.

김정근(2002). 호텔경영론, 대왕사.

민혜성(2005). 호텔객실영업론, 현학사.

민혜성 · 이승연(2005). 호텔객실관리론, 대왕사.

박대환 외(2008). 호텔객실관리와 시설관리, 백산출판사.

신형섭 · 강종천 · 신동렬(2003). 호텔경영서비스실무, 백산출판사.

신형섭 · 전홍진(2000). 호텔객실서비스 실무론, 학문사.

안광호 · 윤호영 · 송필수(2004). 호텔객실서비스 실무, 기문사.

원융희 · 임병설 · 이보연(2003). 최신 호텔실무론, 백산출판사.

이희천 · 김영규(2000). 호텔객실실무, 학문사.

전홍진 · 김홍일(2004). 호텔객실실무론, 현학사.

정종훈 · 한진수(2004). 호텔 프런트 & 객실관리론, 현학사.

최복수(2003). 호텔현관과 객실업무, 도서출판 두남.

최풍운(2000). 호텔실무, 백산출판사.

〈호텔 매뉴얼〉

롯데호텔, 객실 매뉴얼.

세종호텔, 객실 매뉴얼.

쉐라톤 워커힐, 호텔 프런트, 하우스키핑 매뉴얼.

홀리데이인, 하우스키핑 매뉴얼 I · II.

〈외국서적〉

American Hotel & Lodging Educational Institute(2002), *Certified Hotel Administrator: Study Gide* 2002, Vol. III, Orlando: Educational Institute of the AH & LA.

Kappa, Margaret M., Aleta Nitschke & Patricia B. Schappert(2002), *Managing Housekeeping Operations*, Michigan: AH & LA.

Martin, Robert H.(1998), *Professional Management of Housekeeping Operations*, John Wiley & Sons, Inc., New York.

◇ 저자소개 ◇

이승연

〈현재〉

경민대학교 호텔관광경영과 교수

〈주요경력〉

Sheraton Grande Walkerhill Hotel, Rooms Division 근무
매너플러스 아카데미 대표원장 역임
한국관광대학교 겸임교수 역임
유한대학교 호텔관광과 교수

〈논문 및 저서〉

호텔경영학의 연구문헌 동향에 관한 연구: 한국호텔경영학회를 중심으로
호텔직원의 비언어적 커뮤니케이션이 직원평가와 고객만족 및 충성도에 미치는 영향
호텔기업의 BSC 구축을 위한 핵심성과지표 개발
산학협동에 대한 현장실습생의 인식이 실습생 만족에 미치는 영향
호텔 객실예약 경로와 객실매출에 관한 연구
호텔객실의 고객 불평요인에 관한 중요도와 만족도의 Gap분석
직장 내 소문에 대한 직원민감도 차이연구
호텔 정보시스템진단에 관한 종단적 연구
호텔직원의 비언어적 커뮤니케이션이 고객감정에 미치는 영향
객실관리론(대왕사)
호텔 객실 프런트 오피스(백산출판사)
호텔 객실 하우스키핑(백산출판사)
글로벌 에티켓과 매너(대왕사, 현 3판)
매너 바이블 77(대왕사)

Hotel Housekeeping 호텔객실 하우스키핑

2010년 8월 25일 초판 1쇄 발행
2018년 7월 30일 초판 2쇄 발행

지은이 이승연
펴낸이 진욱상
펴낸곳 백산출판사
교　정 편집부
본문디자인 편집부
표지디자인 오정은

저자와의 합의하에 인지첩부 생략

등　록 1974년 1월 9일 제406-1974-000001호
주　소 경기도 파주시 회동길 370(백산빌딩 3층)
전　화 02-914-1621(代)
팩　스 031-955-9911
이메일 edit@ibaeksan.kr
홈페이지 www.ibaeksan.kr

ISBN 978-89-6183-363-9　93980
값 17,000원